上 海 市 应 用 型 本 科 社 会 工 作 专 业 建 设 项 目 系 列 丛 书

上海政法学院社会工作丛书编写组　组织编写

DANGDAI JIATING WENTI YU SHEHUI GONGZUO

当代家庭问题与社会工作

杨　柳◎著

知识产权出版社
全国百佳图书出版单位
—北 京—

图书在版编目（CIP）数据

当代家庭问题与社会工作／杨柳著．—北京：知识产权出版社，2020.12
（上海市应用型本科社会工作专业建设项目系列丛书）
ISBN 978－7－5130－7402－5

Ⅰ．①当…　Ⅱ．①杨…　Ⅲ．①家庭问题—社会工作　Ⅳ．①C913.11

中国版本图书馆 CIP 数据核字（2020）第 271112 号

责任编辑：雷春丽　　　　**责任校对：**王　岩
封面设计：乾达文化　　　**责任印制：**孙婷婷

当代家庭问题与社会工作
杨　柳　著

出版发行：知识产权出版社有限责任公司　　**网　　址：**http：//www. ipph. cn
社　　址：北京市海淀区气象路 50 号院　　**邮　　编：**100081
责编电话：010－82000860 转 8004　　**责编邮箱：**leichunli@ cnipr. com
发行电话：010－82000860 转 8101/8102　　**发行传真：**010－82000893/82005070/82000270
印　　刷：北京九州迅驰传媒文化有限公司　　**经　　销：**各大网上书店、新华书店及相关专业书店
开　　本：720mm×1000mm　1/16　　**印　　张：**22.5
版　　次：2020 年 12 月第 1 版　　**印　　次：**2020 年 12 月第 1 次印刷
字　　数：310 千字　　**定　　价：**108.00 元
ISBN 978－7－5130－7402－5

序　言

我国社会发展已经进入到新的发展阶段和历史时期。十九大报告指出"我国社会主要矛盾已经转化为人民日益增长的美好生活需要和不平衡不充分的发展之间的矛盾"。我国社会发展的目标不再局限于经济的增长，而是扩展到社会生活的各个方面。减少和降低收入差距，消除贫困，让不同的社会阶层都能享受到改革开放和经济增长的成果，就成了社会发展和社会治理的目标。这一目标的实现，不但需要政府机构、有关部门与公务人员的努力，也需要社会组织、机构和人民群众的参与。"共享、共建、共治"成为创造社会治理新格局的重要途径。

在解决社会主要矛盾，促进社会积极发展和社会治理新格局的形成过程中，社会工作就成为一种不可或缺的力量。社会工作专业是以以人为本、助人自助、平等公正等为价值观念，以尊重人和价值中立、自决和保密为职业原则，运用专业知识、专业技能与专业方法，通过激发服务对象的内在动力、整合社会资源、协调社会关系等途经，帮助处于社会弱势地位的个人、群体和社区，恢复、改善和发展其社会功能，克服困难、解决问题、摆脱困境并预防问题的发生的专业。如果说社会学的重要价值就是发现社会问题，分析产生社会问题的原因，那么社会工作的价值就是解决社会问题，促进社会公平正义的实现。从这个意义上说，社会工作专业在我国目前的社会建设和社会发展中的作用会越来越大，社会生活的各个领域对社会工作专业人才的需求将越来越多。为了适应社会对社会工作专业的要求，培养具有理论素养与实践能力的社会工作专业人才就成了社会工作专业教育的重要职责。

上海政法学院于2005年设立了社会工作专业，专门培养社会工作专业人才，在十几年的专业建设中，我们始终把培养具有完整的生命意识和助人自助的专业理念，掌握个案工作、小组工作和社区工作方法和帮助社会弱势群体、解决社会问题能力的社会工作人才作为目标。经过专业教师十多年的努力，上海政法学院在应用型、复合型社会工作专业人才培养模式方面走出了一条自己的专业发展之路，探索出了具有自己专业特色的人才培养模式。2009年上海政法学院社会工作专业成为上海市教育高地建设专业，2010年上海政法学院社会工作专业成为以培养司法社工为特色的第六批国家教育部特色专业，2017年上海政法学院社会工作专业成为上海市应用型本科专业。我们依托上海市教育高地和国家特色平台，探索应用型、复合型社会工作人才培养模式，以终身学习理念为指导，培养学生终身学习能力；以三十几家实践基地为平台，巩固学生专业理念与促进学生专业技能的提升；以多元智能理论为基础，建立多样化的学生专业能力评价体系；以开放的态度扩大对外交流；以精益求精、追求卓越的精神打造双师型专业教师队伍。

上海市应用型本科社会工作专业建设项目系列丛书是上海政法学院应用型社会工作专业人才培养建设项目的重要成果，它反映了上海政法学院社会专业建设的水平与成就。本丛书立足基层，结合鲜活的社会工作事例，选取社会工作重点服务对象，如社区老人、家庭弱势成员、失业青年、重病患者等，从制度构建、服务模式、心理疏导、社会资源调动等综合视角阐释如何发挥社会工作的作用，提高社会救助水平和社会服务能力，为促进社会公平正义的实现和社会治理水平的提升发挥社会工作的专业价值。

本丛书作者都是长期从事社会工作专业教学与实践研究的老师，不但具有一定的社会工作与社会学的理论造诣，也具有丰富的实践经验，我们组织撰写本丛书的核心目标就是为培养应用型社会工作人才和社会治理人才服务。希望通过我们的努力培养出既有社会工作专业理论，又具有关注社会问题与解决社会问题能力的专业人才。为了实现这个目标，我们在组织撰写本丛书时，注重社会工作理论与社会实践的结合，注重社会工作理论和伦理的本土化，注重社会工作方法与我国社会工作实际的结合。具体来说，本丛书做到了三个统一：

第一，社会工作理论与社会工作实践经验的统一。本套应用型社会工作人才培养丛书涉及的话题都与社会生活中出现的问题有关。这些问题的解决，就需要以社会工作理论为指导，寻求解决问题的方法。我们追求理论性与实践性的统一。

第二，社会工作发展规律与中国社会工作本土特色的统一。社会工作作为一门专业，起源于西方，目前的专业理论与方法都具有西方文化的痕迹。在我国社会工作专业发展过程中，一方面我们需要掌握社会工作专业发展理论，遵循专业发展规律，另一方面我们又不能简单、生硬地理解这些规律，我们还需要探索适应中国文化传统与民族文化理念的社会工作方法。因此，在本丛书的撰写过程中，我们追求社会工作发展规律与本土化实践的结合。

第三，社会工作专业领域丰富性与社会工作对象聚焦性的统一。本丛书涉及的领域具有多样性，如青少年犯罪的预防、司法社会工作的实践模式探索、学校社会工作的理论与实践、心理治疗模式在社会工作领域的应用、失业青年抗逆力建设以及医疗社会工作等都是我们涉猎的话题。虽然涉及的领域具有多样性，但是每一个问题都是现代社会生活中需要关注的问题，所有问题都聚焦于发挥社会工作专业在现代社会治理中的作用。

本丛书撰写团队的所有成员，都是抱着真诚的态度从事这项工作的。我们希望我们的努力能为中国社会工作专业人才的培养工作发挥一些积极的作用。我们也知道本丛书还存在不少的问题，我们愿意以真诚的态度与社会专业领域的学者和实务工作者交流，也渴望得到大家的指导与帮助。

本丛书得以出版，与很多人的努力分不开。作为丛书的组织者，我真诚地感谢所有参与丛书撰写的成员，没有团队成员的参与，本丛书不可能完成；感谢知识产权出版社的领导与编辑们精心策划与审稿，保证了本丛书的质量，特别感谢雷春丽编辑，她一丝不苟、兢兢业业的工作态度和严谨认真的工作方法使我们受益匪浅；感谢社会工作专业从成立到现在的所有学生，他们在专业学习中的发问与研讨学习中的参与给老师们很多有益的启发；感谢社会工作专业实践基地的实务专家，他们为我们提供了大量的实践案例与实务经验，丰富了本丛书的内容；感谢没有参与丛书撰写工作，但一直从事社会工作专业与社会学专业教学的同事，本丛书的内容包含着他们理论与实践经验和辛勤工作的汗水；感谢我们所处的这些时代，时代的要求和发展进程为社会工作专业提供了可以发挥作用的舞台。

本丛书的出版不是我们探索社会工作专业人才培养途径和模式的结束，而是新的征途的开始。我们抱着不悔过去、不负现在、不惧未来的态度，抱着爱和责任统一的理念，将继续在社会工作专业人才培养中探索。我们也期待在下一个十五年，社会工作专业在我国社会治理和社会建设中发挥更大的作用。

上海政法学院应用型社会工作专业本科人才培养项目负责人
上海政法学院社会工作专业硕士（MSW）教育项目负责人
张可创
2021 年 1 月于佘山野马浜

前　言

家庭作为一种社会设置，社会的任何变化，例如，结构的调整、经济体制的转轨以及分配制度和保障制度的改革所引发的各种社会矛盾都可以在家庭中集中体现。从这个意义上说，家庭是社会变迁的一面镜子。当物质财富的丰盛开始成为有些人的目标，甚至从某种程度上可以说是信仰时，恐怕小康生活水平也不能让他们感到满足；在高度商业化的现代社会中，商业因素渗透当今社会的各个领域，经济理性不但成为经济领域运行的逻辑，而且迅速占领社会领域、家庭领域，甚至渗入情感世界。人们在决定情感归属时开始越来越关注经济因素，致使家庭成员的关系渐渐变得微妙，甚至脆弱。由此，人们承受着一种难以言状的不安全感和漂泊感。另外，实施三十余年的独生子女政策使很多家庭形成“四二一”家庭结构，使整个社会的人口结构也发生了变化，人们承受如此繁重的家庭赡养任务前所未有。与此同时，随着教育的市场化，教育成本提高了，这给家庭带来巨大的压力。此外，随着价值观和生活方式的多元化，在家庭关系的处理上，代际冲突压力凸显。

可见，现代社会中的家庭问题正在越来越多地以各种形式集中地表现出来。可以说，无论是从内部的家庭生命周期发展的脉络上，还是从外部的家庭所在的极富“风险”的社会环境上，抑或从社会变迁和转型的历史过程上看，毫无疑问，各种家庭问题正在逐渐逼近我们并且让我们刻骨地感知。

本书展示了社会变迁背景下的诸多家庭问题，并对各个领域的问题从社会学的视角描述分析，以期从社会工作的专业视角寻求解决家庭问题的策略。本书案例丰富而真实，除了来自公众人物的案例外，还有来自普通百姓的案例，为了保护当事人隐私，本书都做了匿名处理，修改了家庭情况和家庭成员的背景信息。在我们以往看到的家庭问题案例的呈现中，对问题的描述和家庭成员关系的阐述都相对比较简单，例如，夫妻离异，孩子缺少关爱，或者目前忙于赚钱养家，对孩子疏于管教，孩子在学校打骂师生。事实上，家庭的实际情况绝不是如此简单，家庭问题的复杂性、家庭成员互动中的影响，情绪、意志等个人的内在因素，以及早年的成长经历、家庭环境、同伴群体、老师、社区等要素的外在影响，都会体现在家庭问题中。因此，本书在案例描述时希望更为全面、整体地呈现家庭问题。

家庭问题的分类方法有很多。有按照群体来分的，例如，儿童问题、青少年问题、女性问题、老年问题；也有按照问题的内容来分的，例如，家庭暴力、出轨、空巢、单身等。本书则按照问题的类别来分，例如，关系类问题、代际问题、融入类问题、教育类问题、抚养和赡养问题、适应性问题、伤害类问题、家庭资产建设问题等。其中，代际问题可以归入关系类问题，但是由于代际问题内容丰富，比较重要，因而单独列为一章。当然，这种分类方法也不完美，问题之间有交叉，同时没有涵盖所有问题。但是这种分类方法的优势在于简化了家庭问题，让初学社会工作和从事家庭社会工作服务的人，能够比较容易认识到问题之间的相似性和每个问题的独特性，从而更便于采用恰当的方法来回应问题，降低了家庭问题的复杂性。

本书力求融合社会学和社会工作的学科，希望能够从社会学的视野中更为清晰地阐述家庭问题，分析各种家庭问题的成因，同时，也能够从社会工作的角度回应问题，寻求解决问题的方法。本书还系统梳理了家庭社会工作领域中的不同层次的微观技术与宏观技术，希望能对一线社会工作的临床服务具有借鉴价值。

我们需要透过当下的家庭危机加强对社会结构失衡和失序的关切，看到家庭这一社会组织与更大的社会结构之间的关联，这是非常必要的。家庭是社会变迁的反应器，家庭的危机体现了社会某个层面的失序。因此，本书研究家庭问题以及如何从社会工作的角度来回应家庭问题，目的是研究从哪些社会层面纾解家庭的危机。例如，要分析农村留守儿童和留守老人的问题，就要关注这个群体是如何产生的，如果从更宏观的层面和社会结构上分析，该问题是双轨制、户籍壁垒、社会保障、身份认可甚至是社会良知和公义的问题。又如，农民工群体在中国的城市化进程中做出了巨大的贡献，但是城市只是欣然接纳了他们作为劳动力的价值，却忽视了他们的生活，这个类型的家庭往往失去了基本的婚姻家庭生活权。因此，本书愿意透过家庭问题看个体、社会、国家的责任和担当。

杨 柳

2021 年 1 月于上海

目　录
CONTENTS

第一章

家庭问题与社会变迁

CHAPTER 1

家庭作为一种社会设置，是人类社会生活最基本的组织形式和细胞，也是一种文化。在全球范围内，家庭问题得到普遍重视。1989 年，联合国宣布 1994 年为“国际家庭年”。1993 年 2 月，联合国社会发展委员会决定，从 1994 年起，每年的 5 月 15 日为“国际家庭日”。我们每个人的爱恨情仇源于家庭，社会秩序的稳定也与家庭息息相关。借用法与社会变迁研究的先驱沃尔夫冈·弗里德曼（Wolfgang Friedmann）教授曾经提出的命题：相对于社会变迁，法既是反应装置又是推动装置。我们认为家庭与社会变迁的关系亦如此，家庭是社会变迁的反应装置，也是社会变迁的推动装置。家庭一头联结着个体，另一头联结着社会，作为个体与社会联结和沟通的桥梁，其通过个体的社会化过程，关联社会秩序与社会结构的稳定。“家庭在人类历史上不是一个生物性恒定不变的常量，它的机制形态，总是在作着一种经常性的变化。”① 在家庭与社会的互动中，我们看到了各种状态。社会各个领域中的细微变化，我们都能从家庭中找到痕迹，同时，家庭关系、模式、情感类型的变化也都极大地影响社会的变迁。

正因如此，我们不应该用标准化的定义来界定家庭，家庭的核心要义是彼此负责。家庭的定义应包括认同、责任、归属，而不只是以婚姻为中心、以血缘为纽带的组织。也就是说，家庭逐渐被纳入社会这一体系，与社会的结构性关系以及服务于社会功能的要求一再被强化。

目前，已进入 21 世纪 20 年代，家庭发生了哪些变化？茶余饭后，人们发现老同事大张的儿子结婚后不要孩子，父母在经过慎重的思考后，也接受了儿子儿媳的想法和做法；老李的女儿三十多岁了，也不积极主动告别单身，每天过着快乐的“单身女王”的生活；一部分老年人不再依赖子女，而是选择社区服务搭伴养老；在家庭中，尽管多由男性主导话语权，但是女性的权利正在提升，家庭从父权制的团体过渡到伙伴型的团

① 阿克塞尔·霍耐特. 自由的权力 [M]. 王旭，译. 北京：社会科学文献出版社，2013：243.

体，但男性似乎还不太适应也不甘心这种转变，慨叹自己的权威地位正在消失，由此带来家庭内部一系列的紧张，人们戏称这种现象是“女人正在解放，男人还在原地踏步”。

有更多的夫妇认识到，纵向的亲子关系正逐渐让位于横向的夫妻关系，在家庭关系重要性的价值排序中，人们开始接受夫妻关系融洽，亲子关系才更和谐的观念。当然，除了上述变化外，还有很多家庭压力性事件的存在。目前，家庭危机可以说是这个社会的最大危机，出现了生育率低而离婚率却逐年攀高、农村大量的留守儿童照料不足、亲子关系导致有的夫妻剑拔弩张、独居老人去世数日才被发现、农村留守老人自杀等问题。可见，家庭正在发生翻天覆地的变化，现在的家庭形态已经与传统的家庭形态完全不同了。(1) 妇女大批涌入劳动力市场，使得在家庭中建立一种对称的参与与照顾关系，以及家庭成员的平等机制有了基础。(2) 集体主义和个体化两种价值体系并存。一方面，人们的思想观念在公共领域受到约束，家庭和婚姻方面的法律和文化要求人们遵从主流意识；另一方面，在个人生活领域，国家给予个体高度自治权，个人在该领域中的自由度逐渐扩大。(3) 人们在经济上的相对富足使得彼此间的依赖度降低，个体的独立性和自足能力显著增强，从而使人们通过婚姻缔结家庭的意愿在某种程度上降低了。

在社会变迁的背景下思考家庭问题，需要重新思考一些议题，下面就逐一进行阐述。

一、家庭的衰微与“再家庭化”

在个体主义浪潮的裹挟下，家庭对于个体、社会以及国家的价值与意义，是日渐式微，还是更加重要？当然，针对不同的关系向度，重要性会有所不同。例如，从国家治理的逻辑而言，家庭作为一种社会组织、制度和文化的载体，其承载着养育、赡养、情感联结、教育等非常重要的社会层面的功能，这些功能如果不能很好地发挥作用，对社会秩序与社会结构会有重大影响。因此，随着国家与社会的分离，政府职能的简政放权，社会的培育以及国家对社会组织发展的重视，家庭在社会与国家治理中的角色没有淡去，反而更加重要了。我国经历了20世纪50年代的集体化时期的“去家庭化”，到了20世纪90年代，“再家庭化”成为一种重要趋势，而不是人们在经验世界看到的以单身浪潮、不婚、晚婚、不育等现象为表征的家庭的衰微，以及对待婚姻的恐惧和焦虑，实际上，家庭的价值更加重要。从我国的社会福利类型来看，属于剩余型社会福利，即只有在市场和家庭解决不了的领域，社会福利才发挥一定的作用。在该种福利类型中，很多责任和负担都压到了家庭领域，家庭成为个人应对风险与危机的主要载体，也是满足个体需求、情感慰藉和发展的重要载体。同时，家庭也成为社会治理体系中的非常重要的组织，在国家和社会中将持续发挥重要的工具价值。另外，从个体层面而言，家庭的价值也没有淡化，家庭生活幸福仍然是每个人人生的第一要务，让全家人“过上好日子”也是普通人的奋斗目标。可见，个体的成功与价值的体现与家庭紧密关联着，家庭也继续承载着每一个人的情感性价值。

在构建现代化国家治理体系的过程中，在政治和文化层面，家庭的意识形态价值也从未被忽视。习近平总书记关于家庭、家教、家风建设的重要指示精神，阐述了“三个不可替代”的思想。无论时代如何变化，无论经济社会如何发展，对一个社会来说，家庭的生活依托都不可替代，家庭的社会功能都不可替代，家庭的文明作用都不可替代。习近平总书记在2016年12月会见第一届全国文明家庭代表时指出，“广大家庭都要重言传、重身教，教知识、育品德，身体力行、耳濡目染，帮助孩子扣好人生的第一粒扣子，迈好人生的第一个台阶”①。家庭是社会的细胞，是人生

① 习近平谈家风建设［EB/OL］.［2020-07-26］. http://www.wenming.cn/djw/shouye/dangjianyaowen/202007/t20200722_5721014.shtml.

的第一所学校，家庭教育是国民教育体系的重要组成部分，也是学校教育的基础、补充和延伸，家风关系社会风气、党风政风，涉及社会的稳定、国家的长治久安，加强家庭、家教、家风建设非常重要，习近平总书记强调："家庭和睦则社会安定，家庭幸福则社会祥和，家庭文明则社会文明。"① 家庭的发展能力和发展质量，关乎每个家庭成员的幸福感、获得感，也关乎国家、民族的进步和发展。

中国文化讲究孝顺和慈爱，这是从个体和家庭的意义上，提供其实现养育和赡养社会功能的文化层面上的支撑。

家庭的价值与功能，尽管从任何层面而言都没有衰微的理由，但是，针对"再家庭化"人们还是会持有不同的观点。大数据显示，无论是中国还是西方国家，传统意义上的家庭是在减少的。例如，朋友们在一起聊天，常常会畅想自己的晚年生活，几个要好的朋友，自己置个院子，做个民宿，雇几个护士和保姆。阿尔文·托夫勒（Alvin Toffler）在《未来的冲击》一书中将这种家庭形态称为"老人家庭公社"，即由一群年事已高的老人聚集在一起，共同寻求生活伴侣、精神支柱而组成的团体。他们既已退出生产阵容，又无须为生活奔波，便可安居于某一处所，同心协力，设置联合基金，集体雇佣家务与看护，以终其天年。② 从这点看，家庭的价值和功能似乎在衰退，家庭在发挥赡养功能方面也没有从前重要，只要经济基础足够好，朋友够真诚，能够结成朋友群体，养老似乎不用依赖家庭了。当然，有人认为只有中产阶级以上的人士才能实现此种方式的养老，对于贫困人群来说，家庭仍然是其对抗各种社会风险的载体和支持源。

---

① 习近平谈家风建设［EB/OL］.［2020-07-26］. http://www.wenming.cn/djw/shouye/dangjianyaowen/202007/t20200722_5721014.shtml.

② 阿尔文·托夫勒. 未来的冲击［M］. 蔡伸章，译. 北京：中信出版社，2006：134.

二、技术与婚姻家庭、性别

如何理解科技变迁给家庭形态、婚姻家庭关系、社会性别所带来的变化？我们在谈论社会变迁与家庭问题时，流动性是一个不可忽略的思维框架。也就是说，要从多元视角、关系视角和建构视角来分析今天的家庭。当然，这种流动性不仅包括时空的流动性、家庭结构和形态的流动性，也包括家庭关系和模式的流动性。①

20 世纪 90 年代后，人们的生活越来越趋向网络化，同时，机器人的研制和应用，开始走入人们的日常生活。各种科学实验室开始研究如何通过科技创新帮助不同的群体满足他们的生理和心理需求。科学技术的发展对当下的人际关系、家庭关系（包括婚姻以及各种家庭问题的解决）、家庭社会工作的各种服务领域，以及人的需求的满足，能够带来哪些影响？如今，智能手机几乎成为每个成年人日常生活的一部分，须臾不可分离，人们随时随地在网络空间的社交账号上进行交流，对于“90 后”以及后来出生的人来说，电子文化伴随着他们成长的每一天，这部分群体被称为“电子土著”。在电子游戏和网络空间交流中成长的这一代，未来恋爱结婚组成家庭后，他们的家庭关系和家庭生活面貌，以及这个群体未来的养老问题的解决会有哪些革新呢？科技会给家庭社会工作服务带来哪些正向或负向的变化呢？

人类在产生技术，同时技术也在重塑我们的生活。如今，更多的儿女通过微信的视频通话功能与远方的父母和亲人问候，之前也通过腾讯的 QQ 社交软件的视频聊天功能与家人联系，但是对方不知道自己一边聊天，一边处理着其他事务。因此，很多人对父母和祖辈的问候只是其许多任务处理中的一个，失去了人际互动中的专注性和情感的排他性。如此一来，聊天也许只是形式，聊天的内容和情感的专注显得无足轻重。实际上

① 吴小英. 流动性：一个理解家庭的新框架［J］. 探索与争鸣，2017（7）：88－96.

聊天的双方可能变得更孤单了。同居一室的夫妻，可能在不同的房间里，仅仅相隔5米，却在微信上彼此交流，而不是面对面互动。可见，技术的革新将家庭成员的关系带入新型亲密关系，同时也带来了新型孤独感。

再来看科技变迁给老年人带来的福利和风险。如今，老龄护理中的人工智能正在被关注。2018年，工业和信息化部办公厅印发了《新一代人工智能产业创新重点任务揭榜工作方案》，该方案明确，到2020年，要实现清洁、老年陪护、康复、助残、儿童教育等家庭服务机器人等的批量生产及应用。① 可见，科技与家庭的关系将更加紧密，科技在有效地回应各种家庭问题和家庭需求，科技成为家庭的延伸。

机器人在家庭领域中的服务将更加多元化和专业化。社交型机器人能够与人类眼神交流、语言交流并且能够识别主人，在主人困惑和悲伤时能够成为主人倾诉的对象，能够满足主人情感交流的功能。家庭教育型机器人能够朗读汉字、课文以及通过摄像头识别书写在白纸上的汉字，适用于儿童早期教育。家务型机器人能成为管家，管理整个家庭，有的能帮忙打扫地毯、洗衣服；能够帮助老年人洗澡和喂药、剪指甲的保姆型机器人也在研制当中；有的具备娱乐和陪伴功能，缓解老年人被轻视和孤独的感觉；伙伴型机器人尤其被老年人青睐，特别是针对丧偶的老年人，能够陪人聊天说话。治疗型机器人能够帮助病人、老人和情绪障碍人士，缓解激动或焦虑的情绪，安抚焦虑和抑郁的人。甚至未来有人希望发明机器新娘，当然，也有单纯的性爱机器人。机器人技术的发展，能够给各种不同需求的家庭提供服务，同时也能回应不同的家庭群体的需求，尤其是儿童和老年人的群体。随着人工智能技术的发展，未来“智能养老”会成为一

---

① 工业和信息化部办公厅印发《新一代人工智能产业创新重点任务揭榜工作方案》的通知[EB/OL].[2020-06-27].http://www.gov.cn/zhengce/zhengceku/2018-12/31/content_5443931.htm.

种发展趋势。可见，人与机器人的关系在升温，人与人的关系正在削弱。

有人质疑，上述机器人的各种功能为何不由真人去完成呢？当然，人在人类关系中拥有毋庸置疑的优先地位，但是，当老龄化开始席卷全球，年轻人无暇顾及各种家庭任务和工作时，当我们看到老人们渴望有人陪他们说话，而儿女们却力不能及时，有个机器人作为替代和补充未尝不是一种选择。

当然，机器人的服务与人的服务（如家政服务人员、家庭社会工作者的服务）相比较，机器缺少共情能力，没法设身处地地为人着想，也无法与老人产生情感共鸣，因为人类以相同的方式出生，拥有家人，体验过疾病和孤独、失去亲人的痛苦，能够深刻领悟死亡的意义。而机器人即使再精密复杂，也难以企及。机器人的优势在于永远不知道疲惫，不会对我们评头品足，人类得到前所未有的接纳和包容，同时机器人不会做危险的事，不会背叛，不会伤害，不会突然死去而留下孤单的一个人黯然神伤，不会像个别保姆一样虐待、忽视所照料的人或者手脚不干净。陪伴情绪不稳定、健忘的老年人时，机器人可能会更有耐心。在全球范围内，生育率正逐年降低，如果机器人可以帮助家庭照顾孩子、料理家务，那么女性在某种程度上可以从家务劳动中解放出来，从而可以提升生育率，减缓老龄化。可见，在进一步延续和保有家庭的生育价值和功能上，机器人同样可以发挥一部分作用。

技术在发展中重新定义了自己，也重新定义了个体与他人的关系。例如，机器人给人带来了孤独中的新型亲密关系。那么，当给老年人配备了机器人时，家庭成员和老人的关系是否会受影响呢？机器人帮助儿女分担了照顾和陪伴的责任，并且在一定程度上代替了子女的角色，儿女们感觉父母不再是完全孤独的，缓解了亲人们的负罪感。这样他们之间的关系变得轻松和简单了。但是，从另外一个角度说，如果有了机器人的陪伴和服务，子女减少了探望老人的次数，老人将本应该向子女倾诉的内容告诉了机器人，那么则降低了老人对儿女的情感期待和依赖。这样，在一定程度上机器人反而使人与人的关系变得疏远了，而不是更加紧密和亲密。在这个过程中，我们背叛了自己。

技术对家庭的影响，还体现在网络对家庭生活的影响上。雪莉·特克尔（Sherry Turkle）在《群体性孤独》中系统阐述了人与技术关系的变迁，分析了技术对关系的影响，人们对科技期待更多，但是人类彼此之间却不能更亲密。如今，每一个可以熟练使用网络的人，基本上都产生了对网络的依赖。中国人对社交软件依赖度较高，例如，有的人每隔5分钟就打开“微信”，看看是否有信息进来，生怕错过每一次重要的沟通。人们无时无刻不在网络上，如在地铁上、走路中，甚至吃饭、如厕、睡觉前都会顺手拿出手机看两眼。智能手机给人们带来的网络与人的每时每刻的亲密接触，使得个体成为一种网络化存在的个体。

科技在重新塑造着我们的家庭关系。如今，许多人将注意力放在屏幕上，却对家庭生活不理不睬。丈夫忽视了妻子，父母忽视了孩子，子女不再关注父母。妻子将丈夫的注意力从手机上拉回来，孩子将父母的关注点拉回来，老年父母将成年子女的注意力拉回来，都不是一件容易的事。与网络的亲密却造成了家庭关系的疏离，人们身在家里，但注意力却在别处。科技在给人们的生活提供便利的同时，却在一定程度上异化了人们之间的关系。

如今，人们通过网络开辟了多向度人生，透过网络来弥补婚姻家庭生活的不足。网络给人们开辟了另一个空间，人们可以在现实的物理空间和虚拟的网络空间中同时存在，同时处理多个任务，人们可以一边在家里与妻子讨论家庭事务，亦可以同时和朋友在网络中聊天，还可以一边听音乐，一边收发邮件。雪莉·特克尔教授将这种现象称为网络与现实生活的同步与混搭，网络婚姻是“混合人生”的重要组成部分。①

---

① 雪莉·特克尔. 群体性孤独［M］. 周逵，刘青荆，译. 杭州：浙江人民出版社，2014：171.

对于青春期的孩子来说，网络拉开了孩子与父母的距离，孩子们宁可与网络中的陌生朋友谈笑风生，诉说喜悦与烦恼，也不愿意与父母敞开心扉。

网络技术让“分开”和“独处”都失去了原来的意义。在物理空间人们与他人分开，自己独立在一个空间，但网络又使人无时不与他人在一起，人们很难获得安静和独处。网络技术正在逐渐消灭“分离”，只要一直在线就没有分离，你随时可以和在世界的任何一个角落的人即时联系，这给人很大的安全感。当家人不在身边时，电脑和移动网络成了新的陪伴者，提供了一个新环境。对于到国外求学的青少年而言，网络让他们享受到父母一直在身边的便利，只要有手机在，他们就不会孤独。科技缓解了陪伴问题给人们带来的困扰。网络对家庭关系的影响还体现在家庭话语权的再分配上。网络影响了传统父权运作的基础，传统按照经验形成的权威目前受到网络的冲击，子辈获取信息的能力强于父辈，出现了“信息反哺”，使得家庭的话语权呈现从父辈向子辈倾斜的趋势。因此，从总体上看，网络技术利大于弊。

三、家庭与个体、群体生命成长

家庭是简单的社会组织，它满足人们各种生活需求和情感需求，家庭在给人以支持、温暖、力量、安慰、分享等各种美好体验的同时，也可能带来孤独、不平等、受虐待、受遗弃等体验。家庭与个体的互动，有爱恨情仇，也有酸甜苦辣。

家庭是人实现社会化的最初场所，是个人全面发展的重要载体，同时也是检验个体生命品质的试金石。人们在家庭关系和婚姻生活中，能认识到本真的个体。家庭是个体归属感和社会认同感的来源，其他的领域和社会关系，如同学关系、朋友关系、同事关系甚至亲戚关系，与个体的互动也仅仅是局部而不是全部的，只有家庭关系是个体全面投入的场所，一个人的性格、能力、趣味、品质、爱等会在家庭中全方位地表现出来。因此，要了解一个人，要从其在家庭中的表现去认识和解读。人只有在亲密关系的互动体验中，其个性才会充分展现。家庭是认识个体局限性的最好的地方，也是反省个体生命成长最好的地方。

就个体与家庭的关系而言，从价值排序看孰轻孰重，是家庭为个人的发展提供条件，还是个人为家庭的发展做出贡献。当然，从不同的价值观念出发会得出不同的结论。“从个人主义视角看，家庭发展是个人发展权的内在要求；从家庭主义视角看，促进家庭发展是实现个人发展权的有效途径。”① 在古代社会，个体往往是微不足道的，个人的人生理想基本上也不指向个体，而是要从“修身、齐家、治国、平天下”中寻求个体的定位。到了今天，尽管被社会的个体化潮流裹挟，个人的人生理想仍旧与家庭有关，家庭幸福是每个人追求的目标。从这一点看，个体离不开家庭。家庭是个体生命体验不可或缺的场所，同时，家庭赋予了个人生活的意义，伴随着人的整个生命过程。

家庭成员同时也是家族成员，家族是一个群体，家族中的矛盾纷争与个体在家庭中的矛盾不同，因为前者涉及更多的家庭成员，关系更为复杂，需要协调的利益关系更多。在处理家族矛盾中，个体的群体互动经验可以得到提升，个体的生命感悟在群体互动情境中可以得到成长。

四、家庭的社会价值与使命

传统的关于家庭的研究，更多的是从社会学的角度分析家庭的职能、价值和使命。在这里，笔者从政治哲学的视角，分析家庭与自由、家庭与民主合作等的关系。

---

① 夏永梅. 论个人发展权在家庭中如何实现：以新发展理念为指引 [J]. 学术交流，2016 (12)：85－90.

（一）家庭与自由

人们常常把家庭看成一种束缚，认为建立家庭会对自由构成威胁。没有家庭的人是自由的，俗话说，“一人吃饱全家不饿”。没有家庭是否自由，该议题需要讨论。阿克塞尔·霍耐特（Axel Honneth）在《自由的权力》一书中，对家庭的认识与上述人们凭着日常经验得出的结论恰好相反，他认为家庭是自由的一种特殊形式，人们只有在今天才真正实现了现代家庭的社会发展。这种自由不仅体现在个人的自由上，而且帮助主体实现了一种主体间互动的自由。[①] 那么，在家庭里，是如何使得社会自由现实化的呢？霍耐特认为，父亲追求权威，母亲追求关怀，孩子追求依靠和确定自我成长的方向。不同家庭成员的角色事实上已经规范，通过满足各自的需要，呈现一种完美的互补关系的画面，使得关于在家庭内部的社会自由有了理论基础。霍耐特以老年人为例，解释家庭如何给个体带来自由，如果我们能够看到老人在这么一个过程中忘却压抑心头的孤独和对死亡的恐惧，哪怕只是有着那么一个瞬间的自由，那么这种个人的自由就是来自主体互动的实践，这种实践正在现代的家庭中成为一种机制。

（二）家庭与民主合作

涂尔干·埃米尔（Durkheim Émile）曾在《道德社会学》一书中把家庭看成“国家的第二机构”，他认为个人遵守的各种道德和伦理层面的行为规则，实际上都是在家庭中习得的，家庭起着保障合作性民主的作用。可见，埃米尔的观点和传统的自由主义思想不同，他认为家庭承载着一定的道德建设作用。亚里士多德（Aristotle）认为，通过对家庭成员的道德品质教育，家庭成员有了善德，国家才能实现更好的治理。家庭展开了它自己独有的、一些时期以来已经起着促进合作作用的互动形式。实际上，人们在家庭中提前实践了民主和合作的交往形式。

---

① 阿克塞尔·霍耐特．自由的权力［M］．王旭，译．北京：社会科学文献出版社，2013：265.

可见，以往从家庭的消费功能、情感功能、教育功能、娱乐功能等层面上认识家庭的价值，这些仅是微观分析。从埃米尔和霍耐特的观点来看，家庭成为实践民主和合作的场所，家庭具有政治意义。

（三）家庭正义与社会正义

苏珊·穆勒·奥金（Susan Moller Okin）在《正义、社会性别与家庭》一书中提出，社会性别问题是一个正义问题，家庭内的不公是现代社会不公的逻辑起点，家庭内的不平等源于家庭内无酬劳动的不均衡分配。家庭正义的实现，不只是社会正义的实现，还是和谐社会的实现，这是制度文明可以企及的新高度。要想实现社会正义，首先要实现家庭正义。正义的家庭是构成正义的社会的重要根基。家庭内不正义的性别关系，会让每一个家庭成员都身处畸形关系之中，“内外有别”成就的只能是“生活巨婴型”男性和经济依赖型女性。由此，我们认为家庭正义是制度文明的一部分，是社会和谐的重要根基。家庭中的不正义，如家庭暴力、经济和劳务的盘剥、权利的不对等成为很多家庭问题的根源。

本章从相对宏观的社会变迁的角度分析了家庭领域中的危机和压力性事件，以及各种或积极或消极，或者很难用当下的价值标准评判的各种家庭变化，探讨了社会与家庭两者之间相对比较复杂的互动关系。与此同时，从哲学层面探讨了家庭实则可以被称为修炼自由、民主、公义等政治哲学领域中议题的起源地，家庭不仅是社会组织，而且是具有政治性和道德性的场所。本章还分析了家庭在整个社会治理体系中所扮演的角色，从而揭示了家庭在未来发展中的重要性。此外，本章论述了技术与家庭的关系，人工智能技术以及当下越来越普遍的网络对家庭关系、家庭功能均会造成不同程度的影响。

第二章

家庭问题成因的理论解读

CHAPTER 2

如何认识家庭领域中的各种新问题与新现象，除了在家庭变迁与社会变迁的互构中解读外，微观层面的个体生命成长，个体与主要照顾者的依恋关系的形成过程，中观层面的家庭系统环境，以及纵向的家庭发展历史的视角等，都是我们认识和分析家庭问题的理论工具。本章所指的理论是关于社会工作的各种知识架构的总称，可以说理论在某种程度上是高度抽象的，同时也是工具化的，既然是工具化的，就意味着针对同一个家庭问题可以采用几种不同的社会理论来解释和预测，也就是说，对同一个家庭问题会给出不同的答案。解释是帮助人们确定问题的性质和成因的，其可以分为不同的层次，包括因果解释、概率解释、结构解释、功能解释、起源解释。理论除了具有解释功能外，更为重要的是具有预见功能。我们可以通过一个人在原生家庭的成长经历，推测其性格、未来的情感生活经历以及相应的社会行为等。在社会工作实务层面，理论应该同时具备三个组成部分：视角，即对世界的价值观或者看法；解释性理论，即说明为什么 A 能够导致 B 以及在什么条件下会如此；模型，即归纳行动的原则和模式，本章偏重视角与解释性理论。因此，在社会工作理论的浩瀚清单中，本章不能逐一介绍，我们选取了对家庭问题解释力比较强的社会系统理论、依恋理论、精神分析理论以及家庭发展和生命周期理论进行介绍。

第一节 社会系统理论

系统是指在界限内一些彼此互动的部分组成的集合体，每个系统的构成均具有互相依赖性，每一部分都以某种方式既影响着其他部分，又影响着整体。19 世纪 50 年代，系统理论被引入社会工作领域，1958 年运用于家庭治疗。家庭是一个社会系统，而这个系统又是由一些子系统构成的，包括夫妻子系统、亲子子系统、手足子系统，还有最小的子系统个体。子系统内部又是由不同元素构成的，系统中的每个元素的变化都会影响到系统的其他部分，同时也影响整体。也就是说，“蝴蝶效应”适用于家庭。“蝴蝶效应”也被称为拓扑学连锁反应，是指在一个动力系统中，初始条件下微小的变化能带动整个系统的长期的巨大的连锁反应。该效应可以应用于社会学和社会工作领域，其负面影响在于，一个微小的机制，如果不及时地加以引导、调节，可能会给社会带来极大的危害；但从正面意义上，一个微小的机制，如果正确指引，经过一段时间的努力，可能产生积极互动效应。需要注意的是，系统与环境不是一个概念，两者是有明显区别的，环境总是比系统更为复杂，也就是说环境拥有比系统更多的可能性，面对如此众多的可能性，系统被迫去化减环境的复杂性。系统可以化减环境的复杂性，但这是经由系统的复杂性来化减环境的复杂性的。如果系统变得更为复杂，其化减环境之复杂性的能力也会增强。①

一、理解社会系统

国内的家庭研究所使用的系统理论概念主要分为一般系统理论的沿用、家庭心理学系统理论观点、家庭治疗系统理论观点等。家庭系统理论与家庭治疗系统理论观点多是参考系统理论，或是以较为狭窄的生物与生态学观点探讨家庭议题。社会系统理论是从一般系统理论的基础出发，经过修正及加入其他理论元素之后，以更广泛的角度来探讨社会现象，包括家庭相关议题。② 社会系统理论常被运用到家庭系统中，家庭系统理论认为每个家庭都是一个完整体，以其独特的结构、规则和目标来运作；每个家庭也都是一个系统，由一群互异与互赖的分子组成，依靠每个家庭成员

① 肖文明．观察现代性：卢曼社会系统理论的新视野［J］．社会学研究，2008（5）：59.

② 刘育成．家庭研究中的社会系统理论探究：以家庭暴力为例［J］．社会发展研究学刊，2018（9）：101－129.

来面对种种难题，来维持家庭的平衡。社会系统理论用来分析家庭问题时，通常有三个面向：一是家庭作为一个内部系统，构成该系统的内部要素之间相互影响；二是家庭作为内部系统与外部系统间存在互动关系；三是对某一个具体的家庭做系统的研究。当然，本书主要是指前两个系统视角的面向。

《家庭会伤人》一书，运用实例解释了家庭系统理论。例如，妈妈和哥哥关系一紧张，妹妹精神分裂症就发作，此时家庭就将焦点集中在妹妹身上，母亲与儿子之间的紧张和冲突就得到了缓解，并且每次如此。可见，如果妈妈和哥哥的关系处理不好，那么妹妹的精神分裂症就很难痊愈。又如，父母都是高才生，孩子学习成绩却在班级倒数。何以解释，差成绩有一定的家庭功能吗？孩子怎么以差劲的学业成绩平衡父母强烈的成就欲望？另外，在家庭系统中，孩子身上的偏差行为有时能够化解父母婚姻关系中的冲突，甚至一些让父母头疼的“没有出息”的孩子，能够起到保持家庭完整性的作用，使得婚姻免遭破裂。可见，孩子身上的症状是有功能的，其价值和意义在于维持家庭系统的稳定和平衡。“具体来说，那个出问题的‘带症状者’其实是功能不良的家庭所需要的，问题症状的功能是企图调适和重建平衡的信号，家庭的互动模式维持着问题症状，反之问题症状也维持着成员之间的关系模式。”①

女性主义认为，个体的乃是政治的。从整体主义社会学视野看，个体的乃是社会的。在这两个命题基础上，我们认为个体的乃是家庭的，尽管该命题缺乏严谨的论证，但是在社会系统理论看来，改变了家庭就改变了家庭成员的生活，同时，个体的性格特质、心理和情绪状态，正面或负面的行为，都能够从他的家庭生活和成长经历中找到源头和依据。也正是从这种意义上，我们认为“个体的乃是家庭的”。

---

① 徐超凡．家庭治疗对“问题少年”的心理干预研究［D］．北京：中国人民公安大学，2017：40．

二、出生顺序与人格特质

对出生顺序与人格特质的关系，不同的学者有不同的观点。密苏里大学的杰洛米·巴哈（Jerome Boch）博士认为每个社会系统皆有四个基本需求，即生产的需求、平衡家庭情绪的需求、人际关系的需求、统一的需求。当孩子出生后会依排行顺序一一满足家庭系统的这些需求。[①] 阿尔弗雷德·阿德勒（Alfred Adler）是第一个强调出生顺序会影响人格特质的心理学家，他在《超越自卑》一书中，详细阐述了两者之间的关联，如表2-1所示。美国心理学家莱蒙·凯文（Leman Kevin）著有《排行学》一书，他提出的一些见解，印证了阿德勒的观点。他特别强调排行居中者的性格特征最为复杂，因为这些人需承受来自各方面的压力，所以必须从整个家庭环境入手去理解他们的境况，这就导致了在所有的兄弟姐妹中，排行居中者的性格最难解释。

表2-1　出生顺序与人格特质的关联

出生顺序	人格特质
长子或长女	当他是家里唯一的小孩的时候，备受宠爱，依赖父母，当另外一个孩子加入这个家庭的时候，会让他感到不安，他会开始了解到权利和地位的重要。这些经验会让长子长女比较容易关怀、保护别人，也更容易成长为保守权威的领导者
次子或次女	他们要跟另外一个孩子去分享父母的爱，常常表现出一些希望超越老大的行为。他们通常比较力争上游，不保守，具有竞争性，对未来充满希望
中间的子女	他们不太受父母关心，因为排行中间，前面有一个标杆，后面有一个追赶者，常常会有些压迫感，容易形成自恋或自卑的性格
最小的孩子	得到的宠爱比较多，容易产生优越感，比较任性

---

① 约翰·布雷萧．家庭会伤人：自我重生的新契机［M］．郑玉英，赵家玉，译．成都：四川大学出版社，2007：38．

续表

出生顺序	人格特质
独生子女	他一直都是家庭注意力的中心。在小时候很难学习到跟别人分享合作的能力。独生子女很小的时候就能学到与大人相处的方式，但也比较容易以自我为中心，因为儿时他的世界就绕着他打转。长大之后，他们在人际关系和伴侣关系中较容易出问题，因为以自我为中心，一直寻求关注，会产生固执、焦虑等情绪，也常常感到孤独

资料来源：阿弗雷德·阿德勒．超越自卑［M］．黄光国，译．南昌：江西人民出版社，2011：123－132.

三、案例分析

一个大家庭，父母均80岁以上，有六个女儿，大女儿60多岁，小女儿40多岁。六个女儿各自组建了家庭。家里的四女儿的儿子，在外面玩“黑彩”，第一轮欠债30多万元，没隔多久，又出去玩，又欠30多万元，共欠债60多万元，还不上。四女儿家里有车，大家建议卖掉还债，但是其丈夫不同意，说自己上班还开呢。四女儿回到父母家里哭诉，老爸心疼女儿，将自己多年积攒的11万元给了四女儿。跟其他孩子说，未来老人过世后会给每个女儿10万元的遗产。现在只是将给四女儿的遗产提前支付而已，希望大家不要有意见。但是老父亲的10万元的存单要第二年4月到期才能取出来。大女儿手里有积蓄，是为其在北京的儿子未来买房子攒的钱。在四女儿家里出事后，大女儿已经借给其2万元。老父亲希望大女儿拿出10万元现金给老四应急，然后到期的存单给老大。大女儿满心不愿意，但是在父亲的逼迫下，把钱拿了出来，拿的不是10万元，而是8万元。由此，老四非常不高兴，认为老大等于一分钱都没借给她。

对于老父亲拿出钱给老四，家里其他人，虽然嘴上不说，但是内心仍然不满，老伴儿说，我自己辛辛苦苦攒的钱，看病都舍不得，都给拿走了。大女儿也不满意，她每天给父母做饭，如果这样的话，让四女儿去伺候父母吧，但是，四女儿一家并不愿意伺候老人。其他女儿认为，当下的10万元和未来的10万元，由于通货膨胀，购买力不同，不是一回事。同时，四女儿家的儿子表现也不是很好，老先生因为年纪大，去外面洗浴中心洗澡，一个人不让进需要有家人陪伴，让四女儿家的儿子陪伴，他常常推给别人。于是，家里的矛盾产生了。

在这个案例中，本来是一个小家庭的经济困境，却演变成一个大家族的父女矛盾、姐妹矛盾，还包括亲属体系中的姨妈和外甥之间的矛盾。本来是个经济问题，却影响到了老人的养老问题，整个家庭系统运作的内在平衡被打破了。而四女儿的儿子为什么会玩“黑彩”，其实是希望能够从投机行为中不劳而获，这种价值观念是如何形成的呢？希望自己富有，在他人面前有尊严，这个二三十岁的年轻人，其内在的自尊没有培养好，却希望通过投机非法行为致富而获得他人的认可来培养自尊，原因何在？从家庭系统理论分析，家庭教养方式、外在的人际交往群体的影响，甚至包括遗传的因素，以及个体对这些要素的有选择的接受等，每一个要素都会参与到这个年轻人的认知和行为体系中。问题出现之后父母的应对策略也会影响这个年轻人的行为方式。在这个案例中，四女儿无条件地帮助儿子偿还赌债，向每一个认识的人哭诉借钱，实际上没有让这个年轻人承担他自己应该承担的责任和教训，这就等于四女儿延续甚至支持了儿子的这种行为，这样一来，此种行为不能从根本上杜绝，事实也是如此，60多万元的债务是在两轮赌博中欠下的。正如家庭系统理论所言，即使问题发生在个人层面，其他家庭成员对这些问题行为的反应，也会促使个人继续保持这些行为。这是家庭系统的回馈圈，通过这样一个儿子欠债母亲还债过程的相互沟通和反馈，维持了一个负面行为。一样的道理在《家庭会伤人》一书中有类似的案例：

孩子的父亲是个酗酒的人，每次醉酒的次日无法上班时，母亲都会打个电话到公司帮他请病假，他的孩子们都学会了不去多问而假装相信爸爸是“真的”病了。事实上，当大家都在努力挽救父亲的工作及维持家庭的经济稳定的同时，也等于在帮助父亲维持酗酒行为，再继续醉酒。于是，家人保护父亲的行为又再度上演。①

这两个案例，家人有同样的反馈路径，或为了家庭经济或为了工作，家人过度包容本应承担责任的人。第一个案例中四女儿为了让儿子不被债主到单位逼债而丢了工作，也为了让儿子的内心少受伤害，她自己出面举债并认为自己这样的行为至少是母爱的表现。可见，母亲越是扮演“好角色”，孩子的不良状况越难以改善。另外，此案中四女儿的丈夫没有进行正向的教育并担负引导的责任，这个丈夫，以打麻将为生，只是到了40多岁后才找到了一份公益类的工作。据了解，有一次，孩子玩“黑彩”坐庄，一个上午就输了5万多元，孩子的爸爸是知道的。在回应问题时，提到卖车，爸爸不同意，说冬天太冷要开车上下班。但他们所生活的那个城市，10分钟的公交车可以穿城而过。由此，我们看到爸爸也是个爱慕虚荣的人，这种价值观影响了儿子。约翰·布雷萧（John Breshaw）在《家庭会伤人》一书中指出，“个人的问题只不过是家庭问题的缩影而已，而家庭问题则能反映出整个社会体系的问题”②。可见，在个体与环境的互动中，所有因素都是相互渗透、相互影响的。在第一个案例中，个体这个最小的次系统出了问题，影响到了夫妻关系、亲子关系、手足关系、亲属关系等家庭内部系统，也影响到了当事人和妈妈的人际关系等外部系统。社会工作者平克斯（Pincus）与米纳汉（Minahan）提出了“四个基本系统”的理论，指出社会工作过程是社会工作者运用各种知识与资源，与各要素系统共同努力，通过一系列具体的工作达到工作目标的改变过程。这四个系统包括改变媒介系统、案主系统、目标系统、行动系统。具

① 约翰·布雷萧. 家庭会伤人：自我重生之路［M］. 杨立宪，译. 北京：蓝天出版社，1999：44.
② 约翰·布雷萧. 家庭会伤人：自我重生之路［M］. 杨立宪，译. 北京：蓝天出版社，1999：40.

体内容本书不一一展开。有的社会工作者常常用系统内部要素之间尤其是家庭内部要素的相互影响来分析家庭问题的成因，在解决家庭问题时，才将外部系统纳入。显然，这是有失偏颇的，无论分析原因，还是寻求解决问题的方法，要将宏观、中观、微观系统及其要素都纳入，家庭社会工作者的基本任务就是帮助恢复家庭中各个子系统或家庭成员之间的平衡关系，使之重新有效配合，相互协调。

从总体上看，社会系统理论侧重对问题原因的多维度阐释，该理论最大的价值在于让人们清晰地看到家庭系统内外的各个要素在与个体之间的互动中，如何形塑了个体的性格、心理状态以及行为。该理论多是解释性的内容，而对于系统内外的环境如何为个体的成长和发展提供滋养性要素，如何改变一个负向循环反馈的环境系统并没有涉及。因此，该理论可以帮助实务工作者厘清问题的源头，但是在实务操练层面，没有提供清晰的方向。需要强调的是，社会系统理论不是线性因果关系，而是循环因果关系。有别于个人内在动力的理论，社会系统理论不是从个体的微观的视角而是从更加宏观的角度分析问题。社会系统理论在解释家庭问题时，不仅考虑系统内部家庭成员之间的相互影响，还将家庭系统外部的社会组织、社会政策、价值观念涵盖进来，因此，该理论比较清晰地呈现了家庭问题的复杂性。同时，与其他理论比较，社会系统理论对社会问题的解释具有普遍的适用性。也正因为如此，社会系统理论常常招致解释力太宽泛，缺乏针对性和具体性的评价。

第二节　依恋理论

人类天生具有依附的需要，否则人类不能生存和繁衍。婴儿需要被保护养育才能够生存，成人需要养育子女才能传递基因。无论是婴儿与照顾者之间，还是成年伴侣之间，都有着比较相似的依恋特征，都是与对方亲近时，觉得有安全感，当不能亲近对方时，感到不安全。依恋具有本能性、相对稳定性与传递性。童年期与照顾者的关系类型和品质会影响到成年后与伴侣之间的亲密关系。从这一点上看，人类各种关系的处理具有共通性，亲子关系和夫妻关系都属于家庭内的次系统，如果我们聚焦于一个个体，在生命发展的不同阶段的社会关系上，亲子关系的品质会影响到孩子未来的夫妻关系状态。因此，在选择社会工作服务介入的时点上，如果能够早期介入则可有效防范未来各种问题的发生。

一、儿童依恋

依恋理论又称“依附理论”，最早由英国精神病学家约翰·鲍尔比（John Bowlby）提出，是一种跨心理学、动物行为学等多学科的理论，旨在探讨“人际关系”。该理论最重要的发现是，幼童因为情感与社会需求，需至少与一名主要照顾者发展出亲近关系，否则将造成其心理与交际能力长久的不健全。1978 年，鲍尔比与同事设计了陌生情境测验，评定婴儿的依恋类型。该测验是在一间实验性玩具室内观察婴儿、养育者（多为母亲）和一名友好却陌生的成人在一系列情境中的行为与反应。此操作程序的关键是婴儿与每个成人分离、相识重聚的表现，其中设计了八个情境，整个过程约需 20 分钟。最初，母亲与儿童被邀请进入一间放有适当玩具的舒适的实验室，当儿童安静下来并开始玩玩具时，便有陌生人加入，之后，相继有母亲离去、陌生人与儿童相处、母亲回来陌生人离去、母亲离去儿童独处等情境，儿童的反应用录像带进行记录。事后，依据录像带的记录评估儿童的探索行为、对养育者与陌生人的倾向性、在简单分离后重聚时对母亲的反应等，来对儿童的依恋进行分类。虽然儿童的所有行为都要考虑，但在区分依恋类别时，重聚时的行为表现具有最突出的意义。经过实验，鲍尔比将儿童的依恋类型分为三种：安全型、回避型和矛盾型，如表2－2所示。

表2－2　不同依恋类型在儿童时和成人后的表现

依恋类型	儿童时	成人后
安全型	在一起时能舒心地玩玩具，并不总是依附母亲，当母亲离去时，明显地表现出苦恼。当母亲回来时，会立即寻求与母亲的接触，很快平静下来并继续玩游戏。所占比例为65%	与别人亲密相处并不难，并能安心地依赖于别人和让别人依赖自己。同时，不担心被别人抛弃，也不担心别人与自己关系太亲密。所占比例为60%
回避型	母亲离去时并无紧张或忧虑，母亲回来后，他们也不予理会或短暂接近一下又走开，表现出忽视和躲避行为，这类儿童接受陌生人的安慰与母亲的安慰没有差别。所占比例为21%	与别人亲密令其感到有些不舒服、紧张或不自在。此类人很难完全相信和依靠他人。所占比例为20%
矛盾型	对母亲的离去表示强烈反抗，母亲回来后，寻求与母亲的接触，但同时又显示出反抗，甚至发怒，不能再去玩游戏。所占比例为14%	发现他人不乐意像自己希望的那样与其亲密。经常担心自己的伴侣并不真爱或不想与其在一起。其想与伴侣关系非常亲密，而这有时会吓跑伴侣。所占比例为20%

资料来源：David Howe. 依恋理论与社会工作实践［M］. 章森榕，译. 上海：华东理工大学出版社，2013：206－207.

在人际互动层面，安全型依恋儿童积极主动，在安全感的支持下饶有兴趣地探究周围环境，也能与陌生人友好相处，表现出自信、独立、适应性强等积极的心理。回避型依恋儿童虽能进行自主的探究活动，但并不深入，在与人交往过程中又易为强烈的焦虑所困扰，并且由于具有回避型行为倾向，人际交往与活动的机会减少，导致社会经验缺乏，以及社会性发展滞后。矛盾型儿童怯于探索，与陌生人交往异常谨慎，这又缩小了人际空间，阻碍了社会能力的发展和对现实世界的理解。

总体而言，完整正向的依恋作用指的是孩童依恋父母等成年人的过程是非常完整且正向的，即父母积极倾听，与孩子有效沟通，孩子沟通愿望得以满足，沟通能力得以锻炼和培养；孩子的角度看世界与父母的角度看世界，两者差异颇大，当孩子和父母相互分享和学习时，孩子可以在成长中学到基础知识和发展新思维；父母的温暖、善良与帮助有利于孩子成长为一个温暖且充满正能量的人；孩童时期的正向依恋，让孩子更容易理解和做到真正同理，长大后更能明晰何谓“角色同理与情绪同理”。残缺负向的依恋作用则是指孩子在早期经历依恋的剥夺、损伤、丧失，其依恋过程是残缺与有裂痕的，如母亲在孩子还没有独立思考能力时就已离世，孩子在一开始就缺失温暖的母爱，从而影响孩子对母爱的感受与学习；或者母亲在孩子的依恋过程中离世，孩子遭遇母爱被剥夺或母爱丧失，则会因前后落差选择抗议与逃避，出现悲痛、伤心、绝望、无助的负面情绪，甚至出现一些极端的行为；或者在父母二人关系长期处于多次争执甚至“家暴”的情况下，孩子依恋母亲（或父亲），其依恋过程也是残缺和不健康的，影响孩子以后的爱情观、家庭观，此类家庭的孩子往往会觉得自己是母亲（或父亲）唯一的寄托与希望，从而让自己时刻处于无限压力的状态下。

依恋理论要求儿童的照顾者对孩子发出的需求保持敏感性和反应性，如果照顾者拒绝满足或者没有任何回应，儿童会产生不安全感、不信任、黏人的表现。因此，家庭应努力建立安全型的依恋关系，让照顾者成为儿童的安全基地，照顾者与儿童之间应建立一种让儿童获益的联结关系。早期依恋关系的品质决定了孩子一生的幸福。这里，需要聚焦于四个关键的照顾向度，即“在可得性（照顾者的接近与回应）中增加信任”“促进反应性的功能”“增强自尊”“增加自我控制”，这四向度内涵如表 2 - 3 所示。

表 2－3　四向度内涵简述

	在可得性中增加信任	促进反应性的功能	增强自尊	增加自我控制
照顾者的想法	◎聚焦于孩子的需要 ◎将孩子放在心上，即使孩子不在身边 ◎以孩子的幸福为中心	◎站在孩子的角度想，体会孩子的心情 ◎反思孩子的想法和行为——为何孩子会这样想/做 ◎联想与联结（例如，过去与现在）	◎接纳孩子的过去——优点与缺点 ◎了解孩子自尊的需求 ◎愉悦地跟他在一起	◎视孩子为一个独立个体 ◎接受与重视，增进孩子有效与自主的需求 ◎相信孩子活动的能力、做决定的能力
照顾者的行为	◎在生理、心理方面保持有效的警觉 ◎以适合孩子年龄的方式向孩子传递信息 ◎以可得性减少孩子的焦虑与压力	◎靠近孩子，认真观察、倾听孩子 ◎富有弹性、富含同理地回应孩子 ◎给孩子提供认知的框架 ◎帮助孩子对经验赋予意义（过去与现在） ◎促进意志力	◎促进孩子的正向成长经验 ◎处理孩子的困难，协助其修复伤害 ◎增进孩子接纳力，确保孩子适于年龄的变化	◎尊重和促进孩子的探索 ◎设定安全的而非打扰的界限 ◎提供选择，允许孩子有些冒险 ◎对于行为管理，持协商与共同合作的态度
儿童的想法	◎我是重要的 ◎我是安全的 ◎我可以相信并依靠照顾者	◎我被认识和了解 ◎我可以了解自己并认识和了解他人 ◎我可以想想自己和他人的心情 ◎我的焦虑可以被包容	◎我被接受，被重视 ◎我接受并重视自己 ◎每个人都有好的和坏的部分 ◎修复与原谅是可能的	◎我的观点是重要的 ◎我可以自己来做决定与达成某件事 ◎我可以通过合作满足需求 ◎我可以让自己和别人感觉不错
儿童的行为	◎探索、学习、行动 ◎适当的冒险 ◎有压力时，把照顾者当成安全堡垒	◎可以在自己与他人身上作出反应 ◎有同理心 ◎会思考与计划 ◎可将感受化为文字与语言 ◎调节自己的情感与行为	◎有信心地投入活动与情感 ◎可以应对失败与失望 ◎有现实感，可以正向自我评估	◎可以自己做选择与决定 ◎有能力协商和共同合作 ◎适当程度的自我依靠 ◎变得比较主动而非被动

资料来源：SCHOFIELD G, BEEK M. Providng a secure base: patenting children in long-term foster family care[J]. Attachment & Human Development, 2005, 7(1): 2－25. 本书引用时略有修改。

二、成人依恋

到20世纪80年代中期之前，依恋理论的研究大多局限在儿童领域，直到1987年，人格和社会心理学家们的加入，才将依恋理论的研究拓展到了成人领域，代表文章是辛迪·哈珊（Cindy Hazan）与飞利浦·薛佛（Phillip Shaver）两位心理学家发表的一篇题为《浪漫的爱可以看成是依恋过程》的论文。该文认为，在长期的社会化过程中，会形成一种相对稳定的内在运作模式，人类童年时期形成的依恋类型会影响到长大后的恋爱态度，他们在恋爱时会采取同一方式来对待他们的爱侣。进一步扩展，该模式会影响到个体对自我、对他人和对世界的所知、所感和所为。实验也证明，这三种类型的成人比例与儿童的安全型、回避型、矛盾型的比例分配相似，但并不完全一样。当然，成人依恋类型还有其他的划分方式，有学者以焦虑程度和逃避程度作为坐标，将成人依恋分为高焦虑高逃避——错乱型，低焦虑低逃避——安全型，高焦虑低逃避——焦虑矛盾型，低焦虑高逃避——逃避型。这个研究也支持了新弗洛伊德理论的观点：人在早期与主要照顾者之间的情感关系成了后来人际关系的起点。

安全型依恋成人在社交中积极主动、坦诚热情、信任度高，即使被拒绝也不会影响自尊与自信，有给予他人爱的能力，能很好地理解自己与他人。回避型依恋成人，在人际互动中有一个特点，就是担心受到拒绝。于是，要么通过讨好获取他人的关注和亲密，要么一受到怠慢就怀疑自己的价值，这样的人会给周围的人带来压力，时间长了，周围的人就会尽量避免与他交往。回避型依恋成人认为亲密关系就应该是消极冷淡的，只有这样的关系才能让他们感到舒适，于是他们会尽力去寻求和自己同类的人，去建立一种互相之间“冷漠的亲密关系”。

有研究显示，依恋具有代间传递性，安全型的母亲容易成为子女的安全堡垒，相对更容易培养出安全型的子女。因为母亲的依恋运作模式会影响其与子女的相处方式，进而会影响亲子间的依恋品质。并且与孩子建立起安全型依恋关系的母亲，与配偶之间容易达成一致意见，婚姻满意度高、家庭凝聚力强。反之，不能与孩子建立安全型依恋关系的母亲往往与配偶的关系也呈现负面互动。① 除了养育者的依恋类型会影响子女外，养育方式和养育环境也会影响子女的依恋类型，本书不展开论述。

成人依恋理论对于社会工作者帮助案主调节家庭矛盾能发挥什么作用呢？在亲密关系的互动中，如果能够识别彼此的依恋类型，就像识别彼此的性格特征、脾气秉性等内在元素那样，然后调整彼此的互动模式，那么亲密关系更容易和谐。但是在家庭中，我们却缺少这样的知识储备和识别能力。因此，在社区层面的家庭学校教育中，应该将依恋理论的相关内容纳入。

三、案例分析

张明是一名家喻户晓的公众人物。2011 年 9 月，他的妻子在自己的微博上曝光了一系列关于丈夫向她施暴的图片和文字，一下子把他推到了舆论的风口浪尖。事后，张明承认是当着孩子的面殴打妻子的，并坦然笑称自己是“家庭暴力的反面教材”，希望通过他的例子让更多家庭反省、受益。张明认为夫妻打架是很正常的事情，他不会为此感到羞耻脸红，认为这是“正常的”。对于妻子，张明有着一系列“名人名言”，“我们没有爱情”“婚姻是家庭实验”“就算我打了老婆，我仍然是个好老师”。

张明为什么会打人，而且“家暴”后拒绝认错。这要追溯张明的童年生活经历。这与后面要阐述的精神分析理论有关，当然，依恋理论也间接证明了精神分析理论具有一定的合理性，即童年时期形成的依恋类型能够预测成年时期的婚姻依恋类型，会影响个体一生。人的一生中依恋类型相对稳定，除非遇到特殊事件才会发生改变。张明一出生父母就去支援边疆建设，幼小的张明随外婆在南方生活，四岁才到父母身边，和父母很生

① 涂妙如，黄迺毓．母亲依恋经验、婚姻调适与其学龄前子女依恋关系之相关研究［N］．家政教育学报，2004（6）：46－61.

疏，那个时候已经跟父母没法亲密了。张明父母都是高级知识分子，两人之间也有激烈的争吵。张明成长过程中经历了很多严厉的管教和打骂，缺乏关爱，性格内向不自信，学习成绩不好，受批评被看不起。从小对权威的恐惧和不信任，使他严重缺乏安全感，以至于成年后连“爸爸妈妈”都无法叫出口。小时候的张明是个害羞、内向，不敢见陌生人，不敢接触电话，不敢去看电影，甚至做理疗时仪器漏电也不敢出声的人。成人后，张明在父母的帮助下进入某大学，但到大二即将结束时就有13门功课不及格，后来寻找到英语作为突破口。据说，有一次，张明的父亲到他所在的城市出差，晚上只有一个房间，需要父子俩睡在一张床上，张明无论如何都做不到。

从依恋类型上看，张明属于典型的回避型依恋。父亲骂他笨，也常常对他非打即骂，他没有从父母那得到价值观、爱和支持的源泉，父母在童年时期也没能成为张明的安全基地。以至于成人后，张明难以与他人建立亲密关系，总是刻意与他人保持距离，而不会去爱，同样也无法和妻子建立亲密关系。由于家庭的原因张明极度自卑，为了掩饰这种自卑，他只能回避，通过其他途径来补偿，所以他拼命工作，用事业上的成功来弥补自卑。同时，张明所表现的“工作狂”实质是一种上瘾行为，“沉溺成瘾，是一种不健康的生活方式。它是一种必须借着不断表现、获得成功，或者借外在事物证明自己快乐或可爱的死亡方式。上瘾行为是当我们无法面对真实痛苦时的止痛剂”①。另外，这种对工作上瘾，对事业投入成狂，具有过度的成就动机的行为，在心理学上是一种“共依存”现象，证明其缺少内在的生命，是一种灵魂破产行为。

针对张明这个案例，我们好奇的是，张明与父母的关系是疏离的，他在四岁前主要照顾者是外祖父母，那么，他们之间的关系状态如何呢，资

① 约翰·布雷萧. 家庭会伤人：自我重生的新契机［M］郑玉英，赵家玉，译. 成都：四川大学出版社，2007：38.

料没有显示。依恋类型并不是由婴儿、儿童与自己的父母的关系状态决定的，而是由主要照顾者的情感联结状态决定的。作为社会工作者，对这种回避型依恋人格在亲密关系中的暴力行为，应以建立安全型依恋为目标，明确暴力产生时施暴者的情绪、行为和认知与依恋关系之间的联系，采取自我情绪安抚的疏导策略。

既然不安全的依恋类型对未来的婚姻家庭生活以及个人的人际关系影响很大，那么依恋类型是否可以改变？通常，依恋类型一旦形成就比较稳定和持续，但是依恋类型并非不能改变，而且会因为不同的依附对象而有所差异，有的人和父母可能是焦虑型依附，但是和伴侣却是安全型依附。例如，有一篇从新生婴儿到新婚的纵贯研究就发现，虽然有 96% 的幼时的安全依附者，长大后仍然维持安全依附，但有 76% 的不安全依附者，长大之后仍然维持着不安全依附，有大约三成的不安全依附者，能够在成长过程中转为安全依附者。那么，哪些核心要素能够促发这种转变呢？如果这类人在未来的人际互动和亲密关系互动中遇到的是安全型的人，并且总是能够得到无条件的温暖、爱和支持（这正是社会工作中阐述的人本中心疗法），同时，这类人不断接纳和认同自我，觉知自己的依恋系统，并通过亲密关系中的积极体验改善自己的人际交往方式、情感体验定势，那么这部分人的依恋类型是能够得到改善，从矛盾型、回避型转化为安全型的。当然，这种转变与我们下面要分析的精神分析理论中的移情有关。要纠正这种早期不良的观念，就需要通过适当的心理治疗，使来访者认识到，早期受到的待遇，只是照顾者的一种处世方式，而与他本身的可爱程度无关。而且每个人都有不同的性格，并不是每个跟他亲近的人都会采取和他的照顾者一样的方式来跟他交流。

有人曾质疑这种基于西方社会中产阶级家庭的文化背景发展出来的依恋理论，认为这种家庭类型在世界范围内只占很小的比例，“被忽略的95%”的人群则生活在与之大相径庭的文化环境中。美国人类学家玛格丽特·米德（Margaret Mead）早在 1954 年就对鲍尔比依恋理论提出批评，认为它过分夸张了儿童抚养中某一单一因素的影响，过度重视母亲作为单独人物对于婴儿生活的重要性。米德把这称为“单变性”（monotropy）假设，即假设依恋仅是儿童与某一个具体、特定的依恋对象（通常是妈妈）之间的亲密情感联结。①

针对上述质疑，有学者作出以下回应：其一，2016 年，荷兰莱顿大学的马里努斯·范·伊日多恩（Marinus H. van IJzendoorn）等人声称调查结果能够证明依恋理论具有跨文化的有效性，正逐渐被推广为一种全球性的儿童教养机制。在我国当前的婴幼儿教育实践领域，依恋理论俨然成了一种养育哲学、养育标准，甚至被赋予某种道德或价值评价的意味。其二，有学者认为，在家庭中渴求母亲作为“专一、独有、首要”的角色，多数家庭做不到，甚至有学者认为，留守儿童在祖父母的养育下，父母外出务工增加家庭收入，能够开阔家庭眼界和带来新的生活方式和文化，这对儿童并非不利因素。这里，笔者不同意第二种回应。鲍尔比从来没有将养育者固定为母亲，其依恋理论探讨的是孩子与主要照顾者之间的关系，即使照顾者是保姆、祖父母、外祖父或他人，只要他们与孩子之间建立了积极的回应和情感联结，就不影响孩子安全型依恋的建立。依恋理论是一个有效的理解家庭问题的工具，但是其分析问题时，相对比较微观，没有考虑社会结构因素。

第三节　精神分析理论

在社会工作理论发展的历史中，在“无理论”的阶段结束之后，就进入了“精神分析理论”阶段，可以说该理论对社会工作理论发展影

① 张晨光，蒋柯. 关注依恋理论的文化适应性［N］. 中国社会科学报，2018－12－24（006）.

响颇为深远，同时，在理论分析工具相对匮乏时期，该理论体现了其强大的解释力，任何领域中的问题，都能从该理论中寻找到根源。

一、精神分析学的基本观点

精神分析学是由奥地利的维也纳精神病医生西格蒙德·弗洛伊德（Sigmund Freud）在1896年创立的。精神分析学认为，人类的一切个体的和社会的行为，都源于心灵深处的某种动机，其中特别是性欲的冲动，它们以无意识的形式支配人，并且表现在人的正常和异常的行为中。

精神分析理论主要包括以潜意识为基础的人格结构说、以性欲为基础的人格发展说、本能说、焦虑论及梦论、心理防御机制理论。弗洛伊德更愿意治疗个人，他的理论和技术着重于个体内心冲突的解决而不是重建家庭内部的人际关系或交互作用。他强烈地反对同一时间处理超过一个以上家庭成员的问题。精神分析理论在发展的过程中，受到原来追随弗洛伊德的心理学家的批评和反对，他们不再坚持弗洛伊德的“一切行为决定于性本能发展”的泛性论观点，加之受到社会学和人类学发展的影响，精神分析理论开始转向重视和研究人格发展过程中的社会文化影响的因素，这些观点和理论被称为“新精神分析理论”。精神分析学派发展的第三个阶段是后精神分析学派，又称为后弗洛伊德学派，主要包括安娜·弗洛伊德（Anna Freud）的自我心理学派和海因兹·科胡特（Heinz Kohut）的自体心理学派等。这样，精神分析理论在其内部的发展经历了三个阶段：“从研究本能驱力到自我以及自我的适应问题，随之关注自我的功能和发展紧密相关的自我与现实的关系，即研究客体关系，随后聚焦于关系中的整体人的心理组织和功能——研究自体。研究重心逐步向人的更本质的层面推进，帮助人类更好地了解自己。”①

精神分析学派的基本原则包含以下几个方面：

---

① 郭本禹. 精神分析运动的发展逻辑［J］. 南京师大学报（社会科学版），2006（5）：81－86.

（1）包括遗传的性格构造在内，人心理的发展是由幼时的经历决定的。

（2）人类的行为、经历和认知大部分是由非理性的欲望所决定的。

（3）这些欲望大多是无意识的。

（4）试图将这些无意识的欲望引至意识层面会引起自身保卫机制的心理抵抗。

（5）意识、潜意识（被抑制的）与现实之间的矛盾会引起精神心理疾病如精神衰弱等。

（6）这些被抑制的潜意识可以通过专业手段来使患者意识到。

从上述基本原则中可以看到，精神分析学派强调幼时的经历、潜意识、感性、被抑制的潜意识如何提升到意识层面，以及意识与现实出现矛盾时的平衡和协调，其强调个体问题主要源于个体内在的心理冲突没有解决。

二、精神分析理论的治疗方法

具体而言，精神分析理论采取的治疗方法有以下三种：

（1）自由联想。弗洛伊德认为浮现在脑海中的任何东西都不是无缘无故的，都是具有一定因果关系的，借此可挖掘出潜意识中的症结。自由联想就是让病人自由诉说心中想到的任何东西，鼓励病人尽量回忆童年时期所遭受的精神创伤。

（2）释梦。弗洛伊德将梦境分为两个层次：第一个层次为当事人所记忆的梦境，称为显性梦境，显性梦境并非梦的真正内容；第二个层次为当事人所不能记忆的梦境，称为隐性梦境，隐性梦境中隐含更重要的信息。心理治疗的目的，即根据患者显性梦去解析其隐性梦的含义，从而找出当事人潜意识中的问题。

（3）移情。即患者对心理医生的情感反应。移情可分为正移情和负移情，正移情是患者将积极的情感转移到医生身上，负移情是患者将消极的情感转移到医生身上。借助移情，把患者早年形成的病理情结加以重现，让患者重新经历往日的情感，进而帮助患者解决这些心理冲突。

移情与移情分析具有十分重要的治疗作用。第一，移情使分析者能够了解患者过去的心理活动，以及长期被压抑的情感与冲动；而移情分析（包括反移情）则对患者在治疗情境中重新经历的情感与冲动给予正确解释，从而帮助患者获得领悟。第二，移情使蛰伏在神经症症状中的心理能量转移出来并集中到治疗情境中，从而起到缓解或消除患者的神经症症状的作用；而移情分析则把患者的潜意识心理冲突转化成正常的心理冲突，并引导患者按照成人方式加以解决。[①] 这部分在弗洛伊德的精神分析中处于核心地位，如果仅在理智和意识层面认识到潜意识层面的内心冲突，而没有发生移情和反移情，就不具有治疗作用。弗洛伊德的“改变的观念”认为，“知的层面并不直接决定行为”——这是弗洛伊德心理学领域提出的一个问题。结论就是，情的层面才能直接决定行为。[②]

精神分析理论内部的发展还推动了精神分析心理治疗的发展。治疗对象由成人扩展到儿童；治疗方法更为精致，除了自由联想、梦的解释，还发展出了针对前语言期儿童的游戏治疗，通过对幻想和恐惧的分析了解儿童的潜意识；治疗从早期的俄狄浦斯冲突以及伊底、自我和超我的冲突转移到亲子关系以及自体的健康发展上。[③]

精神分析理论的核心观点是将问题的根源归结于人内在心理世界的冲突，而这种冲突的形成来源于幼年时期的生活经历中的潜意识，从而把人格的发展看成一个可以独立于外部世界的封闭的体系。该理论认为行为是心理运动的结果，实际上推崇的是心理因果决定论，否定意志自由论，

---

① 冯晓峰．弗洛伊德精神分析基本科学地位的哲学辩护［J］．延安大学学报（社会科学版），2019，41（5）：33－44．

② 王宗昱．精神分析与宗教［J］．哲学与文化，1995（2）：153．

③ 郭本禹．精神分析运动的发展逻辑［J］．南京师大学报（社会科学版），2006（5）：81－86．

主张心理事件和物理事件一样受因果法则支配。[①] 目前，人们分析各种家庭问题时，常常要溯源原生家庭，事实上，这种做法的源头来自以弗洛伊德为代表的经典精神分析学派。根据弗洛伊德的理论，成人的人格特征是童年时期性本能活动压抑的结果。从这一点上看，弗洛伊德打破了理性主义的传统，肯定了非理性因素在行为中的作用，首创了潜意识心理学体系。但是，该理论也常常被人认为忽视了人格形成中的社会因素。于是，该理论转而提出一种以社会关系为基础的理论，即所有的行为都是有目的的和交互作用的，并且基本的社会系统是家庭。这样就打破了弗洛伊德以生物学为基础的内驱力理论观点，取而代之的是社会的、有目的的、发展的决定因素。此外，弗洛伊德对性因素的过分强调使得他的追随者也不能容忍。

三、案例分析

一个刚刚上大一的女生，连续 15 年做同一个梦，梦到一个穿白裙子的女人，裙子上沾满了血迹，血一直不停地流。小时候这个梦只是断断续续出现，可是上了大一，这个梦就一直重复。于是，这个女生每天大半夜就轻手轻脚地起床，跑到水房反复洗自己的睡衣，还清洗自己的双手并消毒。这种行为就像电影中的女鬼一样。班级组织合唱需要穿白裙子，她不穿，在老师的要求下勉强穿了，可是唱歌没几分钟，竟然晕倒了。妈妈带她到医院做各种检查，如 CT、脑部核磁共振，希望解决女孩的失眠、多梦等症状，后来到皮肤科检查耳朵后边看起来不太正常的皮肤，但也未发现问题，还对家里是否有放射性物质进行检查。各种干扰都排除后，那个噩梦几天后还是出现了。后来，一家人又寻求心理医生的帮助。女生每天梦到的那个穿着带血的白裙子的女人，究竟是谁呢？心理医生认为，一定

① 冯晓峰．弗洛伊德精神分析基本科学地位的哲学辩护［J］．延安大学学报（社会科学版），2019，41（5）：33－44．

是在当事人人生中发生过一起重大的生活事件，而这起事件在她有意识的记忆当中已经忘记，却留存在其潜意识中，这种潜意识在她的长期生活中一直影响她。那条带血的白裙子，究竟有什么含义？如何让女孩不再做这个噩梦？如何停止她的强迫性洗涤行为？①

心理医生运用“自由联想”的方法，挖掘女孩过去的生活经历，帮助女孩找到噩梦的根源。引导她进入一个时空隧道，到了一个完全陌生的南方小镇，毫无拘束地自由联想，把想到的东西说出来，血、太阳、酒瓶、衣服。每一次治疗，女孩杂乱无章的叙述中，总会提到三个词：酒瓶、血、白裙子。血和白裙子并不意外，经常出现在女孩的梦里，那酒瓶意味着什么？心理医生认为，在过去的生活中，一定有一个重大的恶性的不良刺激。后来，女孩的母亲道出了隐藏多年的秘密：原来女孩是母亲领养的，因为她特别爱这个孩子，所以一直没有告诉女儿。女孩的亲生父母的情况，养母也不知道。那么，那个穿着沾满血迹的白裙子的女人是谁呢？后来经过多方查证，女孩的亲生父亲酗酒成性，一个寒冷的冬夜，父亲喝完酒回家，因为女孩生母开门晚了，一进门就拿着酒瓶朝妻子的脑后部猛砸，鲜血喷溅在妻子白色的裙子上，这一幕刚好被 2 岁的女儿看在了眼里。妈妈当时被爸爸打死，爸爸进了监狱被判死刑，女孩成了孤儿被人领养。正是这血腥恐怖的情景，让女孩做了 15 年的噩梦。2 岁的孩子有记忆吗，这个记忆能保持 15 年吗？心理医生说，记忆很早就出现了，甚至发生在孩子没有出生前。当年那个恐怖的场景，深深地刻在了女孩的大脑中，没有进入意识层面，但是停留在潜意识层面。那些记忆被慢慢地唤醒了，并以梦境的形式继续存在。女孩知道原因后，不再惧怕了，可以彻底面对自己的身世，也可以睡安稳觉了。

由此，我们看到“个人的潜意识和家庭中所有人都有关联，并且每

① 王刚讲故事发人深省的一期：带血的白裙子［EB/OL］.［2020－06－26］. https：//www.bilibili.com/video/av48390705/.

个人的世界也是由个人和这个系统中所有人的关系塑造出来的。我们成长过程中的家庭经验形成我们心理的整个深层结构。其中包括永远无法解除的血亲关系，深深地影响着我们，这种影响胜于家庭以外的其他关系”①。在这起案例中，心理医生采用的治疗方法就是自由联系法。通过此方法，让那个尘封多年的故事从潜意识层面调动到意识层面。弗洛伊德说过："潜意识一旦进入意识，症状会立即消失。”因此，运用精神分析理论治疗心理问题和精神疾病的主要方法就是将人们压抑到潜意识里的东西恢复到意识中，恢复原来的自我，让案主把自己不知不觉藏在潜意识中的记忆在意识中自觉释放、排解，消除病态症状的焦虑，恢复正常的社会生活。

精神分析理论的功劳在于，对那些微小的、不受注意或不被重视的现象的重视，推动了对案主的内在生命经历的关注，当然，也有学者批评该理论秉承狭隘的家庭主义立场，将家庭放在一个基础性的地位，从家庭的视角解释世界、透视社会现象，可以说，使用了“家庭考古学”的方法来寻求问题的源头。尽管批评之声不绝于耳，但是我们也得承认该理论在特定时期的功用与价值。当下，仍然可以批判性地运用于指导教师、医务人员、心理咨询师、社会工作者等助人类的实务工作中，将精神分析的技术和思想结合到对工作对象问题的解决中，帮助民众了解自己、分析他人和各种家庭问题，适应日趋复杂的社会人际关系、提升生活质量。

第四节　家庭发展和生命周期理论

家庭本来没有生命，但组成家庭的成员赋予其生命，家庭就成了生命有机体。家庭生命周期是指家庭依照一定的轨道形成、发展、分裂出新的家庭，直至家庭消亡的全过程。

---

① 约翰·布雷萧. 家庭会伤人：自我重生之路［M］. 杨立宪，译. 北京：蓝天出版社，1999：42.

家庭生命周期的概念源自发展学理论，最早可追溯到1777年乡村社会学对家庭生命周期的阐述。为后人所知的家庭发展理论萌发于20世纪30年代，最早由希尔（R. Hill）和汉森（Hansen）提出。主要代表人物有希尔、杜瓦尔（E. M. Duvall）、埃多斯（J. Adous）、格里克（P. Glick）、罗杰斯（R. Rodgers）等人。该理论被开始应用于20世纪50年代，兴盛于20世纪六七十年代。被广泛传播并采用的是杜瓦尔提出的家庭生命周期思想。家庭生命周期理论重视家庭生活中的重大事件、转折点等对家庭的结构、角色以及家庭适应性的影响。各种家庭类型，例如，失独家庭、空巢家庭、丧偶家庭、丁克家庭等都与家庭生命周期发展中的重要事件有关，由此改变了家庭的形态，同时也给家庭带来了新的适应性问题和挑战。家庭中子女的出生、上学、外出求学、结婚，以及家庭成员重病、发生意外等都会给家庭成员带来角色的转变，以及个体与他人人际互动环境的变化，并且都会影响到家庭的结构和家庭社会功能的发挥。

一、家庭生命周期八阶段理论

家庭生命周期理论综合了人口学中有关婚姻、生育、死亡等研究议题，该理论对社会学、人类学、心理学的研究都有重要意义。家庭生命周期理论包括四个假设：（1）人们是行动者，也是反应者；（2）家庭成员的增加或减少是互动的重要变项；（3）家人在同一场景的互动不同于家人在不同场景的互动；（4）急速的转变（如新生儿诞生）会导致家庭结构改变。

家庭生命周期理论经历了形成、发展和修正三个时期，并且根据不同的划分依据，可以对家庭生命周期做不同的划分。在该理论发展历程中，影响最大的是杜瓦尔的家庭生命周期八阶段理论，如表2－4所示。家庭生命周期的八阶段论，又可再分为三个主要时期：建立期（建立阶段），扩张期（包括初为父母阶段、子女学前阶段、子女学龄阶段、子女青少年阶段)，收缩期（包括子女送出阶段、中年父母阶段、退休阶段）。

表 2－4　杜瓦尔的家庭生命周期八阶段理论

家庭生命周期阶段理论	家庭中的角色	家庭发展任务
1. 新婚期 （没有子女）	妻子 丈夫	①发展相互满足的婚姻生活 ②孕育新生命和为成为父母做准备 ③适应彼此的亲戚网络
2. 育儿期 （从第一个子女出生到该子女两岁半）	妻子－母亲 丈夫－父亲 女儿－姊妹 儿子－兄弟	①适应新生子女的诞生、成长 ②发展一个可以满足新生儿需求的温暖的家
3. 学龄前期 （从第一个子女两岁半到该子女六岁）	妻子－母亲 丈夫－父亲 女儿－姊妹 儿子－兄弟	①以激发性成长方式适应学龄前期子女的重要需求 ②以充沛的经历适应及因应子女需求，父母因此缺乏隐私
4. 学龄期 （从第一个子女六岁到该子女十三岁）	妻子－母亲 丈夫－父亲 女儿－姊妹 儿子－兄弟	①有学龄子女的家庭以建设性方法适应社区的生活 ②鼓励子女在教育上取得成就
5. 青少年时期 （从第一个子女十三岁到该子女二十岁）	妻子－母亲 丈夫－父亲 女儿－姊妹 儿子－兄弟	①青少年在自由和责任之间取得平衡 ②发展中年父母（子女已成年）的兴趣和工作
6. 空巢期 （从第一个子女到最后一个子女陆续离开家）	妻子－母亲－祖母 丈夫－父亲－祖父 女儿－姊妹－姨姑 儿子－兄弟－舅叔	①成年子女或离家就业，或服兵役，或上大学，之后另组新家庭等 ②维护支持性家庭关系
7. 中年父母期 （空巢到退休）	妻子－母亲－祖母 丈夫－父亲－祖父	①新的婚姻关系建立 ②维护老的及年幼的亲属关系
8. 老年家庭期 （退休到死亡）	寡妇－鳏夫 妻子－母亲－祖母 丈夫－父亲－祖父	①因应丧偶及独处 ②亲近家庭或适应老年生活 ③适应退休生活

资料来源：唐纳德·柯林斯，凯瑟琳·乔登，希瑟·科尔曼．家庭社会工作［M］．刘梦，译．4 版．北京：中国人民大学出版社，2018．根据书中内容整理而成。

在家庭生命周期发展的不同阶段，个体在其中扮演不同的角色，所需要处理的家庭发展任务不同。这些不同阶段的任务是需要家庭面对和解决的问题，若要顺利通过家庭生命周期的各阶段，就要尽力负起各阶段所应担负的责任。如果家庭卡在某个事件上，没有平稳的渡过，这个事件就成了家庭的障碍点，家庭的平衡就会被打破，家庭发展周期就会被中断。

二、案例分析

苏州的一个家庭，妈妈36岁，爸爸46岁，孩子14岁。爸爸是日企高管，妈妈是全职太太。当年他们结婚时，妻子才20岁。由于夫妻俩认为孩子很难适应江苏省的中考政策，有一半的孩子在中考中会被淘汰而进入职高系列，因而在2019年暑假决定送孩子出国读书。由于孩子爸爸曾在日本读书和工作多年，日本也被纳入孩子留学选择的范围，但考虑日语的适用范围还是太小，后来经过中介推荐，选择了以英语为通用语言的新加坡作为孩子读书目的地。孩子寄养在做留学中介的新加坡当地人的家庭里，该家庭中有5个年龄不等的中国籍学生吃住，这个孩子每个月交生活费和住宿费用人民币1万元。孩子在宠爱中长大，吃饭很挑食，不吃家禽类和海鲜类食品。夫妻俩在新加坡停留期间，还要围绕孩子上学和住宿的区域，找孩子能吃的餐馆。

在多年的家庭生活中，有多个议题成为夫妻矛盾的焦点。第一个矛盾点是家庭事务的决定权问题。当年两人结婚时，妻子年龄小，处处听从丈夫，丈夫觉得家庭的大权一直掌握在自己手里。这次孩子出国留学，妻子对外宣称决策是由她拍板的。丈夫非常不高兴，“什么叫她拍板的，明明是协商的结果”。另外，生活中的一些小细节，例如，丈夫开车，妻子经常在旁边指指点点，而且每次指导的内容还不一致，让丈夫无所适从。丈夫感觉自己在家庭中的权力和地位不保。第二个矛盾点是关于孩子的独立问题。儿子长到14岁，一直和他们夫妻住一个房间，尽管家里的房子很大，孩子有自己的独立的空间，但仍旧和他们夫妻住一个房间。丈夫没觉得这是个问题，因为他就是一直和自己的舅舅睡一个被窝，并住到很大的时候，这种居住状况并没有影响他的独立，他大学毕业后去日本留学多年，之后在日本工作，又把自己的弟弟带到日本。然而，妻子觉得这是个问题，家长应该锻炼孩子的独立性，后来丈夫也认同这个观点。但是当丈夫让孩子独立做事，如准备出国用品时，妻子又开始抢着干，丈夫很不解。第三个矛盾点是由于多年累积的矛盾，妻子逼着丈夫与他的弟弟断绝关系。而在之前的风波中，在周围亲属的劝解下，丈夫主动道歉了。但是，妻子与小叔子的矛盾仍然没有解决。丈夫与弟弟来往，即使是微信交流，丈夫都要及时清理，一旦被妻子发现，妻子就会闹个不停。在丈夫的父亲去世的三周年祭日，丈夫希望和弟弟一同回老家，妻子不允许，而丈夫的四个兄弟已经四年没有团圆。另外，对于丈夫的亲属体系的礼尚往来的礼金，夫妻两人认同的金额差距甚大，丈夫希望随 2 万元，妻子只能同意 2000 元。这使得丈夫只能攒私房钱，背着妻子给。虽然夫妻之间有这么多矛盾，但丈夫承认妻子还是爱他的，妻子是一心一意地想维持好这个家。

在该案例中，儿子出国求学，原有的夫妻关系融合剂不在身边了，这对于夫妻关系不是特别融洽的家庭是个挑战，同时也是个契机。从家庭生命周期看，孩子出国求学是一个重大的转折点，夫妻俩过早地进入了空巢家庭阶段，家庭生命周期的新阶段——收缩期到来了。这个案例不属于该理论中的典型案例，与孩子成人后离开家庭的情况相比，未成年人的离开对家庭角色、家庭关系和家庭功能的影响有何不同呢？孩子成年后离开，家庭需要处理的议题有：青年人要做好独立生活的准备，通过就读和工作离家，父母要接纳和鼓励青年人自力更生。而未成年人离开家庭需要面对更多的挑战。例如，这个案例中，14 岁的孩子异国求学，孩子需要独立面对陌生的师生关系、人际环境，包括与寄养家庭的相处、学习的压力、地理人文甚至天气环境的适应等。对父母而言，最大的问题是适应突然到来的空巢，家庭规模小了，父母的责任也发生了变化，家里经济支出更大，夫妻之前因为礼金数目差异的矛盾，随着家庭支出的加大，矛盾可能会加剧。过去，孩子在身边能够掩盖夫妻关系的不和，如今，不用安排孩子生活起居的杂务了，他们有更多的时间交流夫妻之间的问题，各自反省在过去的家庭生活中，在处理家庭权力、独立以及姻亲关系等议题上的矛盾。夫妻关系彼此是走向互相依赖还是疏离，夫妻是一起更多地享受生活，还是各自单飞，也是需要他们重新调整的部分。对于这对夫妻来说，仍然需要继续完成在家庭生命周期第一个阶段的任务，包括建立彼此满意的关系、重新界定与扩大家庭的关系，适应彼此的亲属体系的关系。

杜瓦尔的家庭生命周期八阶段理论只适用于核心家庭，即按部就班推进生命进程的家庭，具有一定的局限性。该理论忽略了家庭的多样性，目前，家庭有多种形态，有的家庭孩子很小就送到国外留学，有的未婚生子，有的同性恋伴侣领养子女，有的离婚后单身等等，该理论对于多子女家庭、扩大家庭、跨代家庭、丁克家庭、同性恋家庭、单亲家庭等其他家庭形式不适用。一部分学者认为，老龄化、退休、健康问题等对家庭生命周期的划分更有影响，希望能够再细化。也有学者认为，一些家庭生命周期中的重要事件在社会发展变化中已经不能作为区分家庭阶段性的标准。

家庭生命周期理论最大的贡献在于其提供了一个分析家庭发展变化的脉络线索，对实务工作者具有重要的现实意义，并且提醒家庭社会工作者介入的恰当时机，生命周期的阶段之间的转折与过渡是最容易产生家庭关系变化、紧张和家庭成员焦虑的时期，也是决定家庭成员成长与发展的主要因素。帮助当事人主动、有意识地适应当家庭发生重要变化时的角色、关系、家庭结构和家庭功能的变化，这是家庭社会工作者的最重要的任务。

第三章

家庭治疗

CHAPTER 3

每个人都不是一座孤岛，都生活在群体的互动中、环境中，每个个体既是行动者，又是他人行动的反应者。每个人的体验都是真实的，既取决于内部，又取决于外部。因此，传统的建立在个人动力学基础上的个人聚焦、探索心灵内部的治疗方法的弊端逐渐被人们认识。目前，个人与环境之间的清晰的边界正逐渐变得模糊。家庭治疗使得人们关注家庭中的个体、社会环境中的个体，以及关系和互动中的个体，更加关注人们的处境、经验与环境之间的交互作用，而不是独立的个体。美国的极地探险家皮尔里（Peary）用自己的亲身经历讲述了环境的重要性，“在他的北极旅行中，他驾着拉雪橇的狗迅速地奔跑，向着北方行进了一整天。在晚上，他查看他的方位以确定所处的维度，结果却极为诡异地发现，他比早上更加靠南了，原来他在一座被洋流带着往南的巨大冰川上整天辛苦地往北跋涉”①。可见，单纯地进行个体聚焦，忽视个体所处的更大范围的环境要素，无论个体多么努力，也不会贴近目标，反而离目的地越来越远。家庭治疗正是在环境中的个体的动态视角下建立并发展起来的。

第一节　家庭治疗的基础

家庭治疗发展至今，从心理学的角度上看，在专业上日益受到尊重，成为精神病学和心理学领域的重要议题。其快速渗透到成人精神分裂症、心身症状、成瘾、抑郁、焦虑、婚姻压力、性功能障碍等方面的治疗和服务中，成为继心理动力学、行为主义、人本主义之后的心理治疗领域的“第四势力”。②

---

①　萨尔瓦多·米纽庆．家庭与家庭治疗［M］．北京：商务印书馆，2009：6－7．

②　赵芳．家庭治疗的发展：回顾与展望［J］．南京师大学报（社会科学版），2010（3）：93－98．

一、从个体治疗到家庭治疗

个体治疗和家庭治疗都是理解人类行为的一种方法。在20世纪50年代前，主要是以个体为基础的心理治疗，并且个体治疗在整个心理学的治疗领域中占据重要地位。具体体现在，治疗师全力探索个人的内在精神层面，包括情绪、态度、动机等，将问题界定在个体身上，当事人单独接受治疗，注重收集有关个体以及来自个人陈述层面的资料，关注案主对自己的问题的个别感受和看法。个体治疗虽然也关注个人成长中家庭环境对人格的影响，但是该影响已经被内化，成为个人的心理动力的一部分，控制和引导着个人的行为。“个体是通过与内投的过去再次发生认知——情感的遭遇而得到改变的。”[①] 这种趋势必然会造成治疗技巧只强调个人部分，而忽视他所处的环境，个人和其社会脉络之间逐渐建起了一道人为的“界限”。个体治疗的弊端在于，尽管治疗师认为追溯了问题个人的精神层面的各种议题，修正了其行为和认知，调整了其情绪，恢复了其社会功能，但是，个体一旦回归到有问题的外部环境中，问题行为会再度出现，因此，个体治疗在某种程度上是治标不治本，忽视了社会领域对个体行为的影响，事实上，“我们是不能没有父母、老师以及社会的，因为他们是我们心灵的脑外资源”[②]。人如果脱离其环境，就不是他自己了。

可以说，几乎每一种心理学流派，包括精神分析、人本主义、行为治疗、认知疗法等，都承认个体的心理状态与其成长的家庭背景和早年的家庭关系有紧密的联系，离开家庭系统，个人不可能被充分了解。家庭治疗以整个家庭为服务对象，影响整个家庭，每个家庭成员的变化都会引导家庭关系的持续改变，每个成员作出同步改变，循环因果。也正是在这样的理论认知和社会背景下，20世纪30年代，心理学家阿尔弗雷德·阿德勒对儿童精神病患者及其家庭开展座谈会、心理教育，因此家庭治疗的雏形

①② 萨尔瓦多·米纽庆. 家庭与家庭治疗［M］. 谢晓健，译. 北京：商务印书馆，2009：109.

出现。20世纪40年代中期，家庭治疗理论诞生，极具代表性地把系统论的相关概念融入心理咨询和治疗，并由此指出家庭是一个对家庭内部成员的个人问题行为的产生有重要影响的系统。① 20世纪50年代，在西方，家庭治疗作为社会工作实务，最初出现在精神医学界，服务目标从个体转变为家庭整体。心理医生对心理患者的治疗并不局限于个人，治疗的对象还包括患者的家庭。治疗关注家庭成员彼此间的互动与沟通，致力于家庭成员间的相互理解，问题解决，最终达到家庭和谐的目的。20世纪60—80年代，是家庭治疗的黄金时期，各治疗流派快速发展并成熟，包括结构派、行为派、心理动力派、策略派等。1962年，家庭心理治疗（又称家庭治疗）这个专业名称得到学术界正式肯定。② 该领域的第一份学术刊物《家庭过程》也在此时创刊，1962年成为家庭治疗领域中具有里程碑意义的一年。经过30年左右的发展，家庭治疗撼动了个体治疗的主导地位，也使自身的专业性越来越受到认可，被称为心理治疗领域的“第四势力”。③ “20世纪末，家庭治疗各流派的界限逐渐消失，在后现代主义、社会建构主义的影响下，性别敏感的家庭治疗、叙事治疗、寻解导向治疗等不同取向的家庭治疗出现，它们拥有自己独特的理论和技术，但各流派之间取长补短、越来越呈现出融合的态势。”④

后现代家庭治疗，关注家庭成员行为与行为背后的意义；避免专家化与统一化，关注家庭的独特性；反思自己的价值与态度，亦注意从女性等性别角度看待家庭问题；治疗师与家庭通过合作挖掘家庭本身的潜能和固有资源；把家庭置于社会文化结构中看待，既要看到家庭内部成员相互影响、相互作用，也要看到社会文化结构对家庭的影响。由此可以看到，后

---

① 孔芳．家庭教育新理念：从西方家庭治疗理论谈起［J］．山东理工大学学报（社会科学版），2012，28（2）：92－95．

② 于春红，郑洁欢．家庭心理治疗的理论及其应用［J］．社会心理科学，2011，26（Z1）：76．

③ 赵芳．家庭治疗的发展：回顾与展望［J］．南京师大学报（社会科学版），2010（3）：94－95．

④ 于晶利，刘丽艳．家庭社会工作实务［M］．上海：格致出版社，上海人民出版社，2012：47．

现代主义思潮对家庭治疗的发展方向、流派模式的诞生产生了深远的影响。

根据上述时间轴、发展情况与关键转折事件，我们整理归纳出家庭治疗的发展时间与相应的重要性事件：20 世纪 30 年代，家庭治疗出现雏形；20 世纪 40 年代中期，家庭治疗理论诞生；20 世纪 50 年代，家庭心理治疗诞生，家庭治疗出现在美国的精神医学界；20 世纪 60 年代，家庭治疗走向实务，理论和实务一起发展；20 世纪 70 年代，家庭治疗趋于成熟，影响力和专业性皆有所提高，沟通理论和系统理论为当时两大主流理论；20 世纪 80 年代，家庭治疗对个体治疗的核心位置发起冲击，发展成为心理治疗领域的“第四势力”，同时，该阶段家庭治疗和后现代主义思潮皆处于发展巅峰后的稳定期，成为理论实务和思维方式的经典，并且后现代主义思潮渗透于家庭治疗，因此家庭治疗产生了对应的新流派、新模式。

二、何为“家庭治疗”

关于家庭治疗的概念，在上述家庭治疗的理论和实务的发展脉络中，我们看到家庭治疗诞生于精神分析领域，归功于精神分析学者，从范畴上而言，更多属于心理学的理论。家庭治疗经过几十年的发展，学者们从不同的理论视野出发，对家庭治疗的理解也存在差异，侧重点不同，当然，这也是形成不同的家庭治疗流派的基础所在。

（一）“家庭功能”关联下的“家庭治疗”

有学者在家庭治疗中提出对“家庭功能”的关注，即“家庭治疗的重心应落在家庭功能的关怀和强化上，应关注能调整与改变家庭系统的影响因子。尽管家庭治疗流派和模式多样，但其共同点都是把整体性、系统性的家庭作为治疗对象，积极干预并采取有效的服务措施，希望拆解异常的家庭框架，更进一步希望重塑积极有效的家庭沟通模式和相处模式，最终解决个人问题和家庭问题。除此共同点，还有一致的理论基础——个人的问题、困扰、失常可能皆与家庭某些方面关联——家庭内各成员的行为都受家庭、家庭其他成员影响”[①]。

（二）“增权（赋权）”关联下的“家庭治疗”

著名学者约翰·卡彭特（John Carpenter）把家庭治疗跟增权关联，认为家庭社会工作实务有时并不是一个增权的过程，或许是一种合作关系取向，当社会工作者在服务过程中与家庭一起为治疗的专业服务签订协议并作出计划时，可能对家庭治疗更有帮助。[②] 在这样的观点下，家庭治疗分为两方面：一方面，肯定家庭治疗与增权（赋权）的关联性；另一方面，用反思性、批判性的观点提及家庭治疗中社会工作者与家庭的合作取向，即强调合作性和平等性。

增权（赋权）理论的服务对象更多的是受到压迫的人群，例如，那些受到“家暴”的家庭成员。遭受“家暴”的家庭成员可跳出忍让的传统思维看待自己的权利，与施暴的家庭成员积极有效沟通或寻求妇联等相关组织的帮助或利用法律武器保护自己，反对与挑战压制，恢复家庭健康积极的结构。但从实际情况看，由于受“忍让”“为孩子好”与“家丑不能外扬”等传统家庭观念的影响，在家庭治疗实务中运用增权（赋权）并不能让遭受家庭暴力侵害的服务对象愿意使用《反家庭暴力法》，服务对象更倾向于忍让，更希望由社会工作者与施暴的家庭成员沟通，也希望施暴者的亲人或朋友对其进行劝说与沟通，从而达到施暴家庭成员的自我改变（“变好”），最终达到终止家庭暴力的结果。

---

① 于晶利，刘丽艳. 家庭社会工作实务［M］. 上海：格致出版社，上海人民出版社，2012：47－60.

② 马尔科姆·派恩. 现代社会工作理论［M］. 冯亚丽，叶鹏飞，译. 北京：中国人民大学出版社，2008：315.

（三）“个案概念化”关联下的“家庭治疗”

有学者认为，家庭治疗是一种团体心理治疗流派，其特点为资源取向、注重关系、注重系统思维，该流派技能囊括观察技能、概念化技能和干预技能。观察技能指的是治疗师直接观察或间接观察服务对象及其家庭成员行为所传递出的各类信息的技能；概念化技能是指治疗师对服务对象主动表露的信息、观察到的信息、书面资料获取的信息、亲友邻居同学同事等相关群体告知的信息进行整理和归纳，并运用量表测量与“界限”“三角缠”等专业理论概念，来反思服务对象家庭沟通和结构等情况；干预技能则是指治疗师对需要提供专业服务的案主及其家庭进行言行干预。

该学者还在融合三大技能后提出“家庭治疗个案概念化”的概念，在“个案概念化”中又包括诊断概念化、临床概念化、文化概念化和治疗概念化。[①] 诊断概念化是对“发生了什么”的描述性陈述，指通过抑郁症或抗逆力等专业量表（或用普通的情况测量登记表）对服务对象个人与家庭进行评估，充分了解服务对象和对应的家庭情况，发现问题；临床概念化用来回答“为什么会发生”，寻求问题的根源，要求治疗师“注重从家庭生命周期、家族代际传递、家庭结构、家庭规则与秘密、家庭关系与模式、家庭资源等方面”对服务对象及服务对象家庭发生的问题进行解释；文化概念化回答“文化在来访者的症状中起到了什么作用”，另外，可以探讨主流文化与亚文化，不同民族和各自的宗教文化，传统文化与现代文化等在来访者家庭中的影响和作用；治疗概念化回答“可以做点什么和怎么做”，以及“如何发生改变”等问题，即社会工作者通用服务过程里的“计划”与“介入”阶段，但具体运用到治疗方法则有些差异。

---

① 刘丹，张婕．个案概念化在系统家庭治疗中的应用［J］．中国临床心理学杂志，2014，22（4）：747.

（四）“家庭教育”关联下的“家庭治疗”

学者孔芳把家庭治疗和家庭教育相互渗透，这源于其在探究家庭治疗理论和家庭发展阶段相关理论时，发现西方家庭教育的最终目的是逐渐实现孩子与家庭的分离，这与我们传统中国式家庭成员之间彼此过多（甚至过度）地追求依恋的情况有所差异。因此，该学者提出：“家庭作为一个系统，家庭各次系统之间应保持清晰的界限，避免形成各种三角关系，培养良好的家庭教育互动模式，能更好地保证家庭教育功能的正常发挥。”①

（五）“本土化”关联下的“家庭治疗”

学者梁志秀、孙丹等人认为中国家庭文化注重权威、强调等级、重视亲子关系等基本精神，为家庭治疗理论在中国的发展和应用提供了文化契机和发展基础。②家庭治疗把家庭作为一个系统性的服务对象，与中国文化中的人文精神和家庭本位的思想相关联，两者的结合将是家庭治疗中国化的真正出路。

学者陈红莉在文章中分享了其对家庭治疗本土化的思考并引出中西方家庭文化的差异性。她认为，中国传统家庭文化与西方家庭文化的差异表现在两个方面：一是内倾文化与外倾文化；二是父子轴与夫妻轴。我国家庭文化大多数属于内倾文化，关注内省、忍耐（忍让）、权威、孝顺、顺从、和谐、血缘关系。以家庭取向为本位，家人关系以纪律、名分、责任为重。父母的角色强调权威和保护；儿女的角色为顺服父母权威、孝顺长辈、光宗耀祖；婆媳之间应尊卑分明、顺从权威；夫妻之间应以男权为重，夫妻关系次于父子、兄弟关系。婚姻是两个家族的事，家族和父母意愿影响婚姻；离婚则应由男方主动，受宗法家法影响；个人成就以光宗耀祖为首要。西方文化属于外倾文化，具体体现为：以个人取向为本位，以

①② 余咪，董红．国内家庭治疗研究综述［J］．新西部（理论版），2013（Z2）：10.

平等互助为本；强调亲子对等、彼此尊重，发挥个体的独特性成为独立的自主个体；姻亲婆媳关系比较平等、疏离；夫妻平等注重沟通，婚姻只是两个人的事，两个人的意愿据主导地位；在离婚上男女双方平等，由个人决定；在个人成就上以发展个体为主。① 父子轴与夫妻轴，更多的是从家庭中的亲子或夫妻次系统的优先次序出发，中国家庭首要的次系统是父子系统，强调父子关系；西方家庭中首要的次系统是夫妻系统，关注夫妻关系。在父子轴里，中国文化中最关键的是强调父亲的权威性，无论家庭发生任何变化，父亲始终在家庭中拥有主要话语权。

谈及本土化对家庭治疗概念的影响，除了上文分析的中西方文化在家庭领域中的各种差异，更为重要的是需要从历史的维度了解和观察中国的传统文化对现代家庭的影响，发现那些在中西方文化中都认可的家庭通则，同时保有文化的敏感性，家庭治疗中的一些常用技巧，例如，重演家庭冲突、重划界限、强化情绪等在家庭服务中需要注意，这与中国家庭内敛的、重和谐的、看重脸面的文化是相冲突的，因此，需要在本土化的过程中，重新思考和寻找适合中国家庭文化的家庭治疗知识体系，从而更好地实现家庭社会工作服务中的本土化服务。

综上所述，家庭治疗是心理治疗领域的新技术，是以家庭为对象而施行的心理治疗方法。该方法旨在协调家庭各成员的人际关系，通过交流、扮演角色、建立联盟、达到认同等方式，运用家庭各成员之间的个性和行为模式相互影响、互为连锁的效应，改进家庭心理功能，促进家庭成员的心理健康。

三、家庭治疗的特点

家庭治疗的核心在于家庭成员之间应理解彼此之间是循环因果关系，而不是线性的简单因果关系。家庭成员中每个人既是行动者，又是他人行动

---

① 陈红莉．社会工作本土化：文化视角下的家庭治疗［J］．南京人口管理干部学院学报，2006（1）：64.

的反应者；既影响他人，又被他人影响。每一个家庭成员都是家庭系统互动中的一环，并且环环相扣，互为因果。家庭治疗不关注家庭中谁做了哪件事，家庭问题在谁身上，而是将人类行为看成重复周期中的运动和反向运动进行治疗。

家庭治疗的本质在于在系统论的视野中分析家庭问题，将传统的个人治疗的视野扩展到婚姻和家庭中，全面考察家庭互动、家庭成员关系等要素对个体问题和家庭问题的影响。当然，家庭治疗也没有抛弃个体治疗中对个人的潜意识、意识等认知层面、人格结构、行为动力以及情绪、意志等内在的心灵层面对问题的影响。治疗师将焦点落在家庭的人际情境中，考察家庭互动中的循环因果、三角化、家庭结构、家庭生命周期等概念，促使传统的家庭干预向专业化转变。从理论上来说，如果一个家庭在家庭结构、组织、沟通、情感表现、角色扮演、联盟关系或家庭认同等方面出现问题，并影响其家庭的心理状态，并且家庭成员难以自行改善纠正时，需要由专业人员协助辅导，通过家庭心理治疗来改进其家庭心理功能。

家庭治疗中，治疗师对家庭进行心理协调，建立良好的家庭气氛，让家庭成员之间心理相容，促进家庭作出适应性的改变，同时注重消除主要当事人的消极心理状态，适应家庭生活。在专业化服务过程中，家庭成员共同努力，最终真正解决个人问题和家庭问题，让家庭系统趋于常态，恢复家庭功能。正如美国学者米库西（Mikussi）所说，只有个体学会如何从家庭那里获得问题解决之道，只有个体不再仅从治疗师那里获得支持时，家庭治疗才是成功的。

家庭治疗与传统的个体心理治疗比较起来具有如下几个显著特点：（1）强调从整体和系统的视角出发来考察问题，治疗的对象是家庭系统；（2）把着眼点放在此时此地，侧重于横向的考察，不纠缠于过去曾经发生的事件；（3）治疗师不把自己的标准强加于别人，而是充分考虑和尊重来访家庭自己所做的选择；（4）主张对治疗的时限加以控制，通常在半年内，属于短期治疗。

家庭治疗将个体与家庭有机结合，从家庭的维度思考人类行为的影响要素，使我们认识到家庭治疗虽然与个体心理治疗相比视野更广、更宏观，能够探寻到更深层次的个体问题的交互影响。但是，家庭治疗仍然不是终点，因为其简化了个体与社会环境之间的联结。事实上，家庭问题的成因与更大范围的社会、文化以及制度、政策等因素相连。在未来的发展中，探寻问题不但需要个体与家庭的联结，也需要家庭与社会，家庭与文化，家庭与社会制度、政策的联结。因此，在未来的心理治疗领域中，我们预想不仅有家庭治疗，还会出现“社会治疗”“文化治疗”“制度治疗”等词语。

第二节　家庭治疗的常用模式

家庭治疗经过几十年的发展，经历了兼容并蓄的过程，在不断的挑战中逐渐走向成熟，各种不同的家庭治疗流派纷纷得以创立。其经典的治疗流派包括伯恩（Berne）的系统家庭治疗、结构式家庭治疗、经验式家庭治疗、心理分析家庭治疗、策略式家庭治疗、认知行为家庭治疗、简洁式家庭治疗、叙事式家庭治疗等。如果按照治疗过程中情感、行动、理智的强调程度，家庭治疗又分为情感学派、行动学派和理智学派。情感学派关注家庭互动中情感的表达和理解，如维琴尼严·萨提亚（Virginia Satir）的联合式家庭治疗；行动学派治疗师以专家的身份对家庭发号施令，如米纽庆（Minuchin）的结构式家庭治疗；理智学派关注治疗中的理智认知和问题解决，如伯恩的系统家庭治疗。因为篇幅所限，本节重点介绍结构式家庭治疗、叙事式家庭治疗、联合式家庭治疗三种理论模式。

一、结构式家庭治疗

结构式家庭治疗是米纽庆在系统理论的框架下，结合自身的临床经验于20世纪60年代所创立的一种家庭治疗方法。在20世纪70—80年代称雄整个家庭治疗界，成为家庭治疗学派中影响最深远、应用最广泛的一个流派，同时也带动了家庭治疗的发展。米纽庆在1967年出版了《贫民窟的家庭》，该书标志着结构式家庭治疗开始出现。1974年出版了《家庭与家庭治疗》一书，标志着结构式家庭治疗作为一个独立的流派真正成熟，该书是整个家庭治疗领域中的经典，影响深远。该书详细阐述了家庭结构模型，家庭结构是一套看不见的功能性需求，它组织起家庭成员相互作用的方式，家庭是一个通过交往模式来运作的系统；不断重复的交往建立起了如何、何时以及与谁关联的模式，而这些模式又巩固了这个系统。家庭结构必须能够适应环境的改变，同时也不能失去其连续性，以给其成员提供一个参考框架。家庭系统通过子系统来分化并实现其功能，个体在不同的子系统中不断地变化角色，以获得使人类交往得以可能的交互关系。[①]家庭结构中有明确的界限和规则，明确每个人有自己的权利。如果家庭结构混乱或者界限不清，家庭的组织、关系、角色、权利执行都会混乱，便会出现不适当的行为。

（一）结构式家庭治疗的基本原则

结构式家庭治疗将心灵看成既可以是脑内的，又可以是脑外的。该治疗方法基于三个基本原则：第一，个体的心理生活并不完全是内在过程。在持续发生的一系列相互作用中，个体影响着环境，并被环境影响。第二，家庭结构的改变会导致这个系统中成员的行为及内在心理过程的改变。当家庭群体的结构被改变，处于群体中的诸成员的地位也相应地改

① 萨尔瓦多·米纽庆. 家庭与家庭治疗［M］. 谢晓健，译. 北京：商务印书馆，2009：62－71.

变，结果是每个个体的经验会发生改变。第三，当一个治疗师治疗一个患者或一个生病的家庭时，他的行为就变成了整个环境的一部分。① 它的运作机理是：在两个基本的治疗理念（对家庭拥有能力和个性的假定）指引下，通过有关症状、边界、子系统的工作，启动改变机制的运作，协助转变家庭相处模式，帮助家庭打破旧格局，建立新格局。

结构式家庭治疗师把个人、家庭和社会脉络都纳入考虑范围，如此，较宽阔的焦距及较大的弹性拓展了治疗师的视野，增加了更多治疗性介入的机会，每一次介入都可以算是一次家庭活动，家庭结构不是一个能够被观察者直接观察到的实体，家庭结构只有在家庭活动中、互动中、治疗的交谈中才能清晰地呈现，因此，治疗师如果不能考虑到整个家庭结构，而只干预一个次级系统，可能无法实现最终的改变。

（二）结构式家庭治疗的策略

结构式家庭治疗通常不去探讨家庭随着时间而改变的事实，这种治疗理论认为，现在的家庭结构是过往家庭行为的结果，既然过去是用来修正家庭目前结构和功能的工具，它自然会在现在有所体现。如果通过治疗方法可以改变现在，当然也可能改变过去。过往的家庭行为会通过家庭结构的形式沉淀下来，强调此时此地的家庭结构以及与此相关的功能会将这些行为以稳定的机制加以呈现。一般来说，结构式家庭治疗有三种主要策略，每一种策略都拥有各自的一组技巧。这三种策略分别是挑战症状策略、挑战家庭结构策略和挑战家庭现实策略。

1. 挑战症状策略

家庭治疗是一种思考与实践的方法，其目的在于将既有的问题由个人的症状问题向相关的人际关系问题转变。要达成这种转变，首先是要重新定义家庭求诊时所遇到的问题，将个人问题转化为从人际或系统的角度去

---

① 萨尔瓦多·米纽庆. 家庭与家庭治疗［M］. 谢晓健，译. 北京：商务印书馆，2009：13.

看待的问题，把个人的问题和整个家庭系统联结起来，将治疗的焦点由个人移向整个家庭系统。

结构式家庭治疗假设个人的症状行为与整个家庭系统运作之间有功能性的关联。就挑战症状策略而言，治疗师还需要认识到，虽然家庭治疗的最终目的是消除患者的症状，提高患者的心理健康水平，但为了消除症状，必须得使包括家庭系统或更大的社会系统内部出现一些变化。例如，找出家庭的行为顺序，建立家庭的界限，对家庭的结构进行重组，从家庭之外获得新的资源的输入等。

2. 挑战家庭结构策略

家庭成员的行为有很大一部分取决于其在家庭不同次系统中的角色与地位。如果成员之间有过度涉入的情形，他们行动的自由度和自主意识的发展就会受到次系统规则的限制。如果成员之间的涉入不够，他们就会显得疏离且彼此之间缺乏支持。挑战家庭结构策略就是指通过增加或减少重要次系统成员之间的亲密性，以产生新的方式来替代一直被次系统抑制的有关思考、感受和行动的方式。治疗师需要评估家庭成员之间的地位、家庭的联盟或结盟、清楚与隐含的冲突、次系统之间的界限以及家庭成员本身用来解决问题的方法，找到家庭功能失调的原因。

3. 挑战家庭现实策略

家庭不仅具有结构，还具有一组帮助维持这个结构的认知，结构和认知两者互相作用，都可以作为治疗的切入点。家庭结构的改变会改变家庭认知，任何家庭认知的改变也会伴随家庭结构的改变。米纽庆指出，结构式家庭治疗可以在三个层次上挑战家庭的现实。

（1）在一般的符号系统上。这里的符号系统主要指家庭用以建构现实的语言系统。如对于母亲过度涉入孩子的家庭，治疗师会说：“你妈妈很爱你，她是你的拐杖，没有这根拐杖，你根本没办法站起来。”

（2）解释家庭的构架。当治疗师在一般符号系统上的挑战并不能令家庭接受时，治疗师可能要尝试从家庭的认知构架上寻找挑战的切入点。如妻子一再强调她很爱自己的宝宝，但是从来不照顾宝宝，甚至在宝宝生病时把宝宝丢给奶奶照顾。妻子的叙述明显表露出现实与自己需要之间的不一致。

（3）讨论家庭与家庭之外的社会系统之间共通的现实。因为家庭成员的出生、成长都受到社会的影响，个人也会把他在家庭之外社会化的结果带回家庭，所以家庭会成为社会的一个缩影，是社会大系统的一个次系统。治疗师可以运用这些共通的现实来挑战家庭建构的自己独特的现实。如母亲与父亲关系不好，父亲对母亲不够尊重。于是，母亲特别希望自己培养的儿子能够考个好大学，孩子备感压力，治疗师可以挑战母亲，指出她是将自己的价值感和压力转嫁到了孩子的身上。

挑战的过程是“破”，完整的治疗服务不仅包含“破”，还包含“立”，是一个“破”“立”相结合的过程。挑战中的重构就是一个“立”的过程，当然，重构更多的是来源于家庭本身的力量，是家庭本身运作的结果。

（三）案例分析

振亚和敏慧结婚四年，有个三岁的可爱儿子。目前，小夫妻正在闹矛盾，敏慧回娘家住了有三个月了，矛盾是多件事积累起来的。在与朋友的一次会餐中，敏慧当众说，振亚的姑姑骗了他们，把一个亏钱的小铺面兑给了他们。于是，振亚当众批评了敏慧，说敏慧不该将家里的事情给朋友们说，并说姑姑不可能这样，敏慧哭着离开了饭店。另外一件事是，振亚在本职工作之外，以妻子的名义注册了一个服务公司，买了一辆中巴车，车内有担架，类似 120 急救车，为不能坐出租车的病人提供接送服务。小夫妻闹矛盾前，振亚接到一个生意，将病人从长春送到烟台，振亚父子俩马不停蹄，回程连续开车 20 多个小时才到家，敏慧的第一句话是问赚了多少钱，振亚说 6000 多元。关于这笔收入的使用，引发了家庭的大矛盾。

振亚用1000多元给车换了雪地胎，剩下的钱本想用来还给敏慧娘家，因为孩子生病时从敏慧娘家借了3500元，但敏慧说不急，娘家暂时不用钱。之后，振亚提出还给自己的妈妈。但是，敏慧不同意，敏慧希望用这笔钱给自己买衣服和换手机。敏慧认为，奶奶养孙子是天经地义的。敏慧还对赚钱的金额提供质颖，赚了6000多元，怎么就不是一个准确的数字呢？振亚解释，车走在高速上的过路费当下没有仔细计算，只有回头查扣款才知道具体的数。通过这件事，敏慧觉得婆家和老公都把自己当外人，在经济上不透明，需要用钱时，就让自己回娘家借，孩子上幼儿园花了1.4万元，从娘家借了6000元，婆婆出了8000元。她还认为，婆家在经济上跟自己的娘家玩心眼儿。

小夫妻的实际经济状况是，敏慧的小店铺不赚钱，振亚每个月的工资都还了车贷，生活完全依靠父母，吃饭也都在父母家。在孩子的照顾上，基本靠爷爷奶奶。小夫妻和公婆住在一个小区，因为经济紧张，只有公婆家交了取暖费，所以孩子也就自然地跟爷爷奶奶在一起。另外，敏慧24岁，性格相对急躁，脾气不好，常常对孩子喊叫，奶奶担心孩子在妈妈的坏脾气中不能健康成长，同时，小夫妻常常因为带孩子吵架。振亚每天工作相对辛苦，到家已经很累，敏慧在没工作时，自己在家带孩子很烦，希望老公下班后能帮帮她，可是老公没有给予很好的回应。基于这些原因，孩子在断奶后就和爷爷奶奶在一起了。小夫妻俩每天下班去爷爷奶奶家吃饭，陪孩子，然后回自己家睡觉。

在这个案例中，公婆对儿媳妇跑回娘家很不理解，觉得自己对他们的生活的支持是既出钱又出力，孩子全由他们来带，自己儿子有房、有车、有稳定的工作，还有小公司能够增加家庭收入，当下的经济上的窘境是暂时的，这儿媳妇怎么还不满意呢?!

在这个家庭中，不能简单地说矛盾是由敏慧的享乐主义价值观以及对家庭职责的错误认知引发的，也不能单纯地认为是由振亚相对内向、不善于沟通以及懒惰所致。正如前文中提到的挑战症状策略所言，要将个人问题转向家庭关系问题和家庭系统问题，矛盾不是出在某个个体身上，而是整个家庭系统出了问题。从小夫妻的子系统看，夫妻之间的沟通交流并不顺畅，丈夫为了避免吵架，用沉默来回应。从价值观上，敏慧的原生家庭虽然在农村，但是家里经济条件相对较好，因此认为生活就应该享受，对小家庭在经济上入不敷出的日子，没有心理上的准备，更谈不上担当。另外，对于公婆对孙子的照顾，敏慧认为是天经地义的，是爷爷奶奶应尽的职责。而公婆期待儿媳要怀有感恩之心就更不可能实现。爷爷奶奶认为，儿子工作辛苦，那我们替他做事，多付出，媳妇应该不会苛责儿子了，但事实上，从家庭职责和角色分工上，儿子的家庭角色是代替不了的。懒惰的儿子和勤劳的婆婆彼此"成就"，但是家庭角色的疏离和过度强化，在两个家庭中不能带来中和效应，仍然属于家庭病态现象，同时也彰显了家庭结构的不合理。这样一来，孩子的抚养就从边缘性、部分的亲代抚养转变为完全的跨代抚育行为，使得小家庭的部分家庭功能无法很好地实现。在小家庭中，夫妻彼此的角色分工没有划分清楚，两人的独立性不足，当然，公婆的过度涉入也加剧了小家庭的依赖。

从家庭结构而言，婚姻家庭和原生家庭的系统边界不清晰，夫妻双方的原生家庭在照料和经济方面，当然可以作为婚姻家庭的有力的支持系统，但是原生家庭的过度干预和替代性地承担起全部的抚育职责，已然不是支持，而使小夫妻形成了依赖。小夫妻的生活基本也都在公婆家，这样的安排，至少在情感上，使振亚与父母、孩子的联系更为紧密，形成了相对稳固的情感联盟。因此，敏慧感觉在这个家庭中自己像个外人。

综上，在这个案例中，存在三处家庭系统和家庭关系的失衡状态：第一，婆婆希望用自己的勤劳和付出帮衬，来弥补儿子的懒惰和不善于沟通，以使儿子在夫妻关系中寻求到安宁和平衡。但事实上，丈夫和爸爸的角色赋予振亚具体的家庭责任，他担不起来，虽有妈妈辅助替代，但不能带来夫妻关系的均衡状态。第二，这个家庭的矛盾还在于，一对在经济上不能自立的小夫妻，诸事依赖父母，需要用钱时找父母。当家庭有了第一笔小收入时，作为媳妇希望拥有经济上的自主权，这就出现了家庭收入和支出上的权利与义务的不对称。如果在家庭支出上，小夫妻能够自我安排，尽管是借钱，能够清晰地表明与父母的债权与债务关系，而不是稀里糊涂从父母那里拿钱，其主张自己对收入上的决策权也就是正当合理的。而不是用钱时伸手，有钱时自己花，由此引发夫妻矛盾，带来家庭关系失衡。第三，家庭结构的失衡。从一个健康的家庭结构来说，小夫妻与孩子所组成的核心家庭，三者是紧密的，情感上高度投入的，从而形成非常稳定的家庭结构。可是，现实中，爷爷、奶奶、儿子、孙子组成了稳固的情感联盟，媳妇游离在外，尽管爷爷奶奶在家庭生活中有很多付出和贡献，但是这是一个家庭边界不清晰，两个家庭系统纠缠在一起的病态的家庭结构。

因此，在这个家庭中，家庭系统平衡被打破，需要重构家庭结构。首先，要划分家庭边界，尤其是振亚的父母要与儿子、孙子之间保持一定的距离。从调整家庭结构策略而言，减少振亚与父母的亲密性，增加小夫妻之间的亲密性。打破原有的情感联盟，小夫妻与孩子是一个联盟，父母是一个联盟，让两个家庭重新建构起边界清晰的家庭结构。从家庭角色的分工而言，在孩子的抚育上，爷爷奶奶和爸爸妈妈的角色要互换，小夫妻要承担起抚育孩子的责任，扮演好爸爸妈妈的角色，而不是在养育中担任辅助角色，爷爷奶奶要从主导角色降到辅助角色，包括经济层面和照顾层面。其次，需要重新制定家庭规则，包括家庭权利的分配和家务劳动的分工等。从挑战家庭现实策略而言，家庭成员的认知结构需要调整。例如，敏慧认为爷爷奶奶管孙子天经地义，生活就应该享受，这都属于非理性认知，养育子女的责任在父母身上，不在祖辈。美好生活有实现的过程，不可能一蹴而就，夫妻之间应该同甘共苦，共同创建美好生活。振亚父母的认知结构也需要调整，应让家庭成员明白家庭规则的重构能够帮助调整家庭结构，必要的结构改变是解决家庭问题的根本所在。另外，改变原有的失效的家庭交往模式，新的家庭功能互动模式必须取代旧的功能失调模式。小夫妻之间的沟通方式需要调整，不能因为沟通时吵架，从而选择拒绝沟通，妥协忍让不是健康的人际关系，彼此改变沟通方式，努力从对方的角度反思，在情感上产生共鸣，积极主动沟通。只有这样，小夫妻才能够找回恋爱阶段的亲密感觉。

二、叙事式家庭治疗

结构式家庭治疗关注家庭结构、家庭功能、系统边界、家庭权利等核心要素，从总体上来说是典型的现代主义的思维范式下的家庭治疗。而叙事式家庭治疗不同，它建立在后现代主义的基础上，认同社会建构理论，叙事式家庭治疗关注个体的感觉，强调文化脉络对问题认知的影响力，不再单纯地关注个体和家庭层面的问题，而是强调资源和潜能层面。这是一个很重要的转向，为家庭治疗体系内各个不同流派的发展提供了重要的启示。

（一）叙事式家庭治疗的理论基础

叙事式家庭治疗开端于20世纪80年代，创始人为澳大利亚临床心理学家麦克·怀特（Michael White）和新西兰的大卫·爱普斯顿（David Epston）。两人在20世纪90年代将他们的理论整理为《故事、知识、权力——叙事治疗的力量》一书，该书在北美出版发行，并大为流行。在该书中，两人系统阐述了他们有关叙事心理治疗的观点和方法。

叙事式家庭治疗以建构主义理论为基础。建构主义，强调知识是用语言来阐述的，语言受历史、文化、情境、主观性等因素影响，因此知识不完全是现代实证主义传统中所认识的客观性原则，还包含人们的主观性，同时离不开特定的历史场合和价值体系。知识的分类体系中，不仅包括科学知识，还包括叙事性知识。知识不仅以客观为标准，还要尊重和强调主观的重要性。叙事式家庭治疗在某种程度上更加关注人们的认知和信念系统。叙事，简单地说就是讲故事，叙事式家庭治疗就是将以问题、压力和压迫性为主线的故事，转换视角并关注不同的侧面，经过人的信念体系的加工，成为一个充满潜力、希望、易于接纳的有力量的故事，从而改善心理感受，同时降低解决问题的难度，让案主看到自身的闪光点和资源。从这种意义上看，叙事式家庭治疗强调主观上对语言的应用，治疗师需应用语言帮助案主实现从问题为主线到以资源、潜能和力量为焦点的故事的转变。

叙事式家庭治疗认为学习知识可以脱离客观的绝对正确性，强调采用叙事的方式讲述知识，强调建构者的经验、主观结构对知识的理解和解释。其在家庭治疗上的主要观点包括，所有真理都是社会建构的，因此治疗师要帮助来访者了解他们的信念起源。心理治疗是运用语言的过程，因此，治疗师要运用恰当的语言帮助来访者发现自己的问题；治疗应该是合作的，新的事实只有通过双方分享意见和互相尊重对方观点的谈话才能得以实现。

此外，后结构主义也成为叙事式家庭治疗的哲学渊源。也正是在这个意义上，麦克·怀特将叙事式家庭治疗也称为一种世界观和态度。后结构主义与建构主义一样，质疑规则的确定性，认为人的本质是由许多带有历史偶然性的规范和准则塑造出来的，规范和准则又是由每个人都必须在其中成长的风俗和制度所规定着，人的本质不是一种与生俱来的、固定的、普遍的东西。因此，后结构主义提供了故事重新叙说的可能性，为质疑一切既成的事实，在讨论和批判中改写故事提供了理论依据。

（二）叙事式家庭治疗的基本观点

叙事式家庭治疗强调话语的改变和自身的反思，认为个体的心理问题的形成与自我描述生活的叙事方式有关，要想改变该问题，就需要改变传统的叙事方式，因为该方式限制了个体对自己生活情境产生新的想法或新的追求的可能性。将固定的问题话语模式转换为流动的、让案主体会到积极、满意的新的不同的话语模式。

叙事式家庭治疗具有政治性，治疗师并非价值中立，往往会积极介入，其治疗目标指向唤醒被主流文化麻痹的民众，希望借此实现对民众的增权和解放的可能性。从这点上看，叙事式家庭治疗具有激进的成分，并不仅仅满足于个体问题的解决，而是指向产生问题的文化机制。

家庭治疗与个体治疗的关注点和问题归因的范围不同，传统的家庭治疗与后现代理论指导下的叙事式家庭治疗也存在诸多不同，如表 3－1 所示。

表 3－1　传统家庭治疗与叙事式家庭治疗的比较

比较项	传统家庭治疗	叙事式家庭治疗
问题原因	精神分析——个人 传统家庭疗法——家庭	主流文化
工作范围	家庭	重新审视自我
关心对象	家庭对问题的影响	问题对家庭的影响
侧重点	治疗程序	一系列提问
社工角色	专家与受助者的关系	合作、倾听、平等
目标	解决问题	唤醒被主流文化麻痹的民众

（三）叙事式家庭治疗的方法

1. 问题外化——将问题与人分开

该方法把贴上标签的人还原，将“问题外化”，将“问题”与“人”分开，问题是问题，人是人。人的内在的本质会被重新看见与认可，转而有能力去解决自己的问题。如果问题被看成和人是一体的，要想改变相当困难，改变者与被改变者都会感到相当棘手。在治疗时不会将人命名为“拖延症患者”，而是采用语言艺术，开启问题的对话，并将问题做拟人化的处理，如“拖延君”是何时来到你身边的？这样，家庭成员在面对问题时感觉到，问题是可以来的，也是可以走的。这会让来访者觉得自己是有主动权和力量去和问题抗争的。从这点看，叙事式家庭治疗侧重会话管理技术。

2. 故事叙说——重新编排和诠释故事

人们可以在重新叙述自己的故事，甚至只是重新叙述一个不是自己的故事中，发现新的角度，产生新的态度，从而产生重建的力量。当被日常生活困扰而感到烦闷时，人们可以尝试把自己的经历从不同的角度来“重新编排”，这样或许可以改变盲目或抑郁的心境。例如，对于一个逃学的孩子，叙事式家庭治疗师会关注，在逃学的过程中，那么不容易，你是怎么照顾自己的？来访者会觉得，原来“逃学”中自己也不那么容易，自己还学到了如何照顾自己。这样一个主线的逃学的故事就被诠释为支线的独立的故事，让来访者发现自己身上宝贵的地方。带着这份新的意义和力量，来访者能够更好地面对生活中的问题。

3. 由薄到厚——形成积极有力的自我观念

该方法是指在消极的自我认同中，寻找隐藏在其中的积极的自我认同。当事人积极的资产有时会被自己压缩成薄片，甚至视而不见。如果将薄片还原，在意识层面加深自己的觉察，这样由薄到厚，就能形成积极有力的自我观念。那么，如何做到积极的自我观念由薄变厚呢？治疗师要在问话的方向上有所引领，要关注被访者忽视的积极资产，例如，“张明，你很擅长调解父母的矛盾呀，你是怎么做到的？”

除了上述方法外，叙事式家庭治疗还强调技巧的应用，作为语言的艺术，特别关注问话的技巧，例如，解构式问话、开启空间的问话、发展故事的问话、意义性问话等，篇幅所限，在此不赘述。

叙事式家庭治疗建立在后现代主义范式下，强调人的主观性，对个体的感觉与认知层面比较关注，因此，与结构式家庭治疗相比，其对家庭结构、家庭所处的社区环境和社会背景的强调，视野的宏观性和整体性也稍显不足。另外，叙事式家庭治疗强调运用语言将问题通过故事进行解构，将问题转换成积极的故事。这样虽然很好地践行了社会建构主义原则，但是从问题的阐释和分析视角上，仍然更多地停留在个体和家庭层面的心理治疗，而对客观实践关注较少，没能将问题与环境资源两者较好地结合。

（四）案例分析

张梅和思源是一对中年夫妻，张梅是某国有企业的中层领导，主管销售，思源是某外资企业的中层领导，主管人事。目前，张梅正因销售业绩、团队考核等事宜备感压力。据张梅自己讲，自己好像进入了中年危机，无论在身体上、职场上，还是在亲子关系、夫妻感情等方面都开始走下坡路。当下，张梅因为职业压力，每天工作效率并不高，在管理自己的销售团队时，也没有什么方法。张梅对自己不满意，认为自己不能胜任该工作，觉得自己以前在学习、工作中都是优秀的，如今竟然感到工作难以胜任，这种状况让自己很难接受，如果该状况再持续下去，会面临转岗或职级下调的风险。因此，张梅每天心情并不愉快，在压力中生活。同时，对女儿的关心和照顾也不够。对此，张梅一方面觉得自己不好，另一方面也控制不住脾气，觉得自己是个“不好的妈妈”。张梅在家时，思源不敢和张梅谈论什么，一说话，就被张梅怼回去，家庭气氛紧张。思源也没能在妻子的职业压力中起到舒缓的作用。思源强调，别把你的工作拿到家里来，工作和生活不要混为一谈，工作是工作，家庭是生活的地方，甚至要求张梅不要在家里提工作的事，认为影响家庭气氛。思源也不愿意倾听张梅的职业困境，说自己不是她的垃圾筒。于是，张梅向闺密倾诉了职业危机感和心理状态。闺密建议她做自己力所能及的事，如果实在不喜欢也觉得不能胜任，就由公司安排吧，这也没什么，不会影响生活，反倒能够减轻精神压力。张梅觉得一旦被转岗或者降职级，面子下不来，是她不能承受的。

在该案例中，叙事式家庭治疗可以从三个方面展开：外化问题；解构问题，重写一个较期待的故事；将问题的自我认知发展为较期待的自我认知。

该案中，张梅给自己贴了三个标签，在亲子关系中的“不好的妈妈”，在职场中的“不称职的中层”“后进分子”，在夫妻关系中的“不被理解和疼爱的妻子”。总之，当下，张梅的自我评价不高，自我认同不足。很显然，张梅把问题与人混在一起，认为自己就是那样的人。按照叙事式家庭治疗方法，首先要将问题与人分开，去标签化，当张梅说自己是个“不好的妈妈”时，治疗师可以引导其反思，“从什么时候开始对女儿的关心少了？”由此，让张梅从自我问题的标签中解脱出来。

叙事式家庭治疗既是一个建构的过程，也是一个解构的过程。[①] 张梅在叙说自己的现状时，对自己在各种社会关系中的角色都不满意。在叙事式家庭治疗中，案主常常沉浸在某种固定化思维中，受到问题的控制和影响，有所偏好和侧重，片面地选取自己生活中的不如意之处，而看不到自己身上的闪光点和潜能，也常常忽视细节。因此，对于治疗师来说，如何解构该问题，需要在会话中挖掘细节，在这些细节和片段中挖掘具有积极意义的独特后果，将这些独特的后果由薄变厚，重新编排和组织成另一个版本的积极的故事。在该案例中，治疗师在会话中了解到，张梅与自己销售团队中的员工的关系亲如姐妹，大家定期组织各种活动，张梅会在每个员工的生日时送上小礼物，这让员工感觉她很有亲和力。这个细节和片段在张梅的自述中被忽略，事实上，这就是独特后果和例外故事，是其闪光点，可以通过进一步问话让这个“独特后果”充实起来，对其进行聚焦、强化和放大，并成为“支线故事”，改变张梅看问题的视角。这个被张梅忽视的故事，可能蕴含巨大的能量和潜能。这样就可以把“问题”转换成“具有积极意义的事情”。

叙事，不仅是认识自我的过程，而且是改变自我的过程。在故事叙说中，张梅呈现“自己是个失败者”的消极的自我角色叙述。如何改变张梅的消极的自我认知呢？在会话中，治疗师了解到张梅凭着自己的能力从家乡的小县城走入大上海，在上海成家立业，具备较好的经济基础，并给

---

① 尤娜，叶浩生．叙事心理治疗的后现代视角［J］．心理学探新，2005（3）：6－10.

女儿提供了中产阶级家庭的教育条件。因此，治疗师与张梅围绕“如何定义失败者”“别人眼中的张梅”等话题展开讨论，促使张梅重新认识自我，改变消极的自我认知。

张梅认为一旦自己在职场中失利就会没面子，失去别人的尊敬。提到“面子”，该词于1894年由美国传教士明恩溥在《文明与陋习：典型的中国人》一书中提出。明恩溥指出，“保全‘面子’是中国人的第一性格”①。“面子文化”体现了人们在社会交往互动中期待获得他人的认可以及强烈的自尊的需求。人们往往通过社会交往寻求自我认同。因此，“面子”对中国人来说，是一种符号象征，也是一种社会交换。该文化的影响在中国早已根深蒂固。因此，帮助张梅解脱“面子文化”对其的影响，使其认识到“面子文化”的虚伪性和压迫性，重新认识自我的主体性和能动性，从而提升自我的觉察能力，寻求某种解放的可能性，并积极探索服务策略，成为社会工作者的重要任务。

三、联合式家庭治疗

联合式家庭治疗由萨提亚创立，她是美国最具影响力的首席治疗大师，也被美国著名的《人类行为杂志》誉为“每个人的家庭治疗大师”。萨提亚于1964年出版了她的第一本书《联合家族治疗》。该书阐述了该治疗方法的最大特点是着重提高个人的自尊、改善沟通及帮助人活得更“人性化”，而不只求消除“症状”。治疗的最终目标是个人达致“身心整合，内外一致”。由于她的治疗法有很多地方与传统治疗方法不同，故被称为“萨提亚治疗模式”。她一生致力于探索人与人之间以及人类本质上的各种问题。

（一）联合式家庭治疗的基本观点

联合式家庭治疗与传统治疗方法最大的不同，在于其看待问题的视野

---

① 明恩溥．文明与陋习：典型的中国人［M］．舒扬，等译．太原：书海出版社，2004：3.

跳脱了个人，以“系统”的观点分析问题的成因和改变问题的可能性。因此，联合式家庭治疗学派在面对前来求助的人时，并不认为案主是个“有问题的人”，而是个“背负问题的人”。病人所背负的问题，不单是出于自己本身，还出自社会、家庭（也就是“系统”）。当“系统”出现了问题，会呈现在家庭成员身上，因此，个体仅是问题的表现者，而不是源头。在该理念下，萨提亚特别关注原生家庭对家庭成员个性的影响。在影响个体成长的多种系统中，原生家庭是最为重要的系统环境，对个体成年后的个性、行为表现、人际关系等都有千丝万缕的联系，个人与其成长经历有难以割舍的联结，而这种联系可能影响人一生。

联合式家庭治疗继承了人本主义的传统，关注家庭成员个人的价值和潜能，尊重人的价值和尊严，人是独特的不可以复制的，强调对人和生命价值的关怀，相信人的潜能、内心的宝藏和自我改变的能力，格外关注服务对象的感受，引导案主的表达，重视案主的成长。该方法强调由内而外的治疗过程，侧重提升人的尊严感受，激发个体改变的内在动力。并不把问题看成真正的问题，问题的解决和如何看待问题的影响才是问题，改变痛苦对人们的影响比痛苦本身更为重要。该模式强调将引领服务对象从一个沟通不一致、低自我价值的人成长为内外沟通一致、高自我价值、拥有独立性自尊的人，从该意义上，萨提亚模式也被称为“成长模式”和“种子模式”。

萨提亚强调家庭治疗师要做一个真正的人本主义者，在服务中关注“你和我”“我们”的概念，而不是“你或我”“我”。因此，在该治疗方法中，家庭治疗师的个人魅力、品性特质，相比于服务技巧和方法更加重要，也比其他的家庭治疗更加强调治疗师与服务对象的关系，恰当的、温暖的、支持性的、开放的治疗关系的建立本身就可以成为治疗资源，具有改变的效果。

该治疗方法通过改变家庭成员的沟通和互动方式，了解和追寻家庭的历史，寻求家庭问题的成因。通过家庭成员互动形式的改变，实现家庭成员之间关系的改变，从而改变家庭成员的行为。

（二）联合式家庭治疗的技术

萨提亚家庭治疗法主要是通过家庭重塑，运用戏剧的形式将个人的家庭生活史表演出来，通过沟通游戏、角色扮演、模拟家庭会议等手法使案主有机会重新认识过去人生不同阶段所经历的家庭生活，并重新思考和处理这些经验对个体的影响，从而调整家庭成员的关系，来达到工作的目标，解决案主的问题。家庭重塑是一种增进有效沟通的方法，用以重新整合人们进入其原生家庭的历史和心理上的模型。家庭重塑在预备阶段，引领案主将自己和父母的核心家庭、家庭重要事件年表以及家庭成员间的影响在家庭图中清晰地表达出来。在实施阶段，以角色扮演的方式重演家庭生活中的重要片段，这有助于不断地检视不合理的没有弹性的家庭规则，有助于对家庭生活经验的认识和澄清，从更深层次上加深对自我和他人的理解，感受他人情绪和心理状态。另外，角色扮演在团体治疗中可以协助人们认清与整合自我的多重面貌。

冰山图是家庭治疗师评估家庭状况的非常重要的技术性工具，由萨提亚提出，具体而言，该图是人们准确全面认识自我的工具。萨提亚将人的自我从上到下分成七个部分：行为，应对方式，感受，观点（信念、假设、预设立场、主观现实、认知），期待（对自己的、对他人的、来自他人的），渴望（人类共有的被爱、被认可、被接纳、被认可、有目的的、意义、自由）和自己（生命力、精神、灵性、核心、本质）。

萨提亚以冰山作为隐喻来说明家庭的复杂性和对成员影响的不可见性。事实上，只有行为是可见的，其他的六个部分，包括人们的应对方式、观点、期待等都潜伏在海平面下，可见的冰山部分仅是表象，决定表象的是不可见的更深层次的海平面下的冰山，这些决定了人的内在系统，虽然不可见，但是对个人婚姻家庭和未来人生的影响具有持续性和稳定性。

联合式家庭治疗的技术还包括家庭沟通的生存姿态，这是萨提亚模式的重要内容，该内容在本书最后一章“家庭社会工作的微观技术”部分阐述，在此不赘述。

目前，在家庭治疗的各种流派中，萨提亚模式在国内组织的培训坊、心理咨询和社工领域中被广泛认同并在实践中得以推广。从该模式的应用看，其主要是帮助家庭成员认识自我与系统之间的关系，通过提升成员的自我价值感、自尊，改善家庭成员沟通和互动状态，从而使个体生命得以成长和改变。

综上，本章总结了当下家庭治疗服务中经常采用的几种家庭治疗学派。实际上，在实务领域中，到了20世纪80年代后，单纯地采用一种治疗方法已经很少见，每一种学派都看到了家庭中的某个部分，没有任何一种方法可以保证在所有临床治疗中都是有效的。人类的心理、行为和关系将更为复杂，为了回应这种变化，家庭治疗领域呈现“整合治疗”的发展趋势，不同流派之间的界限越来越模糊。家庭治疗从不同的学派和理论视角整合其思想、方法和技巧，整合不同的资源服务于家庭，只要有助于问题的解决、个人的成长、关系的调整就会被加以运用。

目前，家庭治疗在中国的认可度还有待提升，“治疗”一词本身提示了家庭问题的病理化过程，中国民众接受家庭问题需要解决，但是使用“家庭治疗”这一专业术语，在观念层面上，会给人以家庭已病入膏肓的感觉，相对不容易被接受。另外，能够将所有的家庭成员都汇集在一起，参与家庭问题的解决，每个人在观念、行为等层面上作出调整，对国人来说也有难度，人们更多的是认同家庭中某个人的问题，而不是家庭整体层面的问题。我国台湾地区有学者探讨过“家属不来可以进行家庭治疗吗?”无论在理论架构，还是临床技术或医疗决策上，单人家庭治疗是可行的。若治疗师不熟悉单人家庭治疗方式应做适当转接，切莫因坚持家庭成员出席人数而忽略最需要帮助之家庭。[①] 从理论的应用上看，家庭治疗

---

① 周立修．家属不来可以进行家庭治疗吗：从系统理论机构和技术看单人家庭治疗［J］．中华团体心理治疗，2006，12（14）．

属于舶来品，精神分析师、心理咨询师、社会工作师等专业具有一定的优势，但目前这些专业人员对家庭治疗更多的是理论上的模仿、尝试性的使用，民众解决家庭问题习惯于在亲属体系内进行调解或者在社区层面进行辅助解决，寻求专业人士的收费性服务，一是观念层面上不认可，二是存在经济压力。对民众来说，全面接受家庭治疗的服务还有待时日。

第四章

关系类问题与社会工作介入

CHAPTER 4

可以说，关系类问题是家庭问题的核心内容。心理学研究表明，幸福感与满意度是衡量人的生活质量的因素，而幸福感主要取决于个体与他人的关系，一个人所从属的亲密群体互动的质量越高，人的幸福感越强烈。也就是说，社会生活的质量取决于社会关系的质量，家庭生活的质量取决于家庭关系的质量。本章主要阐述夫妻关系、亲子关系、手足关系、姻亲关系。

第一节　夫妻关系

实际上，夫妻关系比亲子关系、姻亲关系、代际关系更复杂和重要。如果婚姻进展顺利，夫妻共同生活的时间比父母与孩子相处的时间更长，陪伴更为久远。就生活质量特别是晚年生活而言，夫妻关系比亲子关系更为重要。夫妻之间需要共同处理的问题更为复杂和多面。夫妻是共同体，也是两个独立体。夫妻之间是情感共同体、合作养育共同体、性共同体、生活共同体、经济共同体。正如艾瑞克·弗洛姆（Erich Fromm）所言，“在保留自己完整性和独立性的条件下，也就是保持自己个性的条件下与他人合二为一。人的爱情是一种积极的力量，这种力量可以冲破人与人之间的高墙并使人结合。可以使人克服孤寂和隔绝感，但同时又使人保持对自己的忠诚，保持自己的完整性和本来的面貌。在爱情中出现了两个生命合为一体，却保持两体”[①]。独立体意味着婚前两人来自不同的原生家庭，有不同的成长经历、性格、兴趣、处理问题的思维方式、教育背景、经济状况、生活习惯；婚后两人既要保持各种联结，又要尊重个体的独立性和独特性。

① 艾瑞克·弗洛姆. 爱的艺术［M］. 李健鸣，译. 上海：上海译文出版社，2008：17.

一、理想的夫妻关系的特点

如果夫妻双方都带着来自原生家庭的伤害，那么怎样能够组建一个健康的家庭呢？要拥有健康的夫妻关系，首先个体应该是一个成熟的人，自我分化能力好的人。成熟意味着能够脚踏实地和独立自主地去生活和面对社会。自我分化一词是伯恩的家庭系统理论中的核心概念。具体而言，自我分化是指，在人际层面，能区分和接受自己和他人是不同的个体，能建立清晰的自我界限，有良好的自我概念，也能够和自己的家庭系统建立起良好而有意识的关系，但是又不会过度地融入家人的生活而迷失自己。在内在层面，理智和感情能够很好地分离。两者的差异越大，个体就越不容易被卷入对方在家庭中的情绪反应，从而遵循自己的价值观来行动，不让他人的情绪来影响自己的行动。自我分化良好的人，与人相处时能够维持独立自主与情感联结的平衡。自我分化水平低的人，在生活中有两种表现，要么回避他人，要么过分亲近他人。

恩爱的夫妻，双方都出于自愿而维持彼此之间终身的承诺，他们选择彼此为伴，不论在何种情况下，都如结婚誓言中所表达的那样至死不渝。

一种功能良好的夫妻关系，双方首先是平等的、真诚的，个体在关系中是有价值感的，彼此拥有对方的爱，并能在精神及心灵上继续成长。

夫妻双方都知道自己必须为自己的行为负责任，他们也知道外在事物所带来的快乐不可能是绝对而持久的。

家庭不仅是经济共同体，也是情感共同体，还是道德共同体。既然家庭是原初的道德共同体，那么家庭中的亲密关系正是社会关系和社会道德的起源。[①] 埃米尔认为，家庭不仅是社会的组织单位，也是社会的道德起源。中国学者梁漱溟也阐述过，中国的家庭是一个道德共同体，其中利他

① 方旭东．家庭与社会：一项西方社会思想史的探索［J］．学术界，2016（11）：231－245，328．

主义和道德伦理是支配和约束个体行为的核心且有力的规范。[①] 由此，我们认识到家庭一定要寻求规则。统领家庭关系的规则是永久的相互关怀和帮助，但绝对不是依赖。好的夫妻关系意味着“1 + 1 = 2”，而不是“1/2 + 1/2 = 1”。是两个独立完整的成熟的个体，组成了一个家庭。如果两个人各自拥有不完整的心灵，本能是要对方来弥补自己的缺陷，而没有余力去肯定对方，他们之间的关系就不可能是功能良好的。例如，人们认识的“你是我的另一半”，其实是一种错误的婚姻观念。两个完整的人在一起，能够意识到没有了另一方，自己仍能好好地活下去。与这种观点相反的是：追求一种纠缠不清或过分亲密的关系，彼此都相信没有对方自己就活不下去了。年少时我们以为这种难分难舍的关系才叫真爱，其实这个观点是错误的。

好的夫妻关系还意味着夫妻这个子系统与家庭中的其他系统界限清晰。为婚姻立界，如果夫妻子系统的界限过于松散模糊，会给家庭生活带来一系列的影响。例如，因出轨、酗酒等引发各种争吵和冲突。又如，原生家庭中的亲子系统入侵婚姻家庭的夫妻系统出现“妈宝男”现象。再如，夫妻关系松散，不够亲密，就会导致其中一方将感情投注在孩子身上，拉拢孩子，对抗另一方，孩子夹在中间需要站队摆明立场，同时，孩子也往往成为代罪羔羊，这很容易给孩子带来心理问题。

最后，健康的夫妻关系，还意味着两个人承诺并遵守纪律，例如，接受延迟性满足，彼此平等包容，真诚坦率忠诚，接受自己的责任等。夫妻可以围绕家庭的具体状况，不断地更新爱的纪律。

二、夫妻产生冲突的原因

每个人的成长经历都不同，这些经历在每个人身上都有着深刻的痕迹并影响着未来。婚前两个人来自不同的原生家庭，有不同的成长经历、性

---

① 梁漱溟．中国文化要义［M］．上海：上海人民出版社，2003：81.

格、兴趣、价值体系、处理问题的思维方式、教育背景、经济状况、生活习惯等。夫妻双方各自带来不同的规则，而在婚姻中双方如何妥协，从而达成共同的协议，是婚姻的重要课题。家庭系统理论认为，“每一个人既是整体的一部分，同时又是一个完整而独立的个体；具有独特的个性，同时也受到整体家庭的影响，他既代表着个人，也代表着家庭整体。我们长大成人以后，所有的关联都仍然存留在我们的身上。一个人就是他的家庭的具体的缩影。而一个家庭里，某几位家人之间的关系也反映出整个家庭的面貌”①。

引发夫妻关系冲突的原因有很多：（1）价值观差异。价值观就是人们认为什么是值得的，涉及对一些重要问题的排序，在时间、金钱、人生目的、幸福、成就等方面的观点分歧和冲突，会导致两人在行为上有很大的差异，针对这种差异，如果夫妻之间彼此不能协调相容，就会导致婚姻冲突不断。（2）依恋类型。这是引发冲突的重要原因，通常夫妻两人如果不是安全型依恋类型，那么彼此对亲密关系之间的距离的认识是有差异的。焦虑型需要关系更加紧密，回避型需要互动空间和自由。（3）性格。通常某一方或双方高度神经质（焦虑、抑郁、敌对感、冲动性、脆弱性），往往导致高频率的冲突。（4）需求不满足。婚姻的稳定性取决于夫妻二人彼此是否能有效地满足对方需求。自我价值得不到对方认可，自尊心受挫，情感、性以及婚姻中彼此对社会身份、家务中的角色安排等不能满足对方的期待，夫妻冲突就不可避免。（5）家庭权力的争夺。传统家庭中，夫妻二人在家庭中各自拥有对不同领域的影响力。通常男性负责家庭的经济供养，女性负责家务与照顾孩子。同时，男性对家庭拥有更多的权力。随着时代变迁，女性更多地进入社会劳动力市场，使得男性家庭供养的角色发生了变化，女性希望与男性拥有平等的权利，于是，因社会经

---

① 约翰·布雷萧. 家庭会伤人：自我重生之路［M］. 杨立宪，译. 北京：蓝天出版社，1999：42.

济地位的变化，传统的以夫为尊的家庭权力格局开始发生松动，如果男性不能接受权力的协商与调整，家庭冲突就会发生。

除上述五大主要原因外，家务事、姻亲关系、兴趣爱好、子女、工作压力等因素也都会影响夫妻关系的状态。

三、夫妻关系的调适

无论是初婚还是再婚，无论婚龄多少年，夫妻之间出现矛盾和冲突是无法避免的。有一部分夫妻，无法调适，直接面对冲突，采取吵架或者无视冲突离家出走的方法，导致婚姻关系越发僵持，甚至走向解体。那么，发生夫妻冲突如何调适？具体而言，处理夫妻冲突有两种方法：一种是辩证方法，另一种是无辩证方法。辩证方法有三种，即“挑战”“转化”“看开”；无辩证方法也有三种，即“宣泄”“委屈”“隔离”，如表4－1所示。

表4－1　夫妻关系调适方法

处理夫妻冲突的方法	夫妻冲突调适的历程		
	直接面对冲突 冲突－辩证	间接面对冲突 和谐－辩证	从冲突中抽出 超越－辩证
辩证	挑战 （求外在处境改变）	转化 （求和谐与内在转化）	看开 （求自主，内在的自由）
无辩证	宣泄 （求发泄，处境未改变）	委屈 （求表面和谐，无内在转化）	隔离 （求“不苦”，内在的依附）

资料来源：刘惠琴．夫妻冲突调适的不同历程与测量［J］．中华心理卫生学刊（中国台湾），2003（1）：29．本书引用时略有改动。

夫妻关系的调适，涉及夫妻冲突如何处理的问题。从积极的层面上，要从认知、情绪和行为三个不同的方面上回应冲突。在认知方面，多从对方的角度考虑问题，各自独立做事，不要相互掺和，学习婚姻知识；在情绪方面，先冷静下来，控制自己的情绪，并关注对方的情绪，主动道歉；在行为方面，不分对错先主动和解，适当示弱，事后讲道理分对错，主动学习说话技巧（准确、委婉表达想法），投其所好，用行动表示，回忆美好，出去走走，提高生活情趣等。[①] 在这里，需要强调的是，我们通常认为的妥协、包容、忍让以及寻求父母、朋友及其他重要人的调解，在夫妻冲突中并不是积极的解决冲突的策略，上述措施是介于积极与消极之间的。

著名歌手和艺人李美娟在一次演讲中讲述了自己的家庭生活经历，她与前夫的关系充满了各种冲突。追溯她的原生家庭和成长环境，母亲性格刚烈，认为对的就据理力争，不可以背后说人家，要说就当面说，她爱妈妈，通通听进去了，遵照妈妈的教导，所以，如果她的公公做什么事她不接受的话，她就当面讲，结果出现各种矛盾。家庭规则影响着我们的生活质量，这些规则里包含着父母对生活的信念和价值观。错误的观念只能产生带有偏差的规则，何况指点的对象是她的公公。李美娟的父亲是经历越南战争的老兵，战争结束后就去了美国，再也没有回台湾。在父亲参战前妈妈怀了她，并决定生下来，但是这个家庭缺失爸爸和丈夫的角色，妈妈并不快乐。儿时，李美娟没有后盾，没有兄弟姐妹，在外面玩时小朋友会欺负她，她把所有的委屈都忍下来。她的母亲一直对父亲有积怨，生活在哀伤的氛围里。

在这个家庭中，男人遗弃了妻子和孩子。遗弃给人带来最核心的感受是羞愧，妻子认为自己是个有问题的人，孩子觉得自己是个不配得到父亲关爱的人，孩子无法肯定自己是珍贵的。可以说，羞愧感常常会伴随着孤单和心理麻木，形成一种完全的自我否定，会铸成早期与人相处的原始经验，也会影响生命中的各种人际关系。

从弗洛伊德、萨提亚、欧内斯特·米勒尔·海明威（Ernest Miller Hemingway）的冰山理论来分析，隐藏在海平面以下的那个部分，是我们

---

① 刘电芝，卢凤，许定远．扎根理论的多元化路径分析：以青年夫妻冲突应对方式的质性研究为例［J］．苏州大学学报（教育科学版），2019，7（1）：23－34.

人生的出发点，能够被外界看到的行为表现或应对方式，只是露在水面上很小的一部分，大约只有1/8，另外的7/8藏在水底，而隐藏在水面之下的更大山体，则是长期压抑并被我们忽略的“内在”。如果你的母亲不快乐、哀伤，你能快乐吗？在李美娟的成长经历中，没有一个夫妻和睦的榜样。她的前夫也来自单亲家庭，两个人都没有从原生家庭中得到积极的示范效益。这是家庭环境的因素，还涉及个体的认知因素。她曾经在相当长的时间中把自己所有的不快乐归咎于自己没有爸爸。她认为自己如果有爸爸，就会不一样，仿佛所有问题都能迎刃而解。这是一个错误的认知。有人评价李美娟，“你真快乐，因为你有一个好老公”。很显然这种因果关系被倒置了，不是因为有好老公才快乐，而是因为快乐才能拥有一个好老公。正如阿尔伯特·班杜拉（Albert Bandura）在社会学习理论中阐述的，行为、认知和环境三者是交互反应的，人并非环境的被动的反应，当一个人的认知开始变得理性后，寻求到了内在个体应该承担的责任，有了自我意识和担当，而不是单纯地把自己的不幸推给原生家庭，改变就开始了。一个不快乐的妈妈，养不出快乐的孩子。为了打破这种负向的循环，李美娟认识到，孩子应该快乐起来，他们需要一个榜样。有了这些认知，她自己开始有意识地调整和转变自己的行为和情绪状态。

四、案例分析

这里我们笼统地分析夫妻关系，如果仔细区分不同的社会阶层的夫妻关系，则样态和矛盾点千差万别。经济问题、孩子养育观念、感情忠诚、时间上的投入和陪伴、家庭权利、处理亲属关系上的双重标准、性、家务劳动等都会成为夫妻矛盾点。事实上，城市中流动务工的夫妻，退休后的老年夫妻，城市里的中产阶级夫妻，遇到的问题一定是不同的。因为篇幅所限，本书不能一一展开分析，我们只能在普遍的意义上进行探讨，如何运用社会工作来服务、帮助家庭构建和睦的夫妻关系。

一个生活在长春的家庭，丈夫 64 岁，已经退休，妻子 54 岁，职业是大学老师，儿子 21 岁，大专刚刚毕业，赋闲在家。夫妻之间因为价值观和性格不合，丈夫提出离婚。多年来，家庭矛盾突出。经济上，两个人一直是“AA 制”，丈夫生活极其节俭，妻子却希望保证生活质量，两者在价值观上差异巨大。例如，在家庭买车的问题上，丈夫起初坚决不同意，但后经各种劝解，家里终于买了车，丈夫出了 5 万元。虽然勉强同意了，但是丈夫心里很长时间不高兴，甚至说，“你买的车，我不坐”。夫妻两个人都参与了 P2P 理财，收益率是 10%，之前的收益给付都正常，但到了 2019 年 5 月，理财平台跑路，丈夫投入的 18 万元、妻子投入的 15 万元都拿不回来了。储户们组成维权团体，需要大家凑份子每家交 200 元维权经费，丈夫出的钱，回家又问妻子要回 100 元，妻子很不舒服。夏天天气热，夫妻两人在主卧装了空调，儿子也怕热，也想在自己的房间装空调，丈夫不允许，儿子就用自己的私房钱买了空调。丈夫的不满意在于妻子和儿子在天热时各占一个房间，两个空调全部打开，浪费电，电费贵。夫妻间在经济方面的矛盾不胜枚举。

在儿子的教育上，夫妻之间的观点差异也很大。在孩子 3 岁时，妻子去新加坡工作了 3 年，可以说，在孩子成长的关键时期，妈妈没在身边。妻子对孩子心有愧疚，回国后，对孩子有些宠爱。丈夫对孩子严厉，孩子学习一不好，就用强制的方法把孩子关在房间里写作业，丈夫认为这种方法有效。在这样的教育方法不一致的环境中成长的孩子，学习情况可想而知。后来，在妻子的努力下，孩子勉强读了大专。儿子毕业后赋闲在家，丈夫看着很生气，认为孩子在家啃老，于是对孩子没有好态度。后来妻子给儿子找了学习影像编辑的课程，安排他每天去学习。

在性的问题上，因为夫妻不和睦，两人又是晚婚，性生活很少，丈夫觉得吃亏，没有享受夫妻之间的欢乐。

此次丈夫提出离婚，矛盾的导火线是他的衣服被妻子放在儿子衣柜的两个格子里，主卧的衣柜全部被妻子的衣服占领。丈夫认为，年轻时，妻子比自己小 10 岁，让着她，现在两个人都老了，妻子也不年轻貌美了，要平等相待。再想想多年累积下来的矛盾，丈夫觉得在这个家里比较委屈，于是提出离婚。方案是各自的存款仍然归各自所有，房子作价 120 万元，谁留在房子里，谁给对方 60 万元。儿子大了，无所谓跟谁。妻子首先是不同意离婚，其次，她认为即使离婚丈夫提的这个条件也是没有道理的，没有考虑在婚姻生活中各自的家庭经济付出和劳务付出，简单地按照对半分，不合理。妻子认为，家里的房子、装修和家具家电大部分钱款是她用在新加坡工作时赚的钱买的，另外，家里的另一处房产，虽然是丈夫婚前财产，但是婚后主要用了她自己的公积金在还贷款。

在这个案例中，丈夫的节俭具有家族特点，其哥哥、父亲在生活上都以朴素为美，和家庭财富多少无关。夫妻俩的孩子继承了父亲家族的这个特点，支出有明确的计划。在读大学期间，父亲每个月给孩子 2000 元生活费，孩子节省下来，买他自己喜欢的需要的耳麦、空调等。这对夫妻从案例描述上看，双方都认为没有原则性问题，没有出轨和不忠诚问题，没有涉及家务劳动分工问题。夫妻间主要的问题包括：（1）价值观的差异使得双方对生活质量的要求不同；（2）家庭权利方面，丈夫觉得在家里没有地位，决策权归属妻子；（3）在孩子教育方面，丈夫相对严厉，妻子希望给孩子空间成长；（4）在夫妻性生活上，丈夫没有得到满足；（5）夫妻之间没有很好地尊重和包容彼此的差异性和独立性，两人的自我分化能力有待提高。

从社会工作服务来看，针对这对夫妻的需求和问题解决的急迫性，孩子教育问题实际上已经缓解，因此可以不纳入服务内容，针对其他四个问题，社会工作需要回应，需要制定服务策略。

针对问题一，价值观的差异如何调和。从爱情社会学的角度而言，这对夫妻当然不是理想的婚姻伴侣。夫妻两个人最理想的状态是性格互补，价值观相似。这是两者互动的核心理念，这种理念决定了个体浮在冰山上的行为。理念不同，行为自然就不同。一般而言，在婚姻的前两年，夫妻二人的性吸引决定婚姻的幸福度；到了第三年，价值观的重要性开始提升，人们虽然可以和观点不同的人交流，但是意见总是相左，会极大地损害亲密感；第五年之后，彼此是否能够满足对方的期待，对两个人的角色和分工是否认同，是影响幸福的最大因素。实际上，在婚姻 2 ~ 5 年时，价值观的差异就基本上磨合协调，但这对夫妻经过 20 多年的婚姻生活价值观依然存在巨大的差异。价值观差异大，并不意味着就一定不可调和。“违而不犯，和而不同”是夫妻重要相处之道。如何既达到丈夫的省钱的要求，又能保障妻子想要的生活质量呢？后经过调解，丈夫愿意每个月拿出 2500 元交给妻子，这是丈夫能够接受的最大的限额。至于妻子想买好东西保障生活质量，养车、养自己的父母、养儿子等家庭各种开支，丈夫不再支出，不足部分都由妻子自己支付。这样夫妻之间在经济方面的矛盾就基本解决了。另外，对价值观的差异，夫妻两人都需要修炼包容的功课，尊重彼此的独特性，并协商解决两者的差异性。

针对问题二，家庭权利问题如何协调。在社会学领域中，学者从资源论和文化传统论两个视角来分析家庭权利的归属。家庭权利主要体现在家务劳动、家庭决策和消费决策上。在这个案例中，丈夫喜欢劳动，但妻子对丈夫是否参与家务劳动并不在意，在经济上两人是 AA 制，所以，夫妻在家庭权利上的矛盾，反倒体现在一件在别人看起来很小的事情上。丈夫因为自己的衣服不在主卧里，觉得妻子不重视自己。一个人包括自己的物品在物理空间中的位置，实际上与社会位置、家庭权利位置是一致的。丈夫认为妻子过于强势，妻子认为丈夫缺少能力，在社交生活中的节俭让人感到不够体面。在这个问题上，个案服务的案主主要是妻子，是第一案主。在服务中，妻子同意让丈夫挑选主卧的衣柜位置，帮其腾出空间。通过服务，帮助妻子认识到丈夫在哪些地方是不能改变的，自己在哪些方面是可以改变的，最重要的是践行夫妻之间彼此尊重的婚姻的承诺。

针对问题四，在性的问题上夫妻之间如何协调。的确，性生活是每个健康个体正常的生理与心理需求，如果长期得不到尊重和满足，家庭关系容易陷入紧张的状态。围绕这个问题，需要让夫妻双方清晰地认识到性在婚姻关系中的位置，以及性的不满足对夫妻关系的影响。当然，性与婚姻的关系，不同的学者观点差异比较大。弗洛伊德、达尔文、叔本华，包括罗素，都强调了性对爱情的重要性。弗洛伊德的学说被认为是泛性论，将性摆在很高的位置，一个根源性的位置，认为爱情是性生活得到满足的产物，如果男女双方学会在性生活上使对方满足，双方就会相爱，并且认为爱情根本上是一种性的现象。达尔文认为，我们爱就是为了性，因为爱的本质就是性，爱最根本的目的就是性，性反过来又影响我们的爱情。叔本华也认可了性在婚姻中的重要价值，强调性欲需要的普遍性，认为所有两情相悦的感觉，无论表现得多么超尘绝俗，都根源于性冲动。① 这些学者在性与感情的关系上，强调了性的优先地位。然而，多数学者的观点，恰好相反：爱情不是性满足的结果，而是性的原因，性的幸福，甚至掌握所谓的性技巧是爱情的结果。这对夫妻在性方面的亏缺，恰好反映了第二类观点，他们的情感状态冷若冰霜，彼此谈论某一话题，价值观不同，观点完全相左，就容易吵架，情感关系不融洽，性的亏缺就很自然了。因此，要修复这对夫妻的性关系，需要修复他们的感情。关于性的议题，社会工作者需要与夫妻两个分头讨论。

针对问题五，这对夫妻在尊重对方的独特性和差异性上，需要进一步修炼包容的功课。在社会工作的价值理念上，每个人都是独特的，如果承认独特，那么就要承认与他人的差异性，夫妻尽管是不同的个体，但在家庭生活上是一体的。将尊重独特性和差异性的观念在生活中践行，就需要提升人的自我分化能力，如前阐述，将自我从他人那里分化出来，将感性

① 艾瑞克·弗洛姆. 爱的艺术［M］. 李健鸣，译. 上海：上海译文出版社，2008：82.

与理性分开来认识。如果将他人视为自己的一部分，他人都要按照我的观念来生活，按照自己的理想期待改造对方，一旦不能成功，就用争吵来矫正对方，这实际上是自我分化能力不足的表现。在这对夫妻中，双方都希望对方按照自己的观念和规则来生活，改造彼此，导致矛盾重重。因此，放弃改造，提升个人的自我分化能力，接受对方是和我不一样的人，尊重差异和独特性，矛盾和冲突就会减少。

上述这些问题，需要夫妻在讨论中协商解决，在讨论的过程中必然会有争吵。争吵对于家庭和夫妻关系来说并不可怕，争吵本身也是一种沟通，最可怕的是夫妻之间彼此沉默，彼此当对方如空气，在一个饭桌吃饭，每个人带个耳机，为了“体面地”避免交流，实际上呈现这种关系的家庭已经毫无动力和凝聚力，家庭关系是疏离的。那么，争吵作为一种交流，如何在适度争吵中厘清问题和寻求解决问题的方法呢？这里有一些争吵的方法，例如，自我肯定，而非攻击对方（不择手段地打败对方）；把焦点放在当下，避免翻旧账；避免说教，要说出具体而实际的内容；使用“我”的信息，不要批评对方；诚实地沟通，精确地表达自己意见，而不是盲目地同意，呈现表面的完美和谐；不要争论细节；不要列举罪状；积极倾听；如有争论，一次只争论一件事；要有锲而不舍的精神，不要在沟通中放弃，而要努力找出解决问题的办法。①

以上是用个案工作的方法回应夫妻问题。在社区层面，社会工作者可以建议并倡导社区定期举办婚姻学校。我们认为，无论是丈夫、妻子，还是其他家庭角色，都是社会角色，没有人天生会自然而然地扮演好这些角色，因此社会角色的习得是需要学习的。建议这对夫妻主动参与培训，掌握构建美好婚姻的各项技能。这对夫妻，通过社会工作者对夫妻关系问题的分析，通过开展的个案社会工作和社区层面的服务，一致认为，离婚不

① 约翰·布雷萧. 家庭会伤人：自我重生的新契机 [M]. 郑玉英，赵家玉，译. 成都：四川大学出版社，2007：63.

是解决问题的好方法，彼此愿意调整自己的观念和行为，愿意尊重双方的差异和独特性，共同协调和协商处理家庭事务，承诺彼此相伴到暮年。

目前，在回应夫妻之间的情感问题上有专门的社会组织，例如，维情社工事务所、“家和工程”等，用社会工作的方法化解婚姻家庭矛盾，用心理学技术疏导情感纠结。与此同时，维情社工事务所也负责维情社工事务所社会工作者的培养和维情社工事务所的组织建设。其服务的内容以“情”为核心，涉及亲情、友情、爱情、情绪、情商等，也涉及恋爱领域和性取向问题。

第二节　亲子关系

亲子关系主要指父母和子女之间的关系，即亲代与子代的生物血缘关系。这种关系是人类社会中最原始、最本能、最亲密也是最普遍的一种感情。家庭生命周期的不同阶段有着不同的亲子关系，包括孩子在身边时的亲子关系，孩子不在身边时的亲子关系，父母年老需要照顾时子女又返巢的亲子关系。不同群体的亲子关系，例如，流动家庭的亲子关系、留守家庭的亲子关系、农民家庭的亲子关系、城市白领家庭的亲子关系、父母与不同性别的子女的亲子关系，等等，它们之间都有很大的差异。本书由于篇幅所限，不能细化，仅从普遍意义上进行分析。

亲子关系在感情上具有不对称性，父母对子女的感情胜过子女对父母的感情。原因何在？亚里士多德认为这主要是因为：子女是父母自身的一部分，父母就像爱自己一般爱子女，子女是父母的作品，创造者亲近其作品胜于作品亲近创造者。勒内·笛卡尔（René Descartes）说：“一个好父亲对子女的爱是纯粹的，不求任何回报，他把他们视为自己的另外一部分，像为自己谋福利一样为他们谋福利，甚至更辛勤地为子女谋福利。因为他认为，他与子女共同组成了一个整体，而子女是这个整体的更好的部分，因此他常常将子女的利益置于自己的利益之先，不惧牺牲自己以拯救们。”① 传统的亲子关系侧重单向教养，而当下，更多强调孩子与父母在互动中的双向来往，强调亲子双方在此关系中的主动性。

与其他关系不同，亲子关系以血缘为基础，具有不可替代性和稳定性。无论出生在商贾富豪或权贵家庭，还是出生在平民百姓家里，亲子关系都是先天赋予的，没有任何可选择性。夫妻双方如果感情破裂离婚，夫妻关系也就不存在了，但亲子关系不同，亲子关系具有永久性，从孩子呱呱坠地开始，因着血缘关系长久存在。目前，全球范围内离婚率都比较高，但是断绝父子或母子关系概率极低。亲子关系是未成年子女成长过程中极为重要的关系。亲子之间亲密的情感是父母教育子女的巨大力量，它既可以成为子女接受正向教育的催化剂，也可以成为子女接受父母负面影响的助燃剂。总之，亲子关系对子女具有重要影响。

一、什么是健康的亲子关系

人们常认为亲密的关系才是好的关系。在孩子年幼时期，保持亲密，让孩子对父母有依赖，是健康的亲子关系。但是，在孩子进入青春期后，不仅孩子要独立，父母也要独立，父母要学会对孩子“放手”。弗洛姆在《爱的艺术》中阐述，能否很好地处理“分离”是一个成功母爱的核心要求。“在母爱中，过去是一体的两个人分开了。母爱不仅应该允许这一分离，而且还应该希望并促成这一分离。”② 亲子之间必须认清边界，家长与孩子是两个独立的个体。有一种男孩，被称为“妈宝男”，通常出现在单亲家庭里，父亲早逝或者父母离异，母子相依为命，这样的男孩通常结

① DESCARTES R. The philosophical writings of descartes [M]. trans. by John Cottingham, Robert Stoothoff, Dugald Murdoch. Cambridge: Cambridge University Press, 1985: 356.

② 艾瑞克·弗洛姆. 爱的艺术 [M]. 李健鸣，译. 上海：上海译文出版社，2008：82.

婚后也会与母亲保持非常亲密的关系，甚至会与母亲睡一个房间，自己的伤心和委屈会第一时间向母亲倾诉，母亲对儿子也是同样的情感依赖。“始终只和母亲联系在一起的男孩子，会把她当作解决自己爱情和婚姻问题的对象，但是这种态度的意义是，他除了母亲之外，就无法想出任何人肯和他合作的。”[①] 这样的母子关系，会让未来的妻子感觉自己在这个家庭中是外人。这种亲密的纠缠的亲子关系会严重地影响未来儿子的夫妻关系。因此，本书认为，独立的个体和亲密的关系是健康的亲子关系的标志。

亲子之间应保持平等合作的互动关系。很多家庭里，父母与孩子之间是控制与服从的关系，家长比较强势，对孩子提各种要求，希望孩子满足自己的期望。有的家庭父母与孩子甚至形成相互对立的关系，这是一种不健康的相处模式。健康的亲子关系，应该是把对方视为合作者，做父母是第一次，当孩子也是第一次，大家都有不足的地方，双方一起投入时间、精力，共同促进成长。2019 年 4 月，中国青年报社会调查中心联合问卷网对 2001 名受访者进行的一项调查显示，对于父母在孩子面前表现得过于强势的做法，34. 5% 的受访者表示能接受，认为家长都是为孩子好，20. 9% 的受访者直言不能接受，认为这会害了孩子。受访者认为健康的亲子关系应该是能够充分沟通（68. 9%）和关注彼此的情绪（62. 7%）。

二、亲子冲突因应历程

亲子冲突是人际冲突的一种类型，当亲代与子代在态度、行为、价值排序等问题上出现不相容时，亲子冲突就出现了。具体表现为矛盾、不和谐甚至斗争的局面。当亲子冲突出现时子代的因应策略基本上分为三种风格：“顺亲无违”“起而抗争”“交相影响改变”，如表 4 – 2 所示。显然，在这三种风格中，最理想的因应策略是第三种，在互动中彼此影响、彼此

① 阿德勒. 超越自卑［M］. 黄光国，译. 南昌：江西人民出版社，2011：110.

调整，从而渐次进入比较健康的亲子关系。

表4-2 亲子冲突因应历程之风格

因应历程风格		因应观	因应历程与行为	影响
顺亲无违	感恩图报	求报恩	母：催促唠叨—子：逆来顺受 父：温和说理—子：心悦诚服	情深不减
	敬而远之	求不苦	父：打骂禁止—子：敬而远之 母：责骂干预—子：只要我长大	渐行渐远 戒慎恐惧
起而抗争	坚守阵线绝不退让	平等自主至上	母：催促唠叨—子：坚持己见—母：退让	过眼云烟
	不平则鸣 不支而退	求平等自主而不得，而后求不苦	父：暴力管教—子：抗拒不从—父：暴力管教—子：逃离，委曲求全	相见不如不见
	亲子“交战”后重新出发	求平等自主，转而求报恩	母：要求、催促—子：抗议—母：说教—子：退让	过眼云烟
交相影响改变	轮流做主	报恩第一，其次平等自主	母：做主—子：抑己顺亲—子：央求做主—母：退让	增进了解
	遇强则强 遇弱则弱	求平等自主	母：打骂—子：不甘示弱—母：道歉—子：软化	父母是不可替代的

资料来源：林昭溶．“国中”学生亲子冲突因应历程［J］．本土心理学研究，1999（11）：61．

三、如何拥有健康的亲子关系

根据家庭系统理论的观点，家庭子系统中任何要素之间的互动出现不协调，都会影响家庭系统中的其他要素以及其他子系统的运作状况。当夫妻之间出现冲突不能很好地处理时，子女往往会卷入其中，来维持夫妻子系统的平衡，同时也防止冲突升级，从而形成了亲子的三角关系。因此，要拥有健康的亲子关系，首先要保持良好的夫妻关系。夫妻关系亲密，孩子能同时拥有父母的爱，夫妻之间彼此相爱，孩子的心理成长和性格发展都会有一个好的方向。如果父母之间不和睦，即便来自父亲或母亲的单方面的爱再浓烈，这种爱对于孩子来说也是亏缺的，在感情方面没有给孩子作出正向的示范，也容易影响孩子未来的婚姻观念。笔者朋友的姐姐和姐夫多年不合，姐夫有外遇，夫妻在一起多年，打着过，孩子就在这样的家庭环境中成长，孩子成年后考取了公务员，但是在感情方面坚持独身主义。可以说，这种家庭环境对孩子影响最大，夫妻多年不合，又不离婚，对子女未来的婚姻观念的影响完全是负面的。

电影《何以为家》讲述了一对父母因本国战乱逃亡他国，在没有办法给予孩子健康、教育和爱等基本的养育条件的情况下不停地生育。“为人父母，生而不养，何以为家?”因此，亲子关系，重要的是每个人都扮演好自己的社会角色，父母要具有全面的养育能力，能够满足孩子的生理需求、安全需求、情感依恋。父母应负责任地生育，单纯地将孩子作为父母争斗的砝码、作为捆绑婚姻的策略等，都无法拥有良好的亲子关系。

父母关系和睦，孩子的成长有父母双亲的陪伴，家庭功能才能良好运转。有的家庭父母没有离婚，但是有一方长期缺位，形成“假单亲”家庭。如果父亲长期缺位，男孩子会比较依恋母亲，性格上可能会带着更多女性化的影子，可能产生“恋母情结”；对于女孩子来说，父亲的缺位让她们渴望父爱，成年后可能会更趋向于找年长的男性当配偶寻找安全感，有些极端的，可能会因此痛恨男性，转向同性恋。如果母亲长期缺位，男孩子因为长期受爸爸的影响，可能会把女孩子的柔弱当“做作”，他们也不知道如何更好地跟异性相处，冷酷可能就是这类孩子的特征；而对女孩子来说，她们可能表现得更男孩子气，甚至把自己当男孩子。

功能良好的家庭，不仅能满足孩子的生存和安全的基本需要。更需要关注孩子的安全感的来源，对婴幼儿来说，父母亲的态度和行为应具有前后一贯性，这样，他们才有可预测的未来，也才会有安全感。在此基础上，满足孩子的情感需求，让孩子在家庭中有归属感，有自我价值感。在亲子关系上平等尊重，将孩子视为家庭平等的一员，让孩子在家庭事务中参与决策。这样，才有可能拥有一个健康的亲子关系。

四、案例分析

淑梅有三个孩子，老大男孩18岁，今年上大学，老二女孩14岁，上初中二年级，老三男孩8岁，上小学三年级。淑梅的丈夫是一家公司的员工。淑梅与丈夫虽然没有离婚，但是已分居两年多了。淑梅的丈夫在外面还有一个9岁的私生子，但是目前跟淑梅丈夫生活在一起的不是私生子的妈妈，而是另外一个女人。淑梅的丈夫除了工作之外，还以别人的名义开了一家公司，业务是留学和国外务工中介。

淑梅的老二是超生的，淑梅的丈夫想办法将孩子的户口挂在了别人家的户口上。老三的出生比较有"故事"，淑梅得知丈夫在外面有私生子，非常气愤和震惊。就希望用再生一个孩子的办法，挽回丈夫的心。淑梅在丈夫不知情的情况下怀孕了。怀孕的消息淑梅没有告诉丈夫，直到快生产时，淑梅的丈夫才知道。之所以告诉那么晚，是淑梅下决心一定要把这个孩子生下来。自从生了老三，淑梅自我感觉好了很多，而且在老三的成长过程中，她收获了很多快乐。

淑梅夫妇生活在长春，她的工作在另外一个城市，不上班每月也有工资2500元。淑梅偷偷地用弟弟的名字买了套小房子，现在已经出租。在2019年6月前，丈夫虽然不是很情愿供养淑梅和三个孩子，但是每个月多多少少会给一些钱。他们夫妻在长春没有共同房产，淑梅带着孩子们租房子住。夫妻俩有一套在农村的山庄，属于商业用地，手续不齐全。但是丈夫以该房子作为抵押，从银行贷款200多万元。丈夫在家乡又给自己的老父亲盖了别墅，该房产在其父亲名下。2019年6月以后，丈夫不再给予淑梅和三个孩子任何经济上的供给，包括房租也不提供。淑梅特别生气，觉得丈夫不出钱，那就把三个孩子都给他养吧。女儿和爸爸的关系比较好，6月份就去爸爸那边生活。目前，老大上了大学，老三上小学一年级，仍旧在她这里。

这个家庭亲子矛盾主要出现在妈妈与老大和老二、爸爸与老大的关系上。在2019年6月前，淑梅问丈夫要钱就很难了，但是女儿要钱却相对顺利。有一次，女儿从爸爸那要来的钱，淑梅用来给老三交了幼儿园的托园费。女儿很生气，对淑梅说："我爸给我的钱，你为啥给弟弟花呢?"淑梅认为，老三是在丈夫不情愿的情况下生的，老三的开销，问丈夫要钱很困难，而女儿要钱顺利，所以就用女儿要来的钱给老三花。除了家里的买菜钱外，每个孩子学校交的钱、买衣服的钱等个人开支，淑梅都让孩子们自己问爸爸要。目前，女儿去爸爸那边生活，但是学习成绩下降了。

妈妈跟大儿子的矛盾主要体现在高考填报志愿上。大儿子在初二时就处了女朋友，女孩也来自单亲家庭，两人交往了5年多。高考时，女孩考到了长春的一所高校。大儿子的分数，虽然长春的二本院校进不去，但是进三本还是可以的。然而大儿子坚决不听，三本的高考志愿一个都不报，一定要和女朋友进入一所院校读书，哪怕是专科也行。孩子自己说，高中时，没有和女朋友在一个学校，两个人都感觉分离很难过，所以大学一定要在一起。淑梅认为，即使读专科，孩子的分数在专科中算很高了，要选好专业好学校都能录取。孩子一定要和女朋友在一起，结果被女朋友学校专科的学前教育专业录取了。淑梅认为，哪有男孩学学前教育的，幼儿园大多招女老师，男孩未来不好找工作。但各种劝说都没有发挥作用。淑梅认为大儿子不考虑个人的未来和职业前途，被爱情冲昏了头。

在几年前，丈夫偶尔还是回家的。有一天，淑梅打电话叫丈夫回家，丈夫含含糊糊然后手机就关机了，淑梅内心崩溃了，认定丈夫和生了私生子的女人在一起。然后，她故意爬到楼顶上，想用自杀吓唬丈夫。她让老大报警，结果警察来了，大儿子还带着警察找到外面女人的住处，发现爸爸也没在那里。这件事后，丈夫就不回家了。

淑梅一直希望用孩子们对爸爸的期待和温情把丈夫叫回家。一次，淑梅让女儿对爸爸说想吃比萨，希望爸爸带他们去，但是爸爸的做法是，买了各种原料，拿到家门外放下离开，然后电话里告诉女儿，东西都买好了，你们自己做吧。女儿期待和爸爸一起吃比萨也没能实现。

还有一件事，对于亲子关系来说是个重要事件。淑梅曾经经营一个旅店，是丈夫通过关系拿到的经营权。这个旅店每个月能有 8000 ~ 10 000 元的收入，之前淑梅母子的生活就靠这家旅店的收入。后来，丈夫说别人希望把这个旅店改成按摩店，这样她不用工作，每个月还可以得到 8000 元租赁费，淑梅同意了。但仅支付了 2 个月，就没有了租赁费。经淑梅调查得知，按摩店根本不是别人租赁的，而是丈夫把店面的经营权给了生私生子的女人。淑梅特别生气，找人前去讨要，并且带着三个孩子，那边是外面的女人和丈夫找的人，双方还动了手。回家后，大儿子指责妈妈，“这种事情带着我们，人家女人都知道把自己的孩子藏起来，免受心灵和肉体伤害”。

有一次，淑梅与丈夫吵架并且动手打了起来，丈夫当着大儿子的面，狠狠地打了淑梅。大儿子受不了，骂了爸爸，爸爸非常气愤。这件事极大地影响了大儿子和父亲的关系，这起夫妻冲突事件又转化成了亲子冲突事件。事后，淑梅又极力让大儿子给爸爸认错，毕竟儿子骂爹，无论怎样都是不对的。2019 年 9 月，大儿子要上大学了，想换手机，问爸爸要 2500 元，爸爸不给。于是，大儿子以想要去爸爸开的公司看看，顺便和妹妹聊聊学习为借口，到爸爸公司要钱，这让爸爸当着公司人的面很不堪。之后，父子在电话里吵架了。过了几个小时，爸爸在微信里给儿子转了钱。

这个案例中的家庭是一个比较特殊的家庭，丈夫出轨、有私生子、重婚，妻子超生，这些问题在这个家庭里都出现了，通常这种情况下人们会选择离婚。但是妻子淑梅知晓家里的经济状况，要是离婚任何经济补偿都拿不到，有的只是共同债务，孩子多、负担重，再婚开始新生活几乎没有可能。因此，淑梅不愿意离婚，给丈夫和外面的女人让出位置。家庭需要关系良好的父母，并且他们自己要有相当的安全感，才能安心抚养孩子。

妻子不被丈夫认可，得不到爱，丈夫常常对淑梅说："你和我的关系，你仅仅是孩子们的妈。"丈夫用这样的话语将夫妻关系消弭。妻子从夫妻情感上无法获得满足，于是把情感与期待转向孩子们，特别渴望大儿子能出人头地，考个好大学，来证明自己作为全职太太的价值，并且希望孩子能认可她。

该案例中的亲子关系存在的主要问题包括：（1）母子关系缠结，父子关系疏离，家庭功能失调；（2）父亲对孩子们没有平等相待，偏爱女儿；（3）用孩子们与夫妻各自单独的沟通，代替夫妻之间的沟通；（4）第三个孩子的到来，不是源于夫妻之间的爱，反而成为夫妻争斗的策略。

伯恩的家庭系统理论认为，家庭情绪关系的基础是三角关系。齐美尔（Simmel）在其社会几何学中，研究了群体规模对互动方式的影响。他认为，在两人群体中，群体的性质完全取决于构成它的两个人的性质，个人高度保持着自己的个性。而三人群体则有可能产生独立于个人的结构，进而对个人加以制约。[①] 当家庭从夫妻二人发展成三人到五人家庭时，随着孩子们的出生，家庭这个群体内部的复杂性和功能以及内在的互动方式就会发生变化。

淑梅希望不稳定的夫妻关系通过多生孩子而变得稳定，她想尽办法生了第三个孩子，但丈夫依然不回家。从理论和经验常识而言，亲子关系能够稳定夫妻关系，因为"孩子不但给夫妇创造了一个共同的未来的展望，而且把这空洞的未来，具体地表示了出来"[②]。但是，一旦感情消弭，关系破裂，再多的孩子也无法挽回，或者有的人从来没想遵守婚姻的承诺，从来也没有把出轨看成不齿之事。淑梅的丈夫认为，"就像今天喝红酒，明天想换个口味喝白酒一样"，在这些观念的支配下，淑梅的丈夫从来没

① 侯钧生. 西方社会学理论教程［M］. 3版. 天津：南开大学出版社，2010：97.

② 费孝通. 乡土中国　生育制度［M］. 北京：北京大学出版社，1998：163.

有感觉到道德的压力，更不觉得自己已违法。

淑梅与丈夫的这种情感状态，使她特别依恋孩子，但是这种依恋和关心不同，她过度关注，因为这可以减轻自己作为母亲的焦虑。

疏离和缠结都是家庭功能紊乱的标志。这两种状态在这个家庭中都存在，通常情况下有纠缠就有疏离。妻子和孩子们的关系是缠结的，同时，形成了关系的三角化。淑梅为了减轻夫妻关系中的焦虑，将最脆弱的第三者——孩子拉入，作为跨代联盟中的一员。淑梅这样做，实际上会破坏子女学习自我分化的能力，易增加子女身心失调的风险。淑梅甚至带着孩子们去夺回旅店经营权，让孩子们独自去找父亲要钱、要食物、给爸爸打电话邀请爸爸回家，等等，孩子们被过度卷入了夫妻冲突中，有时孩子甚至扮演了成人的角色去照顾父母，其中家里的老大在某种程度上还扮演着母亲情绪上的配偶的角色。

还记得一个朋友家的案例，爸爸反对女儿的恋情，在各种谈话、打骂、介绍新的男朋友无效的情况下，派自己的小女儿跟踪姐姐，结果被姐姐发现，妹妹被冠以“小奸细”的骂名。这给夹在爸爸和姐姐中间的未成年的自尊心极强的妹妹莫大的羞辱和压力。该案例中，本来是父亲和姐姐间的矛盾，却把妹妹拉入，这也是三角缠的一种类型。几年后，妹妹罹患重病，该病对妹妹之后的人生造成很大影响。当然，我们不能说姐姐的恋情，父母的不恰当的管教方式，给家庭带来的阶段性的混乱，是妹妹罹患疾病的直接原因，但家庭氛围和家庭成长环境，姐妹之间的成长事件的消极影响，与家庭成员的心理和生理健康是有关联的。

在淑梅的家庭中，丈夫与孩子们的关系是疏离的，没有陪伴，少有互动，更多地体现在经济上的时断时续的供给。在这个案例中，孩子们背负了不应该由其承担的父母自身未能解决的冲突，也背负了母亲的想让婚姻存续下去的期待。淑梅的大儿子初二就开始恋爱，找了单亲家庭的女孩。来自单亲和准单亲的两个孩子，在各自家庭中的情感需求没有得到满足，只能抱团取暖。

另外，父母很有可能把孩子当作满足自己需要、补偿自己不足的最方便的途径。例如，在淑梅自己出于尊严不便请丈夫回家时，她常常以孩子们的名义、孩子们的各种需求，如吃比萨，让孩子们代为沟通。淑梅在养育孩子的过程中，从正面的角度说，她在极力培养孩子们对爸爸的爱，从负面的角度说，她在通过孩子拉近夫妻关系，将孩子们培养成她的战斗队的一员。例如，在老三两三岁时，爸爸回家时，淑梅就告诉孩子去给爸爸按摩脚。

针对这个家庭的亲子关系问题，可以从社会工作服务的角度采取措施。和睦的夫妻之间的关系是亲子关系良性互动的前提和环境基础。“夫妻关系与亲子关系存在显著关联，具体表现为：夫妻关系越好，亲子关系越亲密、和谐，平均效应量达到中等以上。夫妻关系越不好，父母对婚姻满意度越低，对子女的需求越不敏感，也倾向于拒绝和忽略他们（子女）的需求，从而降低亲子关系质量。”① 另外，从宏观的家庭系统理论来看，婚姻系统与亲子系统之间并非简单的直接作用关系，也并非仅通过抚养态度和行为这一路径而相互影响。② 也就是说，并非婚姻质量低就无法拥有良性的亲子关系。在这个案例中，夫妻之间的根本问题无法回应，处于“准离婚”状态。丈夫或妻子的社会角色没有了，但是父亲和母亲的社会角色仍然存在并且需要尽到该角色的义务。

建设良好的亲子关系，涉及三个方面：父母、子女和环境。从个案社会工作的方法入手，社会工作者可以邀请夫妻俩抛开多年的恩恩怨怨，坦诚地就孩子的养育问题，坐下来认真协商，将孩子的利益放在优先位置，重新安排各自的职责和义务。对淑梅来说，对孩子需要适当地“放手”，

---

① 吴旻，刘争光，梁丽婵．亲子关系对儿童青少年心理发展的影响［J］．北京师范大学学报（社会科学版），2016（5）：55－63．

② COX M J, PALEY B. Understanding families as systems [J]. Current Directions in Psychological Science, 2003, 12(5): 193－196.

给孩子一定的自主权，母子之间的边界要清晰，不能替孩子做决定。父母要给孩子信任、支持和安慰，让家庭能够成为孩子的避风港和加油站，孩子与父母应保持“你中有我，我中有你”的关系，这也是促进亲子关系的重要内容。母亲不能将孩子作为夫妻争斗的筹码，实现母亲个人的某些需求。孩子的问题需要夫妻沟通时，要两个人亲自沟通，不能让孩子作为沟通媒介。对淑梅来说，要提升自我分化能力，重点改变亲子关系缠结的状况。

对丈夫而言，需要重点改变亲子关系疏离的状况。在孩子的成长中，淑梅丈夫的角色更多地只是一个经济的供给者，并且这种供给也不是无条件的，常常无法保障。孩子成长过程中的重要事件，例如，家长会、运动会、生日、家庭聚会、节日，父亲基本都是缺席的，没有陪伴，更缺少日常的亲子互动，孩子成长中的各种感受和经历没有机会与爸爸分享。爸爸与孩子们的情感联结比较少，孩子们很难感受到来自爸爸的陪伴、爱和支持。人们常常认为母子关系比父子关系对孩子的成长更为重要，实际上，父子关系对儿童的行为有重大影响。“依恋领域的研究甚至发现，早期与父亲安全依恋的儿童从儿童期到青少年期都会表现出较低水平的问题行为和犯罪行为。”①

对孩子而言，他们常常认为在未成年之前，父母对自己都是义务，自己拥有各种权利。这是一个很偏颇的观点。在这个案例中，女儿曾经因为妈妈做了一个关于车祸的梦，早上没有开车送她上学，而非常不高兴。孩子们早就习惯了妈妈的照顾，认为抚养照顾是父母的义务。事实上，改善亲子关系，不仅是家长的事情，父母在良好的亲子关系建立中的确居于主导地位，但是子女也是亲子系统中的构成元素，子女要学会感恩、提高感受他人（包括父母）情绪的能力，提升理解、关怀和接纳

① 张晓，陈会昌，张桂芳，等．亲子关系与问题行为的动态相互作用模型：对儿童早期的追踪研究［J］．心理学报，2008（5）：571－582.

父母的能力。

影响亲子关系的三个最重要的因素就是交流、对规则的理解和遵守以及亲子间心理上的独立自主。社区可以定期举办家长教育讲座，在这个案例中，父母需要学习对婚姻的忠诚和承诺，对孩子的照顾和教育，学习婚姻亲子相关的法律规定，做一个守法的公民。如果夫妻习惯性出轨，情感不稳定，对婚姻不忠诚，如何给孩子树立一个学习的榜样？因此，学习的内容不仅包括亲子关系，更应包括婚姻观念、价值观念等内容，还应学习如何把婚姻中的矛盾化解在夫妻之间，而不向家庭的其他系统如亲子系统蔓延，不把婚姻关系中的不满带入亲子关系，这也是为夫妻系统和亲子系统立边界。

第三节　手足关系

手足关系，就是我们通常所说的兄弟姐妹的关系，是来自同一对父母或同一个父亲或同一个母亲的兄弟姐妹之间的关系。因此，手足关系包括亲手足关系和继手足关系。手足关系，学术界的研究较少，人们更多地探讨夫妻关系、亲子关系等。这主要是因为中国实行计划生育政策后，“80后”“90后”“00后”这一代人有兄弟姐妹的家庭相对较少，直到后来“双独家庭”“单独家庭”可以生育二孩，到普遍的二孩政策的实施，才又重新有了手足关系。可以设想，如果独生子女政策一直贯彻实施50年以上，从人类学研究的角度来看，很多亲属称谓将随之消失，包括姨妈、姨夫、舅舅、舅妈、叔叔、婶婶、大爷、大妈、姨奶、姨姥等。1950—1980年出生的人，大多有较多的兄弟姐妹。“在中国传统的家庭本位文化背景下，手足关系属于人际关系网络中最为紧密与核心的圈层。”[①]

① 费孝通. 乡土中国　生育制度［M］. 北京：北京大学出版社，1998：98.

一、手足关系的特点

手足关系具有复杂、多维、多变的特点。如果按照类型来划分，既有正向关系，可以表现为亲社会行为，也表现为准亲职关系行为；也有负向关系，可以表现为竞争冲突行为等。手足，从彼此陪伴的时间长度而言，伴随人从出生到死亡，甚至比夫妻关系、亲子关系更长。手足关系具有不可选择性，是原生家庭自然延展的情感关系，有着血缘和生理的基础。从情感而言，有的手足关系甚于亲子关系，尤其对于父母年长的情况，手足如同亲子。在生命历程的不同阶段，手足关系的情感联结程度和互动频率都不同，童年期的情感连带最为牢固；青少年时期会让位于同学、同伴关系；成年后各自结婚成家，手足关系的连接相对较少；进入中年，当父母需要赡养时，手足因赡养父母的问题又共同聚集起来，联结增多；进入老年，退去了养育的负累以及赡养父母的负担，手足之间的互动频率又会增加。可见，生命历程的不同阶段，手足关系的状态差异很大。生命周期的不同阶段，手足关系的互动特性也有所不同，在儿童期，手足间存在模仿、攻击、利社会行为、不平等、支配与照顾等互动行为；到了青少年时期，手足间的亲密、竞争与冲突并存；成年前期的手足互动可分为亲密与支持、疏离与冲突、义务与忠诚的关系。①

手足关系也常常表现为冲突关系，冲突的核心表现是竞争，具体表现为忌妒、争吵、怨恨甚至攻击行为。在家庭资源有限的情况下，有了手足关系，家庭资源从“独享”变为“分享”，具体表现为个人成长过程中涉及的资源、机会、关系。手足争夺父母的宠爱，通常排行中间的子女有较多的手足忌妒；手足人数多的家庭，增加了手足之间互动的频率和复杂性，手足之间的冲突和攻击行为高于手足数目少的家庭。另外，父母的婚

① 吴佩玲，李玉婵．二次丧失手足者悲伤反应对手足关系影响之研究［J］．应用心理研究，2015（62）：11．

姻质量和家庭氛围对手足关系也有影响，通常父母婚姻冲突多，手足之间的冲突也会增多。[①] 手足之间发生冲突在任何家庭中都是稀松平常的事情。

二、手足关系的社会保障功能

“手足共同经历早期经验，有共同的生物遗传，在潜移默化中学到相似的价值观，学习人际互动，并且在个体不同生命阶段中，提供互助与支持的来源，在个体的发展与适应中扮演着重要的角色。”[②] 手足亲情，对于个体来说发挥着补充保障的社会功能。家庭成员间的互帮互助，例如，金钱借贷、劳务扶持、信息提供、帮助就业以及父母年迈时的共同赡养，都体现了手足之情的功能。这种“骨肉手足”的心理认同使手足间更容易形成天然的信任，进而稳固地维持彼此的团结协作。[③] 中国有句谚语，“打虎亲兄弟，上阵父子兵”，这句话显示出手足之间、亲子之间共患难的真情。兄弟姐妹间家庭成员的婚丧嫁娶、节日假日、父母生日等都是手足聚合的重要互动时机。

手足之间的情感基础不仅来源于共同的遗传基因这一生理因素，还来自幼时一同的玩耍嬉戏、学习以及各种生活事件的共同经历和体验，兄弟姐妹是彼此的重要的情感支持。尤其当家庭结构发生变动，父母不在时，哥哥对妹妹、姐姐对弟弟不是父母，胜似父母，手足情感联结极为紧密。或者在父母无力照顾年幼子女时，年纪稍长的兄姐，更是担当起父母的角色照顾弟妹。

---

① 黄曼晖．手足冲突之探讨［J］．家庭教育，2011（32）：50－54．

② CICIRELLI V G. Sibling relationships across the life span[M]. New York:Plenum Press,1995:53－67.

③ 邓苗．宗族与地方社会的文化认同：基于民间宗谱的文本分析［J］．中央民族大学学报（哲学社会科学版），2015（3）：106－113．

三、案例分析

春小麦正在读高二，生了一场大病，连续十多天不能进食，腰直不起来，只能弯着腰走路，甚至月经也没有了。妈妈没有文化，比较迷信，觉得孩子被吓到了，被哪个小鬼缠上了。于是，跑到农村找人算命，扎小纸人，待孩子熟睡后，跑到空地上烧小纸人。在家乡的医院也采用了各种治疗方法，但各种科学或迷信的方法都不见效。爸爸工作忙无暇顾及，眼看着孩子日渐消瘦，17 岁的女孩子体重只剩 70 斤，脸色憔悴，不能上学。在省会城市工作的三姐回来，三姐比妹妹大 9 岁，要带妹妹去省会城市看病，但家里在经济上比较困难，爸爸表示不同意，并说家里这边各种方法都用了，到省里去看也看不好。但是姐姐坚持，带妹妹到省会城市，跑了两家大医院。第一家医院基本确诊后就开了药，但是吃了没多久，出现新的病情，又跑省里的另一家医院，做了各种检查，原来第一家医院误诊了。经过几番折腾，终于有了确切的诊断和治疗方法。回来后，妹妹坚持吃了一年的药物，慢慢地康复了，恢复了体重。

多年以后，母女聊起这件事，母亲说当时以为生病的女儿会“遭尽”（意思是死掉）呢。春小麦觉得姐姐救了自己，没有姐姐当年义无反顾地带她看病，估计她真的已经告别这个世界了。在看病的过程中，姐姐还带着她吃美食，游览城市。姐姐在小时候也一直带着她背诵唐诗宋词，教她写毛笔字。那时，姐姐在省城已经养成良好的卫生习惯，回家看到妹妹的头发、脖子、膝盖脏兮兮的，就打一盆热水，让妹妹躺在炕沿上（北方的火炕的边缘，防止把炕席弄湿），给她洗澡，等等。春小麦觉得这个姐姐最亲。觉得父亲在自己生病的事情上有些不作为，在内心里对父亲有隐隐的责怪和怨恨。

后来姐妹之间也发生了冲突。在妹妹上大学后，有一次姐姐回来，带着一身非常漂亮的衣服。妹妹不怎么会买衣服，也没有钱，于是问姐姐要那身衣服，家里的其他人也都向着妹妹，希望说服姐姐，但是无效。妹妹很伤心地哭了，离开家去了学校。

几年后，姐妹相继结婚，两人结婚后，各自家里的生活条件不同，妹妹家条件相对较好。有一次，妹妹的丈夫对妹妹说，“你三姐忌妒你，你还看不出来呢”。

又过了几年，妹妹的婚姻出现了严重的冲突，濒于离婚。在离婚问题上，妹妹特别犹豫，最后的电话打给家里她最信任的三姐，三姐给的回复是，“离，不怕，到时他会后悔的，还能来找你”。离婚几年后，妹妹后悔当初为何要听姐姐的呢，自己明明不愿意，为什么不能顺着自己的内心拒绝离婚呢。她当时觉得姐姐经验丰富，生活阅历广，对事物有一定的预见性，对人性的认识比较深刻，又觉得是亲姐，也不能害自己，都是为自己好。

虽然姐妹俩经历了这些事情，但仍然是互助信任、互相支持，有情感依赖。

家庭连带理论是研究手足关系的一个较为完整的架构。家庭连带理论主张：由于家庭成员是依据规范表现出不同的角色、行为，非因成员互动而形成分工结构，因而家庭连带是多面向的建构，表现为六个不同的元素，即关联连带（互动频率）、情感连带（正向情感）、一致连带（价值态度一致）、功能连带（交换协助）、规范连带（对规范责任知觉强度）及结构连带，这六个元素虽各有其独特性，但仍彼此关联。[①] 如果将理论的解释范围缩小，仅用来解释家庭中的手足关系，那么就有了手足连带理论，该理论是家庭连带理论的延伸和扩展。

从上面的案例中我们可以看到，手足之情也很复杂，有温情也有矛盾冲突、竞争和忌妒。在这个案例中，姐妹间虽有小冲突，但没有降低互助

① 林如萍，黄秋华．中年阶段的手足关系：规范、情感与支持［J］．学术研究，2014（3）：31－39.

意愿。我们看到当父母无力顾及子女之时，姐姐不但在情感上给妹妹支持，在家庭的危机事件处理上，头脑清晰，在外显连带上，充分发挥家庭生活中的功能连带作用，即为家人提供相互支持协助，甚至挽救妹妹的生命。之所以能够发挥外显连带功能，主要还是源于手足之情，也就是说潜在连带具有促使代间外显连带的力量。这个案例也验证了西方的研究，即女性与手足的情感较紧密，尤其是姊妹关系相较于其他手足关系更亲近。同时，同性别的手足关系也比异性手足关系联系更为紧密与亲密，相对保持友好的关系，表现为正向的利他行为特点。如果手足之间年龄差距较大，他们之间则体现出较多的照顾和支持行为，更容易呈现准亲职关系的特点。在一定程度上，该案手足中姐姐扮演了父母的角色。

第四节　姻亲关系

姻亲关系是基于婚姻关系而产生的非血缘亲属关系，具体分为自己直系、旁系血亲的配偶，如儿媳、姐夫等；配偶的血亲，如岳父、小姑子；配偶的血亲的配偶，如妯娌、连襟等。其中，最核心的姻亲关系当属夫妻双方与伴侣父母间的关系，即丈夫与岳父母，妻子与公婆间的关系。① 姻亲关系因着婚姻关系的成立而存在，同时也随着夫妻离婚或夫妻中一方死亡、再婚而消失。

一、姻亲关系的特点

姻亲关系常常被作为人类学、社会学、民俗学研究的对象。姻亲关系虽然是家庭关系中的重要关系，但往往被忽视。姻亲领域中所产生的矛

① 袁晓娇，方晓义，邓林园，等. 姻亲关系与姻亲冲突下伴侣支持与婚姻质量的关系［J］. 心理与行为研究，2015，13（2）：179－184.

盾，主要体现在婆媳关系、准岳母与准女婿的关系上。姻亲关系是婚姻关系的附属品，是不能被选择的，随着选定配偶，个体的姻亲关系就被决定了。婆媳关系，因为没有血缘基础，在婚姻关系缔结之前，没有养育过程中的日常相伴，两者几乎是陌生的，同为女性，共同关心或者“抢夺”一个人，家庭这个私领域又是婆婆和媳妇的主要领地，因此，关系中的矛盾成为常态，人们常用“天敌”两字来形容矛盾的持久性和根源性。儿媳作为女性，在性别秩序中处于不平等的地位，同时在传统的婚姻文化中，儿媳要从属于夫家，这就要求媳妇对公婆无条件地孝顺，这是由传统的婚姻中的角色决定的。这一角色的义务，虽然既有伦理上的基础，又有文化上的基础，但是在情感认同和心理忠诚上却因缺少养育过程和共同生活，全凭“爱屋及乌”的延展性和各种理性的规则，所以比较难以践行。同时，随着女性进入劳动力市场，具有独立的经济地位，对于男性的依附性降低，传统的调整婆媳关系的家庭伦理越来越失去其根基。传统文化虽然具有连续性，但是在当下也具有差异性，年轻的女性的经济地位的确立，使得她也可以成为家庭供养者，这便使家庭权利有了讨论的空间，不再仅由男性或者长者掌握，当下婆媳关系的矛盾便更加突出。日常生活中的婆媳关系，有的刀光剑影，有的形同陌路，有的如邻里、如同事，相处比较好的如朋友、似亲人或是亲人，可以“情同母女”或“情同姐妹”。准岳母与准女婿的矛盾主要体现在婚前岳母对未来女婿的经济实力的审查，看其能否买房买车，以此作为嫁女儿的条件，从而给准女婿莫大的经济压力。

二、姻亲冲突及其和谐化策略

姻亲关系中的冲突更多的发生在中国文化中。在西方，在个体主义文化影响下，父母对子女成年后的生活扶助没有法定义务，因此，父母与子女的边界是很清晰的，父母不干预子女的婚姻，同时，姻亲关系体系内的互动和矛盾冲突也很少见。中国文化中，特别看重血缘关系和亲属体系，中国在该领域的冲突还是很典型的。“关系”有两个维度，先赋性维度和交往性维度。先赋性维度，是指由亲缘、血缘身份制度所组成的关系基础，用以衡量和判断个体之间的血缘身份地位和距离，也是一种名分上的关系，如父子、夫妻等；交往性维度，是指个体之间在互动中建立情感、信任，用以衡量和判断以交往为基础的人际吸引之性质与程度。① 姻亲关系，属于典型的交往性关系，关系融洽与否取决于关系体系中诸成员的互动状况，后天情感交往中的情绪感受的变化，其衡量标准要看是否能够产生“真有之情”。

姻亲关系上的冲突，更多地来自彼此对不同角色的期待和定位，与经济利益、价值观排序相关，也与人们对于婚姻的期待差异相关。如果对自己的原生家庭文化保持情感上的忠诚，容易在婚姻中产生怨恨和紧张，会直接或间接地影响配偶关系。以婆媳关系为例，这种交往性关系的冲突，主要体现为家庭权利的争夺与纠缠，代间生活形态的差异，家务管理意见不一致，对下一代教养方式不同，将“媳妇”当外人，阻断媳妇与原生家庭的联系，过度介入子媳生活，等等。在新时代下成长起来的媳妇，强调独立自主，关注个体在婚姻中的感受，而不是“应该如此”，但婆婆仍然固守着传统的孝道以及嫁娶的观念。同时，独生子女的婚姻由于其独立性不足，原生家庭的过度介入，使得家庭边界不清晰，于是婆媳关系更为复杂，容易引发矛盾。总之，婆婆和媳妇彼此都需要发展出同理心，才能构建正向的积极的婆媳关系，从而减少家庭冲突。

通常，我们可以把关系的冲突分为“外显冲突”和“内隐冲突”，前者是指双方都觉知到的冲突，并经历了一连串的互动过程；后者是指未爆

① 黄丽莉，许诗淇．虚虚实实之间：婆媳关系的和谐化历程和转化机制［J］．本土心理学研究，2006（25）：3－45．

发的冲突，它可能只是单方知觉而另一方未觉知到的冲突。[①] 内隐的冲突是一种“虚性和谐”，表面上一团和气，但是彼此防卫、逃避、被动、拒斥、隔离等，实质是一种消极性和谐关系。真正的婆媳关系的和谐是“实性和谐”，即内外一致的，内在心灵、关系和行为一致的、和合为一的状态，是关系上的支持、信任和接纳的积极的和谐关系。

对于多数家庭来说，达到和合为一的“实性和谐”并非易事，那么，如何实现从“虚性和谐”向“实性和谐”的转化呢？通常，婆媳冲突的化解策略有四种：逃避、顺从、防卫、技巧说服。其中，前三种策略基本上属于权宜之计，最后一种策略需要关系体系中的成员彼此面对面真诚沟通，加强理解，实现共情。

三、案例分析

上海的一个中产阶级家庭，全家都属于新上海人，家乡在北方。妈妈在某局机关工作，爸爸是知名律师，儿子大学毕业工作了，和女朋友到了谈婚论嫁的时候，女孩是上海人。在婚嫁问题上，产生了一系列的矛盾：男方没和女方家商量，就在自己家附近的小区贷款买了婚房。女孩家很不高兴，原因有两点：一是希望婚房离娘家近些或者在上海比较好的地段；二是房产证上加上女孩的名字。男孩家的回应是：房子已经买好，不能动，房产证加名字可以，但要等到结婚领证以后。女孩之所以不愿意离准公婆家近：一是，男孩家是北方人，好客，家里常常客人多，对他们小夫妻的生活有影响；二是，从上海的婚姻文化上，通常结婚生了孩子，由娘家妈妈带的多，因此居住地应靠近娘家。男方家同意婚后房产证上加名字，女孩家不同意，认为如果未来婚姻有风险，是婚前还是婚后加的名字在分配上有很大差异，而且，房子是贷款买的，婚后

① 黄丽莉，许诗淇. 虚虚实实之间：婆媳关系的和谐化历程和转化机制［J］. 本土心理学研究，2006（25）：3－45.

还要用共同收入还贷，女孩家认为不合理。就这样关于房产上的矛盾，两家没谈妥，两个人就分手了。

两个孩子分手之后的两年中，女孩男孩都不知道流过多少泪。无论家里给介绍什么对象，哪怕是富二代，女孩都不看，就这样过了两年。两个人虽然不在同一所大学，但是感情是在大一的第一个星期就开始的，感情基础浓厚，因而私下里两个孩子仍然有来往，慢慢地又开始在一起了。于是，新一轮的谈婚论嫁开始了，后来双方协商，房子的余款由男方家全部付清，婚后也不用女方还贷款，不写女孩名字，结婚男方给女方家彩礼20万元，金银首饰钱10万元。就这样，结婚的问题解决了。结婚后，婆婆对儿媳妇说，“这回房子你要加名字就加吧”。儿媳妇回应，“不加了，怕你家想法太多”。

婚后一年，有了宝宝。在孙女的照顾和喂养问题上，两家又有了矛盾。儿媳妇希望喂奶粉，公婆希望喂母乳，两家有了争执。婆婆没到退休年龄，也没有政策可以提前退休，无法照看。无奈，外婆提前退休在女儿家里照看外孙女，婆婆出钱，雇用一个钟点工上午9点到下午6点给亲家做帮手。最初一切都比较顺畅，公婆每天下班后到儿子家看孙女。时间长了，外婆心里不平衡，婆家只出钱不出力，只管欣赏逗孩子玩。后来，两家对照看孩子的地点又有了矛盾，婆婆家希望，孩子的外公外婆住在儿子家，外婆不同意，认为没有了自己的生活，被捆绑住了，希望在自己家看外孙女。两家商量周一到周五的白天，孩子送来外婆负责，但是每天晚上小夫妻俩带着孩子回婆婆家吃饭，周六周日也都由婆婆家负责照顾。这样对外婆来说，心理上相对平衡，不只是自己家出力，婆婆也没闲着。但这就涉及每天孩子的接送问题，儿媳妇说自己每天开车接送。对此公公很生气，认为孩子那么小，才几个月就被绑在婴儿车里，开车接送孩子也不安全。

谈到婆媳矛盾，有一件事比较有代表性。婆婆过生日，在上海的婆婆的姐妹们都来庆祝。此时，儿子出差了，出差前告诉了媳妇。生日当天，婆婆特别期待，儿媳妇能带着孩子，拿个蛋糕到家里庆祝，也给亲戚们看看孩子。婆婆无论怎么盼，儿媳妇也没有来，期待落空。

还有一件事，可以提一提，一次小夫妻的婆婆岳母都在，儿子喝矿泉水，岳母来了一句，“一个月就挣那么点钱，还喝矿泉水呢！”婆婆接话，“我儿子从小就喝矿泉水。”

后来，男孩从国有企业出来了，去了外资企业，工资提高了。小夫妻的房子卖给了女孩的娘家，这样，女孩娘家的居住质量提高了，三家住得比较近，照顾孙女方便了。两家又各自出资200万元，加上小夫妻的卖房款和贷款，买了一套价值千万元的越层的大房子。婆婆觉得，给儿子住大房子值得，儿子喜欢社交，可以经常邀请朋友到家里做客吃饭，自己虽然也好客，但是年纪慢慢大了，也不适合在家里招待众多朋友了。在收拾房子的过程中，男孩对自己妈妈说，我给你留出一间，没事你和我爸就来住。儿媳在旁边，不接话，表示沉默。婆婆心里不舒服，自己出了那么多钱，奋斗一辈子也没住上那么好的房子，觉得儿媳不懂得感恩和孝顺，哪怕在嘴上说句欢迎，婆婆心里也能舒服些呀！

在这个案例中，存在以下问题：（1）双方家庭对各自经济利益的过度保护；（2）原生家庭与婚姻家庭的边界不清晰，父母对子代的家庭生活干预过多；（3）小夫妻的独立性和做决定的权利不足，养成了依赖的习惯；（4）对孙女的宠爱有些过度；（5）婆婆对儿媳的角色期待需要调整。

在独生子女的婚姻家庭中，各自的原生家庭过度介入是常态。在上海的高房价的压力下，如果没有父母的支持，刚刚工作的年轻人购房是不可想象的。的确，在房产的署名问题上，因为房产昂贵，又存在一定的婚姻风险，每个人都希望保全自己家庭的财产，这很正常。房产署名的冲突，不知道拆散了多少甜蜜伴侣。女性为何将房产证加上自己的名字，并且希望婚前加名字看得那么重要，在服务中我们得知，女孩觉得“自己在家庭中的付出较多，而且女性生育会影响到职场中的上升通道，未来真的有风险，如果女性没什么保障，只能灰溜溜离开婆家，什么都带不走，这也不够公平”。的确，《民法典》关于婚姻财产方面的规定，都是按照“谁买房谁享权”的原则来处理的，这种规定，保护了原生家庭的利益，保护了有产者阶层的利益。中国传统观念认为结婚通常是男方买房子，这也意味着保护了男方的利益。至于女性在婚姻中的付出，以及因为生育而影响到的职场上升和收入问题，如果婚姻出现风险，也仅有一定程度的补偿。这种规定实际上将婚姻这一复杂的情感、经济、生育、文化等社会行为，用单纯的经济维度来度量，没有很好地保护作为弱者的女性的利益。正因为如此，女孩觉得法律上无法维护我的经济利益，那么我就得要求婚前在房产证上加名字，这种想法也可以理解。对于男方和他的家庭而言，男方的父母用毕生的积蓄买的房子，如果答应婚前加上女方的名字，万一婚姻出现风险，就要分走一半，那也不合理，也不符合家庭正义。

在这起案例中，双方家庭都特别关注自己的经济利益，不希望自己受损，这都符合常理。因此，在第一轮谈婚论嫁中，两人以分手告终。这样的矛盾如何协调，在上海有很多家庭遇到同样的问题，这起案例不是特例。自从法律关于保护出资方财产的规定出台后，女性的财产独立意识就提高了，觉得男人的房子跟自己没关系，要自己奋斗买房才安全。要么就双方共同出资，共同署名。这间接推动了女性的经济独立，从这种意义上看，推动了性别平等。但是，从另一个角度来解读，女性的经济处境更加严峻，女性未来的婚姻生活更没有保障，女性在夫家的家务劳动的付出、生儿育女的使命以及投入的情感在婚姻出现风险时，仅仅是给予一定的经济补偿。由此，我们是否可以认为，法律和高房价在某种程度上撕裂和考验着人们的感情，制造了人们之间的矛盾。

两家在经济风险上的自我保护产生的矛盾，已经随着情感上的考验沉淀，并随着孙女的出生，共同生活的诚意，以及两个家庭的妥协，圆满地解决了。实际上，最终男方家庭作出了让步，共同出资购置新房，将婚前财产变成了婚后财产。

问题二和问题三，在这起案例中，小夫妻各自的原生家庭对他们的婚姻家庭干涉过度，家庭边界是模糊的、弥散的，甚至说是一体的，两人各自与自己的原生家庭捆绑在一起，人们都习惯用自己家庭的标准要求对方。原生家庭严重地卷入小家庭的生活细节。人与他人要有边界，家庭成员之间要有边界，原生家庭和婚姻家庭要有边界。前面在分析亲子关系时，谈到成熟的母爱是学会处理分离的议题，分析的也是母亲与孩子的边界问题。母亲与婴儿的关系是一体的，因为婴儿没有自理能力，需要母亲的保护，但是孩子成年之后，仍然如此，对孩子的成长非常不利。当然，从理论上讲，人际界限是有性别差异的，男性的人际界限一般比女性清楚，人际距离较远。明确关系边界，是维护和谐家庭的一把钥匙。在这起案例中，无论从买房的署名，地点距离谁家近，是不是在上海的繁华街区，孩子如何喂养、怎么照顾、如何接送、由谁照顾、谁家出钱和谁家出力等都产生了矛盾。这些问题按道理应该由小夫妻自己做决定，可是，在该案例中，双方父母都有不同的意见，过度参与、过度保护，把孩子的事情当成自己的事情。这些都是家庭边界不清，都属于“越界”，严苛地说算一种“控制”，其心理根源是权力欲。同时，小夫妻的独立性不够，在买房和养孩子上都依赖双方父母。当然，这和双方父母有关系，父母的大包大揽、尽职尽责、出钱出力培养了小夫妻的依赖。实际上，父母在法律上没有这些义务，当然，当接受父母的经济和劳务上的供给时，也就意味着独立性消失了。孩子怎么喂养，第一责任人是孩子的父母，不是祖父母或外祖父母。

婆婆对儿子家的包揽和尽责，有一种道义上的优越感和保护欲，强化了婆婆对儿媳妇的期待的合理性。期待儿媳妇能够像自己对待她那样，儿媳妇生日，婆婆发红包，这是婆婆所喜欢的方式。在儿子不在家的情况下，儿媳妇不愿意单独面对公婆，喜欢保持自己小家庭的独立性，这是儿媳妇所喜欢的方式。婆婆觉得就算是礼尚往来，儿媳妇都没有做好。在这里，对于婆婆而言需要调整对儿媳妇的期待，明确健康的个人边界是对自己的情绪和行为负责，并且不对他人的情绪和行为负责，同时，用别人喜欢的方式去爱他，而不是自己喜欢的方式。儿媳妇怎么做，那是儿媳妇的事情，不需要指导，这样就不会对儿媳妇的行为感到失落和受伤。可见，在该家庭的婆媳关系中，既存在结婚之前的婆媳之间的博弈，表现在房子等诸多问题上的外显冲突，也存在结婚之后彼此不说，但是都对对方保持不满的内隐冲突。

有些矛盾，随着孙女的出生化解了，例如，在经济风险上的自我保护问题化解了，两个家庭建立了充分的信任，婚姻基础更加牢固了。但是有些矛盾，是围绕孙女产生的。三个家庭对一个孩子，孩子是否吃母乳，需要讨论；孩子如何接送，产生争执；孩子送医，全家总动员。实际上，都是对孩子的爱。大家无论有什么不同观念，每个人都爱孩子。但是，从总体上看，有些宠爱过度。

以上分析了该家庭在姻亲关系上存在的五个问题。从社会工作的服务策略上，可以重点从以下几个方面入手：

（1）帮助家庭认识到建立适当的灵活的家庭边界的重要性。边界清晰不意味边界僵硬，不意味有了独立性就失去了亲密感。三个家庭间建立清晰的、适当的、灵活的边界，同时要继续保持大家族间的交往互动、互帮互助、支持和滋养，维护好亲密关系。

（2）帮助家庭成员每个人较好地明确自己的身份和角色，并按照相应的结构进行互动，在某些情况下能及时作出调整。婆婆和儿媳妇关系既不像夫妻关系在情感上那么亲密，也不像亲子关系因为有血缘为基础那么稳定，因此，双方需要适当地调整彼此的期待，进一步认清每种家庭角色的权利和义务。

（3）三个家庭之间建立起顺畅的沟通机制。真诚地沟通，避免指导性的沟通。实际上，每个人的内心需求他人不一定能掌握，因此，有需求时表达，而不是等待，也不是等不到后就失望。

（4）两个原生家庭要赋权小家庭，小夫妻作为两个原生家庭的联结点，父母应把各种决策的权力归还小夫妻，开创独立自主和自助的家庭环境，鼓励小夫妻自己经营和管理家庭生活。

（5）在社区工作层面上，以专题讲座、座谈会活动、团体工作坊等形式，强化婚前教育和婚前的咨询辅导工作，学习并适应各种新的社会角色，知晓并践行自己新的社会角色的权利和义务。

（6）从社会工作立法而言，可以考虑借鉴我国台湾地区的经验，制定“家庭教育法”，在法律和政策的维度上，推行婚前教育，强制要求适婚男女婚前接受4～8学时家庭教育课程以及辅导咨询，将上述在社区层面上开展的活动转为结婚登记的必要条件，以培养正确的婚姻观念，促进家庭美满。

当然，措施（5）和（6）在内容含义上是一致的，只是工作方法不同，选择其中一种即可。目前，我们的婚姻准备常常局限在物质层面上，准备房子、车子、婚礼，见过双方家长和亲属，但是在婚姻关系的精神内涵层面，以及知识层面上的准备却缺少学习的意识。因此，在进入婚姻之前，有关婚姻关系知识的准备比物质的准备更加重要。学习的内容可以进一步扩大到两性之间性别角色的差异、择偶、认识婚姻、家务分工、冲突解决、原生家庭的影响、婆媳关系，等等。这样做是在强调一种预备学习状态和教育的预防意义。

第五章

代际问题与社会工作介入

CHAPTER 5

代际问题在本质上是现代性问题，其遍及全球。从政治社会学的视角看代际问题，涉及代际正义问题。约翰·罗尔斯（John Bordley Rawls）在《正义论》中第44节和第45节探讨了该问题。[①] 代际关系可以体现在诸多方面，如外在的环境、经济、人口政策、资源等方面，还体现在内在的道德，以及家庭领域等方面。世代之间所发生的断裂或者联结的层面是立体的、多方位的，家庭仅是分析代际关系的一个相对微观的领域。

约尔格·特雷梅尔（Joerg Tremmel）曾重点分析"世代"一词，他认为该词包含三个方面的内涵：家庭世代、社会世代和时序世代。在特雷梅尔看来，"世代"一词首先是同家庭相关的。[②] "'代'又不只是一个年龄的问题，不只具有自然的属性，也具有社会的属性；是指一定社会中，由一定的年龄层的人构成的具有一定社会特质的人群"[③]。何谓代际关系？顾名思义，代际关系就是世代与世代之间的关系。本章的内容涉及代际关系，代际关系的基础是亲子关系，本书在第四章谈及了未成年子女与父母的关系，本章主要阐述成年子女与父母的关系以及跨代关系问题，成年子女与父母之间的赡养关系也不在本章的谈论范围之内。

第一节　代际问题的表现及成因

随着社会变迁的加剧，不同的世代所共享的物质和精神层面的东西在逐渐减少。不同的世代，在网络技术的支持下，所使用的交流工具、情感表达、价值追求甚至对家庭和婚姻的价值理念都有很大差异。例如，在交流工具上，老人用手机和固定电话，很少的一部分人用微信，"60后"

---

① 约翰·罗尔斯．正义论［M］．何怀宏，何包钢，廖申白，译．北京：中国社会科学出版社，2009：285－298．

② 高景柱．论正义与代际关系［J］．云南大学学报（社会科学版），2018，17（6）：104－112．

③ 张永杰，程远忠．第四代人［M］．北京：东方出版社，1988：88．

“70后”用QQ、微信，“80后”“90后”用微信、微博，“00后”使用在线直播。在交友上，老年人主张亲友介绍，知根知底，年轻人主张自由恋爱，在工作学习中交友，还有的年轻人主张网络交友。在语言使用上，代间差异正逐渐加大，老人在社交软件上更多用语音，“70后”用文字，“80后”“90后”文字简练，更多用表情。在网络公共参与中，“60后”“70后”关注更多的是公共议题，而“80后”“90后”关注更多的则是个体生活。① 当然，这种代间差异也会集中体现在家庭领域中。

一、“后喻文化”时代的来临

20世纪70年代，美国著名人类学家玛格丽特·米德（Margaret Mead）在其《文化与承诺：一项有关代沟问题的研究》一书中从文化传递的角度，将人类社会从古到今的文化传承分为三种基本形式：前喻文化、同喻文化和后喻文化。前喻文化指青年一代主要向比自己年长的一辈人学习；同喻文化又称并喻文化，指年长一辈和青年一代的学习都发生在同辈人之间；后喻文化也称青年文化，指青年一代将知识文化传递给比他们年长的一辈。“70后”属于在“前喻文化”下成长的一代，“80后”被称为当代中国最“苦”的一代，互联网自身所具有的开放、去中心等特点和“80后”中流行的同喻文化存在潜在的亲和性，“90后”则面对的是一个相对固化的社会结构，在互联网参与上他们更加关注娱乐和消费，在涉及公共事务的问题上，“90后”既没有“70后”的沉重，也没有“80后”的失意和彷徨，他们对中国的未来充满希望。② 前喻文化时代，象征性价值体系是同一的，代与代之间不存在认同危机问题，长辈拥有绝对的权威，向晚辈传授经验、知识和技能，社会变迁比较缓慢，代际冲突

① 方师师，李博璠，李秀玫．中生代与新生代网络关注的代际差异［J］．新闻记者，2014（12）：16－23．

② 赵联飞．70后、80后、90后网络公共参与的代际差异：对微信和微博中公共参与的一项探索［J］．福建论坛（人文社会科学版），2019（4）：151－160．

是隐含的，并不突出。并喻文化时代，象征性价值体系受到破坏，是存在怀疑的时代，长辈所拥有的知识和经验体系，不足以指导后辈的生活和工作，子辈在同代人中寻求榜样和示范，尽管权威仍在长辈手中，但是两代人共享的价值体系已经不存在，出现了“代沟”。

当下，在各种新技术广泛应用的背景下，老辈已经被时代边缘化，在技术、经验的传授上，早已失去传递者的身份。在家庭领域，长辈的传统权威逐渐褪去，掌握知识、技术和信息的年青一代，在代际关系中越来越占据主导位置，“后喻文化”时代正在向我们走来。米德认为后喻文化将成为当代世界独特的文化传递方式。

二、代际权利的非平等性和非对称性

代际矛盾可以说体现在家庭生活的饮食、消费、时间观念、服装、兴趣爱好、语言风格等诸多方面。在代际关系中，有两个“不可逆性”：一是时间的不可逆转性，二是人类的许多行动之后果的不可逆转性。在代际冲突中，年轻人的胜利和老年人的后退在 20 世纪 90 年代后期达到了高峰①，老年人的经验和权威对于当下生活的指导性已经退位，年轻人的知识、信息技术以及观念将主导社会生活，父辈与子辈代际权利地位正在发生转变。

（一）家庭内部代际交换不平衡加剧

代际关系中的积极性体现在代际互助行为中，有来自子代的“代际反哺”和来自亲代的“恩向下流”。“反哺”体现为子女为父母提供金钱、情感和照顾、信息技术等层面的支持；“恩向下流”体现为父母帮助儿女购买住房，以及帮助子女养育孩子。在这种互助行为中，代际关系寻找到家庭内部总体上的平衡性。当下，这种代际互助关系契约的实现条件被破

① YAN YUNXIANG. Private life under socialism: Love, intimacy, and family change in a Chinese village, 1949 – 1999[M]. Stanford: Stanford University Press, 2003.

坏，家庭的资源更多控制在子代手中，家庭资源也更多地向子代倾斜，出现子女剥削父母的代际关系。在城市的部分家庭中，父母不但为成年儿女买房子、带孩子、做家务，还提供情感和各种社会关系网络的支持，却很少获得来自子女的经济、情感和服务上的支持。随着老龄社会的到来，家庭的“四二一”结构的形成，使得情感和照顾层面的“反哺”越来越难以实现，未来将有更多的老人只能寻求社会或机构养老，来自子女的代际支持将越来越难以实现。

当下，代际层次减少，代际关系简化。传统的四世同堂的家庭生活模式已很少见，最多也是阶段性的三世同堂，祖辈帮助子女阶段性地照顾孙子女，待小家庭能够自立，祖辈回归自己的家庭。年轻人的利益被优先考虑，老年人的利益常常被忽视。从家庭正义的角度看，代际分配机制没有充分考虑到老年人的利益，老年人的家庭地位正逐渐丧失，并在社会中进一步边缘化。

（二）数字代际冲突

“代沟”一词是人类学家米德于20世纪60年代末在《文化与承诺：一项有关代沟问题的研究》一书中提出的。代沟主要存在于老年人与年轻人两代人之间。米德将两代人之间的冲突形象地表达为“整个世界处于一个前所未有的局面之中，年轻人和年老人隔着一条深沟在互相望着”。当人类进入数字时代，这条深沟更加难以逾越或者填充。

我国于1994年正式接入国际互联网，学者们将“90后”称为“数字原住民”或“电子土著”，将中年人称为“数字移民”，老年人称为“数字难民”。1990年以后出生的人，他们从小生活在移动互联时代，在手机、电脑、网游等的包围下长大，他们的数字化生活方式重新构建和规范着与父辈的互动方式和关系类型，这与以往的非数字化时代所形成的代际关系完全不同。因为亲代与子代在利用互联网获取线上信息的能力不同，从而引发了具体的对抗过程及其后果。这种数字技术对代际关系的影响，不仅涉及文化反哺，还涉及思维方式和情感互动的差异。数字技术的发展催生了身处屏幕世界的“滑一代”、上网看世界的“搜一代”、离不开社交媒体的“微一代”、爱玩网游的“游一代”和喜欢分享的“秀一代”。从代际互动上看，“数字原住民”和“数字难民”在家庭中基本上是跨代的关系，相对冲突较少。“数字移民”与“数字原住民”，“数字移民”与“数字难民”之间的代际问题相对突出。

当然，网络也成为年青一代代际矛盾倾诉的主要阵地。截至2019年6月，我国网民规模为8.54亿人，比2018年年底增长2598万人，互联网普及率达61.2%，比2018年年底提升1.6个百分点。① 50岁以上的网民占13.6%，40～49岁的网民占17.3%，10～39岁的网民占65.1%。可见，39岁以下的年青一代成为网民的主力军。社交软件用户规模结构上的失衡，必然会造成传统世代网络话语权的丧失。在缺少两代人之间线上平等对话空间的情况下，数字化代际冲突的结果似乎是E世代对传统世代的压倒性胜利。2017年农历新年前夕，由彩虹合唱团演唱的《春节自救指南》，网红papi酱的《papi酱致某些讨人厌的亲戚》《过年回答亲戚问题的技巧》《防过年亲戚唠叨实用手册》短视频，以及社交软件聊天中的“忍亲戚”“中老年表情包”等，都从不同的侧面展现了不同世代群体在价值观念、个人自我边界、生活方式上的差异，同时也表达了年青世代对传统观念的抗争过程。当年青世代掌握着网络话语权，更擅长在网络论坛、社交软件上吐槽或者带着“找乐子”的心态、娱乐的性质来调侃代际冲突和压迫时，传统世代的“数字移民”和“数字难民”基本会处于漠视、无视或者无力还击的状态。

（三）下行式家庭主义的呈现

“下行式家庭主义”一词源于阎云翔、杨雯琦对中国北方农村代际关

① 中华人民共和国国家互联网信息办公室. 第44次《中国互联网发展状况统计报告》[R/OL]. (2019-08-30) [2020-07-28]. http://www.cac.gov.cn/2019-08/30/c_1124938750.htm.

系的观察和描述。[①] 离婚率提升、婚姻关系的脆弱性使得人们所信奉的"夫妻轴心"随时存在解体的风险，家庭资源向下流，并且从家庭的代际结构、对孙子女的养育中寻求生活的意义，但家庭结构从"亲子轴心"转向"夫妻轴心"并不完全准确。目前，老年家庭中，"夫妻轴心"占主导地位，夫妻之间彼此依赖、支持和照顾，"亲子轴心"在年轻人的家庭中依然显示着重要地位，年轻人依然依靠父母的各种资助。核心家庭并不孤立化，相反，成年子女与父母之间的联系更加紧密了，出现了"家庭代际关系联系密切""回归主干家庭""啃老"等现象。对于父母而言，资源的向下倾斜无论主动还是被动，都包含着家族利益的传递和血脉的延续。很多家庭从祖孙三代的代际传递和血脉传承中寻求生活的最大幸福感、价值和意义。

年轻人重新改写了对尊敬亲长的理解，即"孝而不顺"，此处还有另一种理解方式，年轻人自己的生活过得幸福，就是对父母的尊敬和孝顺。可见，幸福的载体已经从祖辈转移到晚辈，同时，年青世代希望两代人生活边界更加清晰。"孝"也表达晚辈对长辈的尊重和爱，回馈父母的养育恩情，"不顺"表明晚辈掌握了生活的自主权。可见，下行式家庭主义有其存在的新的文化基础和实践表征。

（四）长辈的利他主义和利己主义

代际问题最典型的特点是长辈的利他主义。父母对子女是坚定的利他主义者。按照社会系统理论分析，家庭作为一个有机的系统，其利益最大化不仅是家庭成员个人利益最大化的简单相加，也不仅是当下家庭作为一个整体的财富或收入的最大化，而是家庭成员互动配合形成的当下家庭整体利益和家庭未来发展的预期利益之和的最大化，包括维持家庭血脉延续。因此，家庭利益的分配会充分考虑家庭成员发展的需要，包括未成年

---

① 阎云翔，杨雯琦．社会自我主义：中国式亲密关系——中国北方农村的代际亲密关系与下行式家庭主义［J］．探索与争鸣，2017（7）：4－15.

人能力与个性的培养。从这个意义上说，利他主义也是利己主义。[①] 这就是我们前面分析的“恩向下流”和“下行式家庭主义”的核心动力，长辈关注的是整个家庭的整体利益，而不是个体或者哪一个世代，所以目前父母在孙辈子女成长中投入精力、财力，甚至愿意放弃个人的退休生活的各种计划和人生理想。可见，在家庭的发展中，我们会看到两种相反的趋势并存这一很有趣的现象：一方面是家庭的个体化倾向，另一方面是家族的整体主义的倾向在国人心目中仍然具有很高的价值。这两种倾向在当下的家庭发展的方向中都非常清晰。

三、代际冲突的成因

从本质而言，代际冲突是由现代性所引发的社会问题。学者们将家庭代际冲突归结为交流和互动的模式，生活习惯和生活方式的选择，孩子抚养的行为和观念，工作方式和目标，政治、宗教和思想意识，家的规范或维持等六个方面。王跃生将家庭代际关系分为三种类型：和谐的、冷漠的、对立的。[②] 前文分析了代际互助的行为逻辑，那么代际冲突、冷漠的、对立的代际关系又是如何出现的呢？

韦伯（Weber）认为，传统的家庭关系是“封闭性关系”或“共同体关系”的典型范例，情感的、情绪的或传统的行动取向是其形成的基础。18 世纪以后，这一传统社会秩序的合法性和神圣性发生了逆转。以科层管理为代表的法理型统治和以市场经济为代表的理性经济行动在社会生活中占据了主导地位之后，基于理性基础的“开放的关系”或“结合体关系”就取代了传统的“共同体关系”。[③] 进入现代社会之后，家庭当然也是被理性化的领域，但是，我们也不能否认家庭需要共同体性质的关系和

① 夏永梅. 论个人发展权在家庭中如何实现：以新发展理念为指引［J］. 学术交流，2016（12）：85 –90.

② 王跃生. 中国家庭代际关系的维系、变动和趋向［J］. 江淮论坛，2011（2）：122 –129.

③ 马克斯·韦伯. 社会学的基本概念：经济行动与社会团体［M］. 顾中华，康乐，简惠美，译. 桂林：广西师范大学出版社，2010：89.

表现，离不开血缘关系和感情纽带。

“我们的社会既推崇代与代之间的相互支持，又推崇代与代之间的相互独立。随着社会变得越来越个体化和去家庭化，两种价值力量之间的对比也在发生变化。老一代人比年青一代更期待子女能对自己尽孝。当成年的孩子不能赡养父母时，对尽孝的期待就会衍生出各种矛盾的情绪或心理。”① 由此，我们看到家庭代际关系发展中的两个相反的方向在撕扯，既要支持又要独立，既要个体化又要整体主义，既要利他又要利己，既要理性又要感情和血缘关系的掺杂。

代际冲突是急剧变迁的社会在家庭领域中的体现。在社会急剧变迁的背景下，两代人或三代人因为成长的社会背景、经历、社会地位、价值观念、心理认同、生理、不同年龄的心理特征、道德观念、行为、利益等都存在差异性，导致代际的断裂性或者说不连续性，使得代际冲突的出现成为家庭生活的基本样态。

代际亲密关系，指的是一种反映在情感依赖关系上的深度沟通、口头表达和肢体表达的跨代际的互相认知、理解和情感共享。亲密本身也会带来代际冲突。亲密超过了一定的边界，就是过度，给人感觉就是一种控制。下面来看一个案例。

我已经是40多岁的人了，每年寒暑假回老家看老爸，也会和老家同学聚聚叙旧，但每次出去和同学聚会，老爸总是有各种说辞：就在家待着呗，见面有什么用呀，同学看你是一块肉，都想占你点便宜呀，同学交往要自重呀，等等，甚至家里人告诉我，我每次出去老爸都会趴在窗口看，看我跟谁出去了。这事让我觉得特别不舒服，这种亲情给我很大压力，感觉出去就像犯错误似的，在外面聚会呢，也不安心。

正如费孝通先生在《生育制度》中论述的，中国社会由于新旧两种

---

① PILLEMER K, SUITOR J J, MOCK S E, SABIR M, PARDO T B, SECHRIST J. Capturfing the complexity of intergenerational relations: Exploring ambivalence within later-life families[J]. Social Issues, 2007(63): 790.

文化的交锋引发了亲子两代人之间的隔膜和冲突，“子女可以时常觉得父母的过分干涉，没有道理，甚至感到压迫，父母是代表着吃人的礼教。在父母看来，子女不能体恤他们，倔强，不肯顺服，进而觉得是悖逆，不孝，大逆不道的孽障”①。在该案例中，父母仍然想用自己“家长”的身份和权威的形象管理和控制已经成年的儿女，并且运用老年人的价值观念在处理成年子女的交往范围，这实际上是父辈用反对子女社交，希望儿女有更多的时间陪伴自己，为自己服务，把中年人的生活节奏和生活内容过成老年人的生活，这是在角色上不能共情的表现。这些代际冲突通常指态度上而非行为上的冲突，对冲突的实际协商和互动过程以及背后的家庭和社会背景关注很少，使其无法理解和解释一些矛盾、复杂的家庭代际关系现象。

第二节　代际亲密关系的构建

孔德认为，代际更替是历史进步的动力，社会的进步以人类社会的不断更新为前提。齐美尔认为，这种非一蹴而就的代际更替方式是一种具有重大意义的社会现象。② 可见，代际更替和代际冲突具有一定的正向意义，代与代之间的冲突和矛盾说明社会变化速度快，是社会进步的一种表现。代际冲突小，说明社会变化比较缓慢，缺乏移动性和隐私，思维具有相似性，生活轨迹具有高度可预测性，家庭成员、社群成员之间熟悉彼此的思想和行为。代际冲突并不意味着分离和不可解决，不会永远呈现一系列的冲突，相反，一些冲突的解决最终有利于提高代际关系的整体水平。③ 这种

① 费孝通．生育制度［M］．北京：商务印书馆，1999：208.

② 周晓虹．冲突与认同：全球化背景下的代际关系［J］．社会，2008（2）：20－38，220－221.

③ PARROTT T M，BENGTSON V L. The effects of earlier intergenerational affection，normative expectations，and family conflict on contemporary exchanges of help and support［J］. Research on Aging，1999，21（1）：73－105.

早期的社会亲密关系主要是通过相同年龄、性别和社会地位小群体的社会化而实现的，这种关系极少跨越家庭中的代际界限。[①] 那么，不同世代、不同年龄和性别的人，在原有的家庭中的代际界限的亲密关系被打破后，如何消弭代际冲突呢？

中西方因存在文化差异，所以代际关系截然不同。西方的代际关系是“断裂”的，而中国的代际关系是“连续的”“相互的”。西方文化崇尚个人价值和个人的发展，在家庭教育中，把培养一个具有独立人格的人摆在了至高无上的位置，因此，在某种程度上淡化了父子的上下代的关系，而塑造了人格平等的，如同友谊的父辈与子辈的关系。中国在儒家文化的影响下，家国一体，注重长幼尊卑等级次第，两代人的关系是非平等的，家庭更希望培养一个孝顺的、听话的、能够光耀门楣的人，并且子女与家族的关系是终身的、不可分离和不可断裂的。从这点上看，父代是给子代在成长中提供了资源和支持，但是，在潜意识层面上，支持并非不图回报，“恩向下流”的同时，也存在法定的赡养和作为父母的“门面”光宗耀祖的义务。正如前文所言，是一种代际互换关系。而西方的代际关系相对比较简单，父母培养子女至成年以后，子女不受上一代的牵绊，不需要回馈父辈。

一、代际亲密关系的构建方法

代际亲密关系的构建建立在代际团结的基础上。家庭代际团结是指子女成年并且有了自己的职业和家庭之后，父母和成年子女代与代之间的凝聚力，代际团结是最基本和最重要的代际关系。代际关系以血缘的纽带、常年的共同生活以及浓厚的情感为基础，代际团结使得家庭问题的解决具有很大的弹性和可协商性。例如，父母并不会因为孩子抚养观念的不同而不去帮助自己的成年子女抚育孙子女，不同的生活习惯和生活方式选择并

① YAN YUNXIANG. Private life under socialism: Love, intimacy, and family change in a Chinese village, 1949 - 1999[M]. Stanford: Stanford University Press, 2003.

不必然导致两种规范之间的不可调和。

第一，代际沟通的重要性。当孩子年幼，甚至是尚未开口说话时，父母总是不厌其烦地与孩子做各种情感沟通和肢体沟通，沟通的方式有有声的、无声的，语言的、非语言的，沟通的媒介有书面的、口头的、形体的和类语言的。当孩子进入青春期，代际沟通的媒介更多集中在口头上，而且子女主动进行的沟通相对减少了。待子女成年，父母进入中老年阶段，沟通方式更加单一，沟通的内容和目的更多的是传递信息。父母进入老年，父辈羞于表达自己的需求，子代也懒得分享自己的生活见闻与感悟。加强代际沟通，首先需要子代主动关心父辈的生活起居、情绪变化、需求，与父辈分享各种时政新闻、娱乐八卦、职场状况，分享生活中的感受、困惑、喜悦等点点滴滴，和父辈一起规划家庭的未来，主动要求父辈参与家庭生活。总之，子女不能仅将父辈看成赡养的对象、家里的老人，认为提供父母的经济保障、生活保障、照顾服务就可以了，事实上，满足父辈的精神层面的情感需求更加重要，父辈是家庭的重要成员，代与代之间应加强对话、包容式沟通交流、分享和参与，以澄清彼此的想法和观点，消除两代人之间的误解和对抗。进而建立具有积极情感的代际关系，化解代际冲突，构建代际亲密关系。

第二，爱与行动。中国人在情感表达上含蓄内敛，不过现在在夫妻之间、父母和年幼的孩子之间渐渐懂得如何表达爱意，但是成年人和父母之间的爱的语言表达，在我们的日常生活中是欠缺的。因此，对于子代或父代，尝试学习在语言上表达爱、赞美和认同，这是构建代际亲密关系的必要功课。子女要学会从行动层面表达对父母的爱。例如，在父母的生日、结婚纪念日等重要的纪念日送上礼物，教会父母使用微信等，给父母张罗一桌可口的饭菜，带着父母去旅游，听听父母的唠叨，询问父母过去的生活经历和感受，给父母“说”的机会，做一个好的倾听者，陪伴父母等。

第三，父辈的主动学习和融合。父辈要接纳对方正确、合理的部分，放弃自己的偏见，有愿意主动学习的态度。老年群体可以尝试学习使用常用的应用软件，如社交软件、网上购物软件，尝试运用网络查阅各种信息，不断提高对互联网信息的甄别能力，提高预防盗号、网络诈骗、隐私泄露等风险的能力。对于社会工作而言，可以将网络文化融入老年人的生活场域和精神世界，提高老年人对网络文化的认识和了解。可以通过老年大学、文明家庭创建、老年活动中心等平台推动网络文化传播，帮助老年人多接触新兴事物。动员老年群体更多地从事公益服务和社区建设，以互助共享的方式促进两代人的相互认同。通过一系列活动，帮助父辈调整思维方式，使他们能够换位思考，转化角色，多体谅儿女，从主观上愿意与子女融合。青年人可以从老年人那里学到经验，而老年人可以从青年人那里学到新观念，两者可以取长补短，更加融合。

第四，移情。希腊语中移情的原意是“神入”，即“感人之所感”，并同时能“知人之所感”，是既能分享他人情感，对他人的处境感同身受，又能客观理解、分析他人情感的能力。在情感的自我觉知基础上发展起来的能力，是最基本的人际关系能力。无论是处理代际关系，还是一般的人际关系，都要识别他人情绪，如果是情感“聋哑盲”人，对人们言谈举止中表现出来的情感节律波动、说话语调的抑扬顿挫、手势姿态的变换、意味深长的沉默、另有他意的啰唆等，全都视而不见，听而不闻，那么，在人际互动上一定会付出代价。缺少情感调节能力的人，不能拥有和谐的人际关系和家庭关系。具有移情能力的人能通过细微的社会信号，敏锐地感受到他人的需求与欲望。可以说，移情是处理所有家庭问题甚至是社会问题的基本的情感基础。① 代与代之间的矛盾和问题，仍然需要彼此都具备移情的能力，子代能够理解父代的苦处和经验的有限性，以及传统的家庭权威的习惯给父代的行为方式和教育方式遗留的做法，父代也能够将心比心了解子代的需求、想法和能力的优先性。做到彼此理解，对彼此的局限有新的认识，有了移情，代际问题就具备了解决的情感基础。

---

① 丹尼尔·戈夫曼. 情感智商［M］. 耿文秀，查波，译. 上海：上海科学技术出版社，1997：106－118.

第五，对于两代人彼此不认同的观念和行动，愿意在不影响代际关系的情况下，彼此在观念和行为上有所调整。通常采取如下方案：（1）“折中”，即双方在各做一些让步的基础上，兼顾双方的利益；（2）“并存”，即如果自己行为不损害对方利益，双方意见不同但没涉及原则性问题，可以各持己见，互不干涉；（3）“搁置”，即对于原则性问题，双方看法不一，可以暂时将问题搁置，等日后有机会再解决；（4）“疏导”，即针对问题寻求突破口，以对方认可的方式解决所出现的问题，进行疏导教育。遇到冲突性问题，两代人都愿意采取上述四种处理方案，不采取“针尖对麦芒”的绝对主义的态度，老年人放弃个人在经验上的权威地位，年轻人放弃在技术和生活方式上的主导地位，这样，可以让代际关系具有可调整性、弹性和开放性。

社会工作作为化解代际冲突的重要方法和力量，微观和宏观的社会工作方法都可以采用。前文主要从个案工作方法分析可以采用的策略。从团体工作而言，可以将子代、父代分别聚集起来，组成同辈支持团体，在团体中组员可以分享代际互动中的感受，并交流处理代际问题的经验，同时团体给予精神上的慰藉与支持的力量。在社区工作中，可以在线上和线下都建立起便于代际互动的社区自组织，鼓励长者参加丰富多彩的社区活动和兴趣小组。

二、案例分析

在家庭生活中，代际冲突的存在可以说是一种常态。笔者和老爸的冲突比较激烈的，有这样几件事：

第一件事，在我妈过 80 岁大寿时，请了 10 桌亲戚朋友，在这个过程中拍了很多照片。老爸说，不管花多少钱，只要照片上有的，就按照人头洗照片，并要求给每个人送去或者邮寄过去。为这事，我和老爸发生了激烈的争执，还吵了起来。我说没必要这样做，就算洗照片也都是自己家留作纪念，亲戚朋友现在没有人在乎一张纸质的照片，需要的话，传电子版就可以，没必要按人头洗，还得分发下去。老爸坚决不同意，认为不这样做，就是为人不够礼貌，就是老妈的做寿活动不够周全，对亲戚们不敬。因为之前老爸参加别人家的活动所拍的照片没有人给他，他感觉很受伤，不被尊敬，认为别人家做事不讲究。说咱家一定不要如此。我说你实在要洗，你自己坐在电脑前筛选照片吧。老爸用笨拙的动作操作着不听话的鼠标，尝试了几下，就放弃了，还是要求我来做。在极度不情愿中我还是做了，但是这事彼此都很生气，当时吵得脸红脖子粗的。后来我想想，不应该和他争执，分明是很小的事情，他那么大年纪了，对于自己的愿望和想法，他自己没有能力实现了，我不用那么认真地执行，这事也就过去了，何必跟他吵呢。

第二件事，在我爸80岁前，我每次离开家，我爸都执意要送我，并且一定要帮我把行李箱从6楼拿下来，送我到车站。我不希望老爸帮我拿行李，毕竟他年事已高，也不希望他送。我们俩一个执意要送，一个不愿让送，每一次都特别尴尬。后来他终于不送我了，我又很羞愧，觉得没有给老爸表达爱的机会。接受父母给予的服务，也是爱父母的一种表现吧，拒绝相送和服务，对父母来说可能是疏远和隔阂，是跟儿女的关系不够亲密的表现吧。

父辈与成年子女之间的代际冲突来自信息运用上的“不对等”和观念上的“不理解”，上述案例涉及对纸质照片和电子版照片的接受度、对亲戚交往的规则、对个人空间的自由度等方面的差异，涉及对爱和孝顺的理解，以及控制与影响的议题，上述议题两代人的认知差异很大，这就是代沟。另外，父亲这个角色尽管在信息技术上落伍，但是在家庭内部仍有着一种强烈的权威倾向，使其享受着不仅在法律上而且在文化上所拥有的一种决定权，掌握着家庭中大大小小的事务的决策权。子女从技术和亲戚互动的规则的角度，认为分发照片没有必要。而父亲认为必须冲洗分发照片才是做得周全。两代人各自守着自己的权威，父辈抓着传统伦理给予的家长角色的权威，子代抓着现代生活规则的技术的权威，代与代之间出现了深深的沟壑，并且难以填平，使得代际矛盾和冲突难以避免。对于子代来说，一方面经历着代际冲突，另一方面经历着激烈的内心冲突，虽然在各种事物上与父辈存在巨大的认知差异，但是对父母的爱，又让发生冲突的子辈内心感觉羞愧，这也是这代人的情感层面的危机所在。也正如电影《囧妈》中展示的关系一样，彼此深爱着，但又彼此厌烦着。作家王朔在《致女儿书》里写道：

我不记得爱过自己的父母。小的时候是怕他们，大一点开始烦他们，再后来是针尖对麦芒，见面就吵；再后来是瞧不上他们，躲着他们，一方面觉得对他们有责任，应该对他们好一点，但就是做不出来，装都装不出来；再后来一想起他们就心里难过。

这段话写出来大多数“70后”与父辈之间的“心里有情但嘴上无话”的代际冲突的状况。

代际冲突的化解，有时候需要时间以及子女在生活中的历练和感受。等子女成年以后经历类似的问题，子代的感受和处理方式，能够帮助他们更深地理解父代，当理解产生时意味代与代之间有共情。当然，这种共情体验不是即时性的，而是经历了多年以后才理解和体会到的。

有相当长的一段时间，我和我哥都特别不理解我爸为什么不允许我在家里饭桌上讲我们夫妻关系不好，面临离婚的窘境。记得那时，我的婚姻生活很糟糕，回到父母家就想和家人倾诉，探讨下解决问题的办法。那是吃饭时我在饭桌上对家人说的，当时我爸反应很强烈，别说别说，就是不让说，然后带有情绪地离开了饭桌。当时和过后的几年我都特别不理解我爸的行为反应，他为啥不关心自己的女儿呢，我把自己的婚姻状况说出来，大家出谋划策不好吗，他为什么就不让说呢。几年以后，我遇到了侄子欠巨额外债的事情，我的感觉和当年我爸的反应是一样的，不想听，不想知道，因为知道了很难过，因为是亲人，袖手旁观又做不到，但是自己又无能为力，帮不上。因此，几年后我终于理解了当年老爸的那种过激反应。

代际冲突的化解，源于两代人的改变，改变的契机有时仅是因为一个人的离开。一个家庭成员的去世，会给人更多的心理感悟和成长，成为加深彼此理解的机会。当彼此理解了、读懂了，危机也就容易化解了。

我发现我爸在我妈去世后发生了很多变化，他的角色从一个家长变成了一个老人。去年过年时，我爸还能承担家庭的采买任务，在我妈的指示下，每天买回各种年货，今年我爸对于过年买什么，基本不过问了，只是分两次给了 2000 元钱。过年期间每餐吃什么，也不再有指示了。家里做什么，他就吃什么。去年过年期间，还指挥今天吃肥肠，明天吃鱿鱼的。另外，我在和老爸谈工作上的困惑时，老爸的反应和我妈在时完全不一样。以前总是以家长的身份说教和批评，讲你在工作中要进取，不努力就不行。我妈去世后，老爸的态度变得更容易理解我了，说工作也别太累，实在不行，放弃也没关系。当我意识到老爸的这些变化时，感慨老爸的角色变了，从一个充满斗志的家长变成了一个孤独的老人。然后，觉得老爸有点可怜，心疼他，当你有这些情感的时候，还能跟他争吵什么呀，什么事情尽量让他满意吧！

可见，代际问题在每个家庭中都存在，是一种常态的家庭现象和问题，社会变迁速度越快，代际差异越显著，代际问题就会越突出。只要家庭中有爱和民主，愿意彼此理解和包容，能够换位思考和共情，代际有学习和分享的态度，没有什么冲突是不能化解的。同时，在某个时刻不能够理解的家庭事务，随着时间的流逝、体悟的加深以及生活阅历的增加，代际亲密关系的构建就能够成为事实。

第六章

融入类问题与社会工作介入

CHAPTER 6

本章所探讨的融入类问题与后文的适应类问题有一定的交叉，但两者不是同一问题，融入的前提是适应，两者有一定的内在联系。不过，有些家庭模式，例如，单身、分居、丧偶、离婚、退休等情况的适应就属于典型的适应类问题，是独立存在的，与融入没有关系。因此，本书将融入类问题与适应类问题分开阐述。

关于社会融入的探讨，学术界主要集中在不同群体的融入，例如，孤独症儿童融入社会、随迁父母融入城市生活、流动儿童融入城市、农村转移家庭融入城市。这些融入问题处理的都是个体或群体与外部世界的关系问题，多数从社会结构入手探讨社会融入的障碍性因素，属于宏观融入。本章主要阐述的是家庭内部系统的融入问题，个体如何融入家庭，是微观融入。因此，本章探讨的不是家庭与社会的关系，而是个体与家庭的关系，具体而言，是个体从原生家庭或单身状态中出来，进入另一个家庭或婚姻状态的过程中，与新家庭成员和新状态在一定的碰撞或接触之后，如何在认知、情感或态度、行为方式等方面进行适应、调和、和洽。其主要包括初婚家庭的融入和再婚家庭中夫妻的融合、与继子女间关系的融合。

第一节　初婚家庭的融入

初婚家庭的融入，涉及青年男女从原生家庭独立出来后，对新家庭的适应问题。当两个来自完全不同家庭的男性和女性进入婚姻后，首要的任务是对他们的婚姻保持忠诚，要学习如何经营夫妻之间的亲密关系，同时，与原先各自的家庭分离，并尝试着与父母、兄弟姐妹、姻亲发展出不同的关系。并且，原生家庭要支持这种断裂和关系的调整。婚姻会带来角色期待和新的人际关系等多方面的冲击，包括生活方式、家事处理、社交休闲、姻亲关系、性生活、经济分配、冲突适应等层面都需要调整。前文提到的李美娟的案例，就是典型的家庭融入不顺畅的问题。

一、影响初婚家庭融入的相关因素

融入问题，是谁融入谁的生活，还是彼此融合，与多种因素相关。融入从本质而言是权利分配问题，与夫妻双方在家庭中的权利地位相关，而家庭权利与个体所拥有和可以调动的整体上的资源、性格、能力，甚至性别平等观念，以及在情感关系中的主动和被动都有关系。

首先，融入问题与居住地相关。如果小家庭采用别居制，既不住夫家也不住娘家，那么在融入问题上倾向于互相调整适应，对各自的原生家庭用一个标准，不存在双重标准，这样融入的过程就会比较顺利。家庭融入与是本地人还是外地人相关，外来媳妇嫁给当地人，丈夫在当地有庞大的亲属体系，来自丈夫的资源对家庭的贡献大，此时，毫无疑义，妻子要融入丈夫的家庭。如果是上门女婿，男性居住在妻子的娘家，更多的是丈夫要融入妻子的娘家。

其次，融入与“嫁娶”观念相关。女性“嫁给”男性，男性“娶”妻入门，女性自然被称为男性家庭成员的一分子，男人的家就是女人的家。女人的娘家当然不是男人的家。因此，在“嫁娶”文化下，男性对待自己的父母和岳父母常持双重标准。在“嫁娶”文化作用下，需要女性融入男性家庭。

最后，融入与“性别平等”观念相关。如果夫妻二人是平等的独立的个体，丈夫没有“大男子主义”的观念，妻子也没有“悍妇”的作为，夫妻二人平等相待，资源拥有情况势均力敌，家庭权利平等分配，那么在家庭融入上就相对容易些。

目前，仍处于男权文化的社会，因此绝大多数的情况是女性从父家出来进入夫家，“嫁鸡随鸡”，在生活习惯、行为方式、价值观念、沟通技巧等多个方面要融入夫家，女性能否与夫家原有的生活方式协调、适应，是一个值得关注的问题。如果融入的过程不顺畅，会影响到生活质量和婚姻的稳定。有一部分女性会认为，婚姻是男女各自脱离原生家庭，组建一个新的家庭，不涉及按照谁家的标准来安排未来的生活，我们自己的小家庭有自己的标准。事实上，能够在家庭中完全践行平权的，并不是多数。如果小夫妻生活在外地，没有双方父母对生活的介入，通常小家庭建立自己的规则比较容易。然而，一旦有了孩子，其中一方的父母跟小家庭生活在一起，一定会涉及家庭规则和权利层面的矛盾和冲突，就会涉及谁融入谁的家庭的问题。从微观的层面而言，夫妻的心理、生理和社会特质以及家庭成长环境，子女出生时间、子女数目、结婚年数，另外个人的籍贯、性别、年龄、教育程度、收入、宗教信仰等方面都会影响初婚家庭的融入。一般而言，父母的婚姻美满、本身童年生活快乐，加之婚前有较长时间的交往，得到双方父母的认可，婚后夫妻之间融合就越顺畅。

与再婚相比，初婚家庭的融入没有复杂的家庭关系，不涉及前任与继子女的关系，没有前一段婚姻的比较，在家庭财产的处理上，会少一些防范和芥蒂，感情基础相对牢固，融入也相对容易。当然，从融入的维度上，也涉及经济、文化、心理和身份四个维度，在下文中会展开论述，此处不扩展。

那么，如何在融入的过程中不讨好、不迎合、不迷失自我，“不委屈”地融入对方家庭呢？社会工作在该领域的服务可以做哪些工作呢？下面结合一个具体案例来探讨。

二、案例分析

这个案例大约发生在 1999 年，一对初婚的小夫妻在家庭融入中遇到了问题。

方萍与伟成是大学里同年级同专业但不在一个班的同学，当年，他们所在的专业招了 78 名同学，分成了两个班级，方萍在一班，伟成在二班，但是上课都是在一起的。他们在大三的时候开始谈恋爱，两个人的家境悬殊，方萍的父亲是公务员，母亲没有工作，家里住三室一厅的大房子。伟成家在农村，妈妈很早去世，爸爸有一只眼睛失明，家里有一点地，每年靠烤烟能赚一点钱。家里住的是土坯房，又小又破又暗，家徒四壁。伟成连一件像样的衣服都没有，毛衣毛裤都是线头接着线头，并且只有一件。据说大三两个人谈恋爱的时候，伟成回家拜访中学老师，老师听说他谈恋爱了，把自己的大衣借给伟成，叮嘱伟成穿得体面点。伟成到方萍家看到柜子里的毛衣是一摞一摞的，房子宽敞又明亮。可见，两个人的家境差异有多大。伟成第一次带着方萍回农村破旧的房子时，方萍并没有嫌弃，感动得伟成姐姐都流下激动的泪水，这么受苦受难的高中的时候都吃不饱的弟弟，还有女大学生愿意嫁给他，姐姐百感交集。据说，当年为了供伟成读书，妹妹很小就辍学出去打工了，家里姐妹四人，伟成是唯一的男孩，全家的希望也都寄托在他身上。

伟成因为家庭成长中遇到的困难比较多，从中学到大学也一直得到老师们的青睐，比同龄人成熟。在大学里表现也很优秀，最开始在学院的社团卫生部当部长，后来成了学生会主席。伟成考虑问题比较周全，情商高，比较愿意体察他人的感受。在与方萍的恋爱中，基本上都是伟成谦让比较多，哄着方萍。大四毕业前夕，方萍备考研究生，伟成在学校陪考，学生宿舍没有做饭条件，伟成用小酒精炉为方萍炖酸菜鸡肉，后来方萍才知道，在伟成眼中这就是最好吃、最有营养的食物。

毕业时，两个人非常顺利地分配到了一个城市，方萍在大学当老师，伟成在重点中学当老师。伟成的收入是方萍的三倍，学校也分了房子，毕业当年两人就领了结婚证。到了春节，回伟成的老家过年，两人有了矛盾。矛盾的焦点就在“吃”上，伟成家没什么吃的，过年也只有2~3个菜，一个西红柿炒鸡蛋、一个炒土豆丝、一个酸菜炖鸡肉，再也没有其他的了。方萍实在理解不了，过年就吃这个，菜样这么少，就是家里穷，土豆总有的呀，土豆有很多种做法，除炒土豆丝外，还有油炸土豆条等，为什么初一到初五天天吃这些呢？另外，北方的农村家里，过年没什么事情，就串门，伟成的家里过年亲戚来了不少，边唠嗑边吸烟，满屋子的烟味，因为天气太冷，不能开门通风，都“辣”眼睛。过到初三，方萍就反抗了，要回娘家，可是，大年初三农村不通班车，除非花高价钱找私家的摩托车，给送到城里，再搭车回娘家。方萍气呼呼地在前面走，伟成一边解释一边小心地跟在后面，后来总算哄回来了，坚持到了初五。好在这次矛盾，方萍仅是对老公表达不满，没有在家庭的公开场合流露，矛盾没有产生外溢和延时现象。

春节是家庭矛盾的高发期，问题围绕“回谁家过年”“给每家的礼金多少”“家务劳动的付出”“对家人的态度”，等等，在“吃什么”的问题上，有矛盾的并不多。但是，这个家庭，各自成长的经历、家庭环境差异较大，所以产生了矛盾。方萍对伟成的原生家庭的春节饮食是不了解和没有心理准备的，对于高中时饭都吃不饱的伟成来说，这都是美味。方萍没有很好地理解经年累月的贫穷，以及贫穷的文化给生活方式上所带来的习惯，如何深深地刻在了那个家庭的灶台上，刻在掌握家庭灶台的姐姐的生活方式里。即便在经济上脱贫了，给生活创造丰富文化，贫穷的家庭是没有能力做到的。方萍没有很好地理解当初恋爱时伟成对他讲的“家徒四壁”四个字在日常生活中的表现，对伟成原生家庭的生活方式、生活习惯没法很好地融入。具体表现为不理解、不认同、不接受，用回娘家表示反抗。

这件事虽然没有影响夫妻二人的感情，但是，从社会工作的视角看，透过这些事，在家庭融入问题上夫妻二人都有功课要做：在观念层面上，如何认识和接纳、理解和包容个体成长环境的独特性和差异性，是每个人在婚姻中都需要修炼的功课。如果这个问题在观念上不能真正地认识，日后，男方的父亲进入小家庭一起生活时，生活方式上的矛盾更不易处理。

在实践层面上，可采用参与式融合的方式。不能作为一个旁观者、审视者，甚至客人，每个人都是家庭建设的主体，尤其作为儿媳妇的身份进入婆家，要积极地参与对方家庭的建设活动，当然包括一日三餐的饮食安排，要通过个体的情感投入和劳动提升婆家的生活质量。在身份上，认识到自己的义务，而不是以一个审视者的姿态高高在上，对家庭的各个方面评头论足。

在情感层面上，融入的基础是爱和爱的延展性。融入的核心动力源于爱。爱意味着给予，给予并不意味着自我牺牲和交换，恰恰是通过“给”，我才能体验我的“力量”、我的“富裕”、我的“活力”。[①] 爱不是与哪个特定的人的关系，而是与所有人的关系。通过爱这个人，从而爱生活和爱这个家庭。当一个人真正理解什么是爱，才能够掌握“不委屈”地融入的方法，能够顺畅地融入，这是力量的表现。一个人越是坚持自我，以自我为中心，坚持自我的原则不可逾越，那么原则往往缺少弹性，实际上是一种“无力”。

第二节　再婚家庭的融入

再婚家庭的融入比初婚家庭的融入复杂，再婚家庭夫妻在情感联结、血缘纽带、亲属纽带、性联结以及业缘联结上都相对松散。因此，增加了家庭融入的难度。再婚夫妻如果在经济安排（如房产）、子女关系等问题上不能调和，再婚失败就难以避免。因此，再婚的融入要比初婚做更多的准备和努力，再婚家庭的融入可以从经济、文化、心理和身份四个维度展开。

一、再婚家庭融入的维度

首先，想要建立一个关系融洽的家庭，无论是初婚家庭还是再婚家

① 艾瑞克·弗洛姆．爱的艺术［M］．李健鸣，译．上海：上海译文出版社，2008：21.

庭，都要在经济上融为一体。有的家庭采用 AA 制（按人头平均分摊账单），认为 AA 制有很多优点，例如，经济自由，能够锻炼自己的理财能力，为婚姻减压，增添婚姻情趣，关系简单化等。但实践证明，AA 制的家庭经济模式，想要收获幸福美满的婚姻相对较难。事实上，家庭成员联结的纽带越多，越能够相互制衡，家庭越稳固。联结的纽带主要包括经济纽带（经济利益共同体）、血缘纽带（共同的孩子）、亲属纽带（进入对方亲属体系的交往）、朋友纽带（共同的朋友）、趣缘纽带（共同的兴趣爱好）。家庭成员融合是一种你中有我、我中有你的一体感。AA 制是在经济领域中你是你、我是我的利益关系，彼此明算账，不想和对方有什么瓜葛。利益上算得明确如何实现情感上的融合呢，两者是一对矛盾体。经济一体，这对初婚家庭来说，比较好实现。但是对再婚家庭，是个很大的挑战，尤其是双方的经济基础不同，经济负担状况不同，一方有孩子另一方没有孩子的情况，经济一体比较难实现。下面描述的再婚家庭就是个典型的例子。

一对在上海生活的再婚家庭，男方 54 岁，女方 46 岁，男方有一个男孩在芜湖工作，女方没有孩子。几年前两人同居生活在一起，后来因为希望共同在芜湖买一套房子，两人正式领了结婚证组成再婚家庭。在购买该套房屋之前，男方已经为儿子购买一套 70 多平方米的房子，位置相对偏僻一点。两人共同购买的房子有 130 多平方米，位置较好，是人民法院拍卖的房产，不能贷款。房款共 78.5 万元，其中女方付了 58 万元，男方付了 20.5 万元。因为房源来自男方的关系，于是两人协商，虽然付款金额不同，但是房屋的增值部分各占 50%，经女方同意，房子署了两个人的名字。

男方儿子目前正在恋爱中，打算明年结婚。男方说之前买的 70 多平方米的房子，不是学区房，位置又不好，即便装修，以后卖掉也卖不出价钱，所以希望装修大房子给儿子结婚用。男方说把小房子卖掉，卖房的钱，把当初女方付的大房子的购房款 58 万元还给女方，余下来的钱用来装修和结婚用，大房子增值60万元，每人30万元，女方分得的30万元等以后有钱时再给女方，然后房产就和女方无关了。女方问以后给，那是什么时候呢，没有保障呀！夫妻两人闹得不可开交。男方觉得就是欠你30万元有什么不行呢，就算是朋友都可以，你这样做连朋友都不如呀！当初买上海的房子时，让女方出钱，女方说没有钱，后来买芜湖房子又冒出这么多钱！男方不满意，还觉得上海房子女方住着，也没交钱，过日子女方只是买点水果、杂粮什么的，每月开销不足1000元，其他的生活费用都是男方负担。儿子住在芜湖的大房子里，以后不来上海，对女方也是有利的呀。妻子觉得，是把房款还给自己了，但增值部分给付没有时间表，房子与自己无关了，那等于当初自己出钱帮丈夫给他自己的儿子买的房子呀。

两人领了结婚证后，妻子的弟弟曾问姐夫，为啥不把工资卡交给我姐呢。男方说不交，交了用钱不方便，以后给儿子、给老娘钱不好往出要了。因此，夫妻的经济模式是各花各的钱。丈夫不交工资卡，妻子觉得丈夫不爱自己。丈夫觉得这和爱不爱的有什么关系呢？

在访谈中，丈夫还说了一句，她也不能为我生儿育女。目前，这对夫妻处于“冷战”阶段，分房睡，男方提出先离婚再卖房，妻子提出先卖房，两人不能达成协议。

这个案例中，再婚夫妻双方各有各的想法和利益，矛盾涉及再婚家庭的三个难以逾越的点，即经济、房产与子女，经济一体化很难实现。妻子没有完全融入丈夫和继子的生活，夫妻之间也没有完全相融，继子与继母的关系也没有相融。

首先，家庭融入的经济维度。本案在家庭融入第一个指标经济维度上就没有过关。另外，在金钱与感情的关系上，在这个案例中明显地看到性别差异，男性将金钱与感情分得很清楚，认为两者没有关联性；女性通过金钱衡量爱情，如通过男人对自己是否大方、是否交工资卡来衡量爱情。女性擅长通过小事情升华到感情发展的大方向，以确定男性是否值得托付终身。另外，男性很关注女性能否为自己生育，有没有血缘的纽带，对男性而言，女性拥有的资本就比较少，难以让男性作出在经济利益和其他方面的妥协和让步。没有血缘纽带，再婚夫妻在情感上的融合也缺少一定的基础。

其次，家庭融入的文化和心理维度。个体都是在自己的原生家庭环境中成长，每个家庭都有自己的观念体现和行为方式、习惯和习俗、生活方式等，组建的新家庭与自己的原生家庭具有异质性。新家庭要与原生家庭的习惯、习俗、规则相互协调、共生适应，收获良好的归属感和家庭生活满意度要有一个文化和心理融入的过程。文化涉及价值与意义的理解和解释，有时会小到吃饺子是煮出来一波就吃一波，还是所有的都煮出来全家围坐一起吃这样的细节上。不同的行为选择背后意味着信奉不同的价值，有人认同团聚的价值，有人认同好的东西就要在美味的时候享用。有的女性内心信奉的价值观是“嫁汉嫁汉，穿衣吃饭”，认为自己在家庭中的贡献是洗衣做饭陪伴丈夫就可以了，至于家庭的开支应该由男人贡献。而男人觉得家庭的经济负担是两个人的，你不能一面讲性别平等，一面在经济上不付出。这些行为方式，体现了家庭的文化。文化不同，家庭的行为方式就会产生差异。如果在这些观念行为上不相容，家庭融入就比较困难。另外，从融入的路径看，谁拥有的资源多，谁就在心理上、家庭权利上占优势，融入也是按照优势方的规则标准来调整行为的。女人不能为男人生孩子，即便男人已经有了儿子，仍意味着女性失去了在与男性的关系中的核心资源，此时男性就不愿意放弃自己的规则，规则就被刚性地执行着，因为规则的弹性空间往往取决于资源拥有的情况。这样，女性融入男性的家庭的难度就会提升。如果女性的娘家的社会支持网络强大，女性可以凭着娘家的力量占有心理优势和家庭权利，从而融入夫家。同时，丈夫作出妥协让步的空间也比较大，规则不会被严苛地执行。

最后，家庭融入的身份维度。随着一个新家庭的诞生，每个人拥有了新的社会身份，谁的丈夫、谁的妻子、谁的孩子。这种身份的获得，意味着一系列的权利和义务。当然，权利和义务是外在的规则，更为重要的是个体内心的认同，以及家庭成员在情感上的认同。没有这些外显和内隐的接纳，在身份的意义上，融入一个新家庭就无从谈起。有一个特别典型的案例，也是发生在再婚家庭中，以下做一解读。

这是一个生活在上海的家庭。李先生40岁，在银行工作，丧偶，有一个儿子，上小学四年级，带着63岁的母亲。张女士35岁，大学老师，离异，没有孩子。李先生和张女士组成了再婚家庭，这四口人生活在一起。生活了一段时间，发生了各种矛盾。张女士觉得丈夫没把自己当家里人，在这个家里自己就是个外人。李先生的单位经常发放一些超市和商场的购物卡，但这些购物卡李先生从来不会交给妻子，商场的购物卡李先生卖掉换钱，超市的购物卡交给自己的母亲管理，妻子去超市购物自己花钱。李先生如果晚上有应酬，不回家吃饭，从来不会告诉妻子，只会告诉自己的母亲。这让妻子感觉很不舒服。有一段时间，李先生想换工作地点到北京工作，在网上投简历，直到进入心理测试环节时，因在家里的电脑上操作，妻子这才知道。她表示很诧异，这么大的事情，把工作从上海换到北京，李先生连个招呼都没打过。提起这事，李先生的理由是，刚刚启动没必要说，如果成功了，就让妻子到北京读一个博士后。可是，妻子觉得不管怎么样，这事是需要商量的，不能丈夫一句话就成了一个决定，就安排了自己的未来呀。此外，李先生每个月的收入多少，妻子从来不知道。还有一件事，在妻子还没有放暑假前，李先生按照儿子的时间表安排了全家回四川老家探亲，这与妻子的时间表发生冲突。关于房产，结婚前的约定是，结婚后加上妻子的名字，可婚后提起这事，丈夫又说等结婚8年以后吧。于是，妻子没有了安全感。房产证上没加自己的名字，妻子认了。觉得安全感得来自自己，自己攒钱买房吧，于是每个月上交1500元生活费，其他的自己攒起来。但是丈夫不同意，希望妻子每月都自己只留下 3000 元，剩下的都交给他！丈夫强调，固定资产虽然没有署妻子的名字，但是妻子要为家里做贡献。有时候，夫妻出去遛弯，遇到卖烤红薯的，妻子出于情趣和撒娇的心理，跟丈夫要烤红薯，丈夫不解，自己有钱自己买！妻子也很不解，觉得这个男人怎么这么不解风情呀，几元钱的烤红薯都要不来！张女士喜欢吃榴梿，偶尔就买了吃。李先生不高兴，说全家只有你一个人喜欢吃，而且榴梿那么贵，你还买？妻子心想，买榴梿也是错？我自己花钱买我自己喜欢吃的东西，原来也不行呀？

张女士觉得在这个家，自己是谁呢?!

在这个案例中，涉及的不仅是重组家庭，而且是主干家庭，人数不算多，但是结构复杂，家庭成员之间的关系较为敏感。核心问题涉及身份的角色期待。对丈夫来说，最为核心的角色期待就是找个人和自己一起分担家庭负担；对妻子来说，希望在情感上你侬我侬，找个男人来呵护自己。每个人的期待在对方那里都实现不了，彼此只是按照自己的需求要自己想要的那部分，摒弃自己不喜欢的部分。男人的负担是女人不喜欢的，女人的情感需求是男人不屑一顾的。每个人想要的部分都带有选择性，要对自己有利的那部分。在该案例中，夫妻双方对这个再婚家庭的预期与对方的设想都有差距。通常，“在发展得比较好的再婚关系中，夫妻双方一般都对重组家庭的发展持有比较现实的预期，特别是会把新的家庭角色的构建和家庭运作模式的确立视为一项长期的工程，拥有足够的耐心”①。

另外，在该案例中，传统的“男主外、女主内”的性别角色分工并没有改变。两个女人来主内，有个更细致的分工，就是婆婆当厨房总管，

① VISHER E B, VISHER J S, PASLEY K. Remarriage families and stepparenting[C]. In Walshed F. Normal family processes: Growing diversity and complexity. New York: Guilford, 2003: 153 – 175.

买什么菜做什么饭的决策权交给她，儿媳妇打下手，也就是说儿媳妇在主内上也没有决策权。李先生的母亲在某种程度上承担了一个家庭中的居家生活安排的责任，使得张女士在家庭中的角色被冲淡了，夫妻次系统的边界变得模糊，因为有系统外的其他因素的干扰，有母亲的存在，李先生与张女士在生活上的互相配合消失了。夫妻双方对丈夫和妻子的社会身份在对方那里意味着没有什么交流，两者是否能有条件地让渡一部分期待，让每个人的期待部分地得到实现，也是家庭融入的一种路径。从而在逐渐的探索中构建一个平等、互动和共融的家庭成员的关系。

上述两个案例折射的问题在再婚家庭中不是个案，很有代表性。家庭融入最核心的内容就是有归属感、被接纳、被认可。

二、再婚家庭融入的策略

针对上述层面的家庭融入不理想的状况，如果想通过有效的干预和促进重组家庭的夫妻关系，那么需要帮助人们增加资源，提高应对潜在压力和挑战、适应环境的能力。如何认识以及采用何种策略来回应家庭融入中遇到的各种问题呢？大多数研究者认为，重组家庭中的各种危机和问题，基本上都是因为重组家庭的特殊性和发展规律造成的，而不应归因于家庭成员个人的或人际关系方面的缺陷，因此，他们认为大多数的重组家庭更需要的是教育而非治疗。①

第一，针对家庭中的各种矛盾，让家庭成员充分地表达想法，建立一个定期沟通的机制。无论是家庭经济支出、家务分工、未来家庭发展规划、孩子的教育问题、家庭成员的关系等相关内容，要疏通情绪，充分交流各自的意见。不能每个人都沉默，依靠猜测揣度对方的想法，自己的要求羞于说出口，家庭成员保持着礼貌的互动关系，有时会失去家庭的动

① 邬欣言，符晴苗．再婚教育项目：一种基于生态系统论的预防性介入［J］．重庆工商大学学报（社会科学版），2018，35（4）：65－72.

力和向心力。

第二，在观念层面上要认识到任何一对夫妻都有自己的经济问题，对再婚夫妻来说更是如此。在经济层面上，再婚夫妻在婚前和婚姻中，都要讨论金钱问题，不能羞于开口。在婚姻中，总有一方对钱的问题更敏感，更为节俭一些，每个人婚前的经济负担、子女情况、个人收入、财产状况不同，因此，建议夫妻定期就家庭财政开支问题进行协商，可以每个月讨论一次，甚至可以每周讨论一次，以此提高伴侣的“财商水平”，从而在家庭开支方面能够取得更大程度的和谐。

第三，不同于初婚家庭，再婚家庭比较难以处理的问题是继亲关系问题。关于继亲如何融合以及相关问题将在下一节详细阐述。在本节第一个案例中，男方的儿子虽然没有生活在上海，继母与继子之间也没有直接的冲突，但是，男方希望将夫妻共同购买的房子作为儿子的婚房来安排，这一决定影响到了夫妻关系，同时也表现出继亲关系的疏离。如果丈夫将共同财产当作自己的独立财产来处理，没有考虑妻子的感受和利益，那么夫妻的矛盾就会陡然提升。在重组家庭中，对各种家庭关系的脆弱性和稳定性要有清晰的认知，并且要对家庭关系进行价值排序，相较于存在血缘联系的亲子关系，夫妻关系是很脆弱的。因此，使婚姻关系优先、建立具有优势地位的夫妻关系在重组家庭中显得尤为关键，这一点在临床工作中也得到了验证。[①] 并且，即使在初婚家庭中，夫妻关系也比亲子关系更为重要。

第四，建立与前任的良性关系。在这两起案例中，都没有涉及与前任的矛盾，同时也没有因为前任关系影响婚姻生活。有研究表明，与前任的关系恶劣或者暧昧纠缠，都会影响到婚姻生活的稳定性和家庭生活质量。

---

① VISHER E B, VISHER J S. Stepping together: Creating strong stepfamilies [Leader's manual] [M]. Lincoln, NE: Step family association of America, 1997.

因此，与前任建立合适的界限是非常重要的，如果有孩子，那么需要与前任发展出合作、务实的关系模式，非防御性倾听和非对抗性沟通，如何与前任进行有关孩子的行程、需要等事务的讨论，特别应关注那些应当避免的、容易引发冲突的行为与策略。

第三节　继子女与继父母关系的融合

目前，随着离婚率的提升，再婚成为人们重新组织个体生活的一个重要选择。因此，重组家庭成为当下社会中新家庭形态中的一个重要组成部分。一般家庭，由于孩子的存在组成了稳定的三角关系，但再婚家庭不同，与前任伴侣所生的子女反倒成了影响婚姻稳定均衡的因素。再婚家庭就像是一个“易碎品”，如果不加以特别呵护，很容易关系破裂。重组家庭中的夫妻要面对两个三角关系：一个是夫妻与前任伴侣的三角关系，另一个是夫妻与前任伴侣所生子女之间的三角关系。这两个三角关系，使得家庭成员之间的关系变得异常复杂。如何处理好这两个三角关系，是决定重组家庭生活质量和家庭稳固程度的重要因素。前文分析了第一个三角关系，如何处理与前任伴侣的关系，此处分析第二个三角关系——继子女与继父母之间的关系。该领域的研究以往更多的是从法学的视野探讨其中的抚养与赡养的法律纠纷问题，而本书将从社会学和社会工作的学科视野探讨两者的身份认可以及角色实践问题。

一、影响继亲关系融合的因素

在重组家庭生活中，继父母与继子女的关系一般会很脆弱，甚至是一种明里暗里的对抗关系。融合的过程会异常艰难，孩子常常会采取各种出人意料的方式，抗议继父或继母“篡夺”了亲生父亲或母亲的家庭角色和位置，同时孩子也会想尽各种方法破坏再婚夫妻之间的关系，企图促使亲生父母的婚姻复合。因此，对继父母来说，在新的家庭中建立继父母与继子女的家庭成员身份意识，不仅涉及继父母与继子女间关系的建立，还涉及重组的夫妻对继子女的养育问题，例如，谁承担照顾孩子的主要责任、应该用何种方式来养育孩子、养育规则如何协商等，不同层面的家庭冲突会使得家庭融入过程面临诸多挑战。下面对影响继亲关系融合的因素加以分析。

（一）子女数目以及继子女年龄的因素

当继子女是家庭中唯一的孩子时，融入相对容易。一旦再婚夫妻又有了新生儿，继子女的家庭地位会迅速下降，甚至在家庭中觉得自己是个多余的人。例如，有一位大学教授，他从小生活在重组家庭中，父亲带着他再婚后，又生了一个孩子，家里的生活由继母料理，于是，他在这个家庭中的排序就降为第四位。在过去那个经济困苦的年代，生活捉襟见肘，家里的好吃的第一是给同父异母的弟弟，排第二是爸爸，第三是继母，最后才会轮到他。在家里，他们三个人构成了家庭的核心，是比较亲密的关系，而继子游离在圈外。童年感觉不到家庭的温暖，几乎也没有玩伴，无比孤独寂寞的童年让他学会了和大自然交流。可见，在重组家庭中，夫妻如何平衡亲生子女与继子女在家庭中的地位，做到不偏不倚，不区别对待，以确保每个孩子与父母之间保持亲密关系，是再婚家庭父母需要考虑的问题。

继亲家庭的融合与继子女的年龄相关，孩子越小，继父母与孩子的感情越容易建立，家庭的融合难度越低；处于青春期的孩子，继父母相对需要付出更多的努力。如果再婚时，继子女已经成年，建立情感上的联结则相对比较困难，常常会因为利益上的冲突产生矛盾，如上一节案例中因为房产问题引发矛盾，极大地影响了再婚夫妻感情以及继亲关系。

（二）婚前与继子女的情感互动和相处时间长短的因素

继亲关系由于没有天然的血缘关系为纽带，从本质而言常常带有疏离性。关于继亲关系的疏离，有几种理论观点：资源有限说、女性主导说、情感转移说。可见，再婚夫妻之间的情感状况以及婚前交往中与继子女的情感互动情况，都会影响继亲关系的融合。如果在婚前能够与继子女有更多的时间陪伴相处，并且以孩子的需求为重心，建立起信任关系和情感联结，婚后的融合就更容易。

（三）夫妻各自与自己或对方前任伴侣关系的因素

如果夫妻对对方前任伴侣充满敌意，不允许配偶与其前任伴侣保持联系，甚至在家庭中诋毁前任，不允许孩子与亲生父母接触，使得继子女生活在充满冲突的、复杂的、无所适从的家庭关系中，继子女在这种关系中如履薄冰，自然会影响家庭的融合。当然，多数的重组家庭，重组父母觉得婚姻失败对子女存有愧疚心理，常常有过度补偿的现象，如履薄冰的不是子女，而是父母。

二、继子女与继父母关系的融合策略

继父母在与继子女的融合上要完成很多任务：（1）担任令人满意的继父母角色；（2）就探视权和监护权达成一致；（3）建立稳定的领导权和管教权；（4）确保新关系的期望是现实可行的；（5）在家中建立新的情感联结；（6）建立家庭成员的身份意识。[①] 完成这些任务，可以加深继亲家庭的融合度。

继亲家庭比传统家庭更容易发生冲突。在文化上，对“后妈”“后爸”常常有一些恶意的称号和揣度。例如，“后妈”会虐待孩子，“后爸”有性侵继女的风险。继亲家庭父母角色模糊，不像亲生父母那样有更多的权利和责任，对孩子的管教缺乏影响力和权利，并且孩子也会常常挑战继父母的管教权，“你又不是我亲妈（亲爸），凭什么管我?”这使得继子女

---

① 唐纳德·柯林斯，凯瑟琳·乔登，希瑟·科尔曼．家庭社会工作［M］．刘梦，译．4版．北京：中国人民大学出版社，2018：141－142．

更加难以管教。孩子在接受继父母的问题上，常常会带着某种亲情的压力，感觉背叛了自己的亲生父母，对亲生父母不够忠诚。无论子女偏向何方，都会造成更多困难。在家庭关系的处理上，父母的偏心特别容易伤害继子女的情感，父母常会对婚后生产的子女特别偏好，因为是新组成家庭的结晶。因此，父母应该有足够的经验和足够的技巧来避免表示这一类的偏好，否则亲生的孩子会使继子女感到被排斥而蒙受阴影，并感到沮丧，同时也会忌妒，从而产生对抗和竞争行为，会破坏继手足关系。研究者皆同意纪律是继亲家庭最感棘手的议题。另外，在物质方面，新的婚姻生活比原家庭更复杂，必须经过更多的妥协，例如，监护权、家庭财产支配权等，此外，继承权也需要谨慎地处理。也正是因为继亲家庭在融合上的任务繁多，面临的问题诸多，所以在家庭融合上，更需要正确的方法做指导。

首先，继亲家庭成立时，需要讨论并建立家庭规范。由于家庭成员有着不同的家庭背景，个性不同，因而需要一个共同认可的家庭规则，这样可以降低家庭矛盾和冲突发生的概率。

其次，对继子女的管教要达成共识，生父母要在孩子面前对继父母授权管教的权利。继父母常常不敢管教继子女，导致子女处于“谁都不敢惹”的管教真空地带，这就需要继父母与生父母达成共识，保持与前任在子女管教方面的共识，授权继父母管教子女的权威，并得拿捏好分寸。

再其次，继父母需要对继子女付出更多的无条件的爱，要关注、陪伴、倾听、协调和不批判，能够感知孩子的情绪、需求，及时地给予支持性回应，帮助孩子适应新的家庭成员构成状况，在此过程中，继父母甚至要承受一定的委屈和忍耐。在沟通层面上，继父母应该占据主动地位，最初即使得不到友好的回应，也应该坚持。在孩子与亲生父母互动时，不要从中设阻。从这点上看，因为没有天然的血缘关系和以往共同生活积累下的亲情，在对待继子女时，继父母具备一些社会工作的基本素质和沟通技巧是必要的，但是核心点在于如何实践人本主义的观点，以孩子为中心，如果继父母具有发自内心地对继子女的无差别的爱，那些技术本身的重要性就会下降。无差别的爱是人际互动的根基，技术仅是其衍生物而已。

最后，作为社会工作者在给准继亲家庭提供服务时，可让即将成为继父母的人对角色有初步的认知，对未来可能遇到的家庭冲突有清醒的认识，以减少挫败感。社会工作者可以通过团体工作形式，为继父母群体成员提供分享和释放情绪、压力的机会，以在群体中获得支持，增进继父母解决问题的能力；同时，社会工作者可提供陪伴和鼓励的服务，给予继父母角色以思考的空间和时间。在社区层面，提供不同年龄阶段的亲职教育服务，进一步增强父母养育子女的知识和技能。在文化层面，在社会倡导尊重多元家庭文化的氛围，以减轻担任继父母角色的负担，消除社会上对继父母角色认知方面的诸多误解，为继亲家庭正名，改变社会对继亲家庭的负面刻板认识，同时为生活在继亲家庭中的子女降低文化层面上的压迫感。

三、案例分析

先生与前妻的女儿12岁，我和先生结婚时这个孩子跟我们生活在一起。在家庭生活中，我和先生的女儿之间的确有一些矛盾，孩子在接纳我时内心有很大的障碍。有一天早上，我正准备换鞋去上班，发现有一张纸条在我的靴子里，纸条上写着：“我的妈妈是被我爸打走的，妈妈还是要回来的。我想找你谈谈。”还有一件事，有一次我把手表放在枕头边，先生的女儿看到了，就偷偷地拿走了，等我发现问她要时，这孩子就说手表被她扔了。家里有一个别人送给我的很漂亮的包，有一次，继女要往妈妈那里拿东西，先生就把这个包拿出来了，结果包包拿去后就再也没拿回来，等我再要时，孩子说包包被她烧了。后来，继女发现无法扭转爸爸再婚的事实了，和我们生活在一起，感觉不舒服，就到她的亲妈那去了，在经济上有需要时再来找我先生。再后来，继女被保送到北京的一所知名高校读书，毕业后去美国读硕士、读博士，之后工作成家了。由于这孩子在美国读书时，先生没有给予及时的经济支持，孩子对她爸爸非常不满意，再加上日常生活中一些不愉快的事件的累积，先生后来跟孩子失去了联系，连孩子在美国的哪个城市也不知道了。

可见，重组家庭中家庭成员的关系更加复杂，家庭压力增大，容易出现角色紧张的状况。继子女与继父母之间的关系，从原初情感状态上就带有某种敌意，没有哪个孩子能够很顺畅地接受继父母。子女总是幻想着父母婚姻的复合，觉得继父母是家庭中的第三者，是外人，因此，总是带着各种破坏行为和防卫、疏离。如果继父母有了自己的亲生子女，继子女更觉得自己是外人。继父母如何在家庭生活中让继子女接受其角色和身份，顺利地度过新家庭成立后的磨合期，让继亲家庭进入功能运转良好的状态，关键在于能否很好地处理继亲子关系。

继亲家庭的稳定性受诸多因素影响，家庭解体的概率更高，据不完全统计，继亲家庭在五年内崩溃的比例高达 44% 。因为各自的经济利益、情感的疏离、为各自子女的分别打算等使得继亲家庭在经济上的融合充满挑战，需要双方具有开阔的胸怀、深厚的爱，以及将重组家庭维护好的信念。

因此，关于继亲关系的处理，夫妻间要坐下来协商，包括未来孩子结婚后的居住地，来到继父母家庭临时探亲时的关系的处理，未来孙子的照顾和上学等事项等，要通过协商达成一致意见，避免因为继亲矛盾影响夫妻感情。

本章讨论了家庭融入问题，主要阐述了初婚、再婚家庭的融入，继子女与继父母关系的融合，实际上该问题还包括子女在父母年老时搬入父母家的再融入，以及父母年老时搬入子女家的再融入。篇幅所限，本章重点讨论了前三种融入问题。

第七章

教育类问题与社会工作介入

CHAPTER 7

社会学家布迪厄（Bourdieu）指出，教育是实现阶层再生产的重要方式，从社会流动的机制来看，教育是实现向上流动的重要推动力。中国的家庭往往有一种危机感，因此对孩子的教育格外关注。受家庭伦理的影响，中国父母更注重子女的学业成绩，有的甚至从孩子上幼儿园开始就培养各种才艺，报各种课外补习班，周末带着孩子在各类补习班之间来回奔波，认为这是为家庭赢得荣誉的最直接、最显而易见的方式，正所谓“母以子贵”，每位父母都望子成龙、望女成凤。城市里的家庭对孩子教育过度关注，没有给孩子留下自我教育的空间，而农村的家庭则教育缺失。中国人的“面子”文化强调人们依赖社会对其社会地位、声誉的认同和对其需求的认可。[1]

教育的市场化，使得家庭教育的功能逐渐外化，在家庭内部的教育往往被忽略。实际上，孩子的性情、品质、抗挫折和风险的能力、专注力、好奇心、耐力、毅力、爱心等，都是在家庭教育中潜移默化培养出来的。当然，一个人从出生到成年是否能够成才，与遗传基因、成长环境和个人的成就动机相关，其中，家庭教育的环境不可忽视。考察有越轨行为的青少年的家庭，要么父母关系恶劣或者离异，父母疏于管教或者交给隔代老人或其他亲属来抚养，要么在养育的过程中采用严厉型、溺爱型或放任型的教养模式。从教育的对象看，往往仅关注子女的教育，父母自身教育、社区教育几乎是空白的。从总体上看，中国的家庭教育，重物质，轻精神；重智育，轻德育和体育；重分数，轻品格；重成绩，轻生活能力；重视赢，忽略输；重结果，轻过程。在这样的教育观下，孩子应该有的生活情趣和快乐的心态都被抛到九霄云外了。

因此，本章将从子女教育、父母自身教育、社区教育三个层面展开论述。

---

① 李秋．从面子礼貌体系角度探析中西方面子观的差异［J］．沈阳工业大学学报（社会科学版），2014，7（1）：88－92．

第一节　子女教育

2018年9月10日，习近平总书记在全国教育大会上讲道，家庭是人生的第一所学校，家长是孩子的第一任老师，要给孩子讲好“人生第一课”，帮助扣好人生第一粒扣子。[①] 应该反思的是，教育的终极目标到底是什么，是培养能够在不同领域中胜任自己工作的职业人，让每一个人都能够功成名就，出人头地？还是培养一个能够感受生活，心胸开阔、关怀自我和他人，能够感知幸福的人？很显然，前者是一种工具取向的教育目标。“幸福教育论”认为，教育与幸福有着天然的、本质的联系，教育的终极目标是指向“幸福”。教育意味着唤醒、激励和鼓舞。可见，教育的内在价值从来不在于高学历、高工资、高地位。教育是教给人们获得幸福的能力，教给人们用生命影响生命的过程中，见证另一个人的成长。人们应该对照教育的终极目标，反省家庭教育应承担什么职责。

一、家庭教育的核心内容

这里我们所分析的家庭教育，教育的对象是子女。在家庭教育中，什么是最为重要的？保持孩子对外界的好奇心，激发求知欲，让孩子具备阅读能力和终身学习的能力；美好而高尚的品格，宽广的胸怀，社会关怀的情感，明白及欣赏人与人之间的差异，具有自尊、自信和诚信精神，选择、决定和处理冲突的能力。可以说，培养一个健全性格的人甚至比获得单纯的职业技能更重要。下面我们来看一个案例。

---

① 习近平提出新时代教育目标任务［EB/OL］.（2018－09－12）［2020－03－15］. http://www.12371.cn/2018/09/12/ARTI1536741782851368.shtml.

2019 年 4 月 17 日晚，上海卢浦大桥（浦东往浦西方向）引桥处突发一起命案。中华职业学校二年级学生汤某急匆匆冲下车，不顾母亲阻拦，愤怒之下跳桥，随后母亲跪地痛哭。据悉，该男生 17 岁，因在学校与同学发生矛盾遭母亲批评后，趁其驾车靠边停车时跳桥，跳桥前，男孩与母亲发生口角，120 急救车到场后确认，男孩已无生命体征。

关于该案例的其他信息无从获得。只能针对这起突发事件中关于家庭教育、母子间的沟通做一些逻辑推理和阐述。

沟通，尤其是处理冲突性问题的沟通，最为重要的不是先讨论问题，而是处理情绪。情绪与人的需求没有得到满足有关，无论是亚伯拉罕·马斯洛（Abraham H. Maslow）的需求层次理论，还是威廉·舒茨（William Schutz）的人际需要理论，莱恩·多亚尔（Len Doyal）、伊恩·高夫（Ian Gough）的人的需要理论，阿尔德弗尔（Alderfer）的 ERG 理论，都表达了需要的重要性。需要，是研究人的行为的最原始的出发点。在该案例中，汤某在学校和同学发生了矛盾后，情绪已处于不良状态，想必在学校也接受了老师的批评教育，没有得到老师和同学的认可，归属的需要没有得到满足，情绪糟糕到极点的他，这个时候最需要的是关怀、是抚慰、是认可，是有人能告诉他“没事的，你其实并没那么糟糕”，然后才是帮他梳理他在这件事中是否做错了。在这个案例中，妈妈没有敏锐地察觉到孩子的感受和需求，仅针对事情的对错，在行驶的汽车里批评一个情绪即将崩溃的孩子。实际上，如何恰当地使用批评是家庭功能良好与否的一个指标，父母要想影响和教育孩子，首先要能认可孩子的某些部分，安抚情绪，让孩子心情平复下来。对社会工作来说也一样，要梳理所有的关于冲突管理的内容，不要急于想着如何解决问题，要先处理情绪。

母子之间在沟通过程中，彼此不能理解和认同，情绪占了上风，人在情绪中容易作出冲动的举止。即便是你的孩子，也不是你的私有财产，在沟通上都要平等尊重。常有人说，“我知道呀，平等的沟通”，可是仅停留在理念上，在实践层面却做不到。国人最常用的说辞是，我能眼睁睁地看他犯错误不批评吗，批评是为孩子好。批评是什么呢？是居高临下的审判，是自以为是的指责，是对对方毫无顾忌地否定。父母批评子女的根源，在于他们认为自己是权威，想把孩子整齐划一地按照某个模板塑造成他们想要的样子，他们在用自己的标准去裁定孩子的人生，把孩子当作自己的复制品在一刀一刀雕刻，而没有把他们当作独立个体去尊重，没有把孩子放在一个平等的位置交流。如果在沟通中，都是审判、指责和否定，没有认同、理解和支持，没有选择恰当的时机，会使孩子的情绪处于崩溃边缘，在一个人需要获得认可的时候，全然否定，那孩子的自我认同和存在的价值也就被消弭了。

如果按照萨提亚的沟通类型的五种模式来划分，妈妈属于指责型加上超理智型，事事讲道理，不喜欢流露情感，往往喜欢就事论事，指出这个事情的道理是什么，然后依据这个道理去指责孩子。由此，论证了一个观点，理性本身是非理性的，理性在某些情况下是个贬义词，它不全是正面价值，因为它会割裂人的感受和情感的体验，理性仍然是片面的，不是全部。

在这个案例中，17 岁的处于青春期的男生冲动跳桥，留下母亲独自心碎。“控制冲动的能力正是独立意志与人格发展的基础”①。控制冲动，就是要培养人的自制力。“自柏拉图起，自制力作为一种美德便为人们所赞颂。自制力即人体抗衡由命运之神的打击所引起的情绪风暴，而自己免于沦为‘激情的奴隶’的能力。”② 由此可见，在教育中突出个体的独立

① 丹尼尔·戈夫曼．情感智商［M］．耿文秀，查波，译．上海：上海科学技术出版社，1997：4.

② 丹尼尔·戈夫曼．情感智商［M］．耿文秀，查波，译．上海：上海科学技术出版社，1997：59.

性、自制力和人格健全，比成绩和能力更加重要。通过此案我们需要反思，何种家庭教育模式下的孩子，容易采用极端方式处理问题？

二、家庭教育的五种模式

关于家庭教育模式，正如塔尔科特·帕森斯（Talcott Parsons）多年前所预言的：父母原先强调“命令”和“服从”，现在这种模式已经有效地被一种以商讨为主的教育风格所取代，这种教育模式尊重孩子自己的个性，有帮助孩子形成自己自由意志的效用，因而被看成一种合适的教育方法。[①] 这种民主商讨性的教育模式，是教育中所推崇的，但是在现实生活中，能够做到并非易事。

家庭教育模式通常有五种：民主型、专制型、溺爱型、忽视型、不一致型。

（一）民主型

这类型的父母在教育孩子的时候，在如何解决问题的时候会提出问题，然后一起平等地讨论，把孩子当成一个独立的个体去进行讨论、表决。在民主教育方式中成长的孩子会比较有想法。他们通常拥有较强的自尊心、较好的社会交往能力和较强的成就动机。

（二）专制型

这类型的父母说什么就是什么，就是要命令孩子，甚至要求孩子跟自己一样。在这种教育下的孩子会特别希望去讨好别人，而且很容易把别人的意见看得比自己的想法重要，很容易恐惧和担心。这类型教育下的孩子长大后，在进入一个社会环境时，会很容易被排挤，或者会有很多担心，把别人看得很重要，容易讨好别人。

---

① 阿克塞尔·霍耐特. 自由的权利［M］. 王旭，译. 北京：社会科学文献出版社，2013：249.

（三）溺爱型

溺爱型又包括两种：一种是放任型，另一种是过度保护。

1. 放任型

这类父母对孩子充满了无尽的期望和爱，无条件地满足孩子的要求，但他们很少对孩子提出要求。这些孩子会随着年龄的增长，变得依赖、任性、冲动、幼稚、自私，做事没有恒心和耐心。

2. 过度保护

这种教育风格的父母往往先替孩子做决定，因为他们认为这样做对孩子比较好，并且相信自己的决策才是对的，这也反映出他们不信任子女的能力，更担心孩子因为能力不足而吃苦受累，因此会尽其所能地满足孩子的需求。在这种环境下成长起来的孩子由于从小父母对自己百依百顺，并帮助自己做很多事，长大了往往凡事以自我为中心，甚少考虑到他人的立场，将他人的付出视作理所当然，并且容易在遇到挫折时放弃或怀疑自己的能力。同时，很容易形成娇惯任性霸道，肆无忌惮的性格。而这种性格在未来的职场中，或者亲密关系中都有不利之处，可能会产生各种不适应，从而引发各种问题。

（四）忽视型

父母可能只专注自己的事情，或者根本不懂得怎么去关心孩子。这种教育方式下的孩子比较容易独立早熟，可是这只是一个外在的表现，有的孩子虽然独立早熟，但事实上非常渴望被爱、被注意。他们可能不想麻烦别人，也不希望显现自己脆弱的一面。早熟的性格，自己的需求往往不敢提出，会一直闷在心里。

（五）不一致型

父母持有不同的教育方式，或是自身的原则朝令夕改，导致孩子容易感到无所适从，也会难以认同父母，在适应上出现困难，或缺乏安全感。这种教养方式容易影响孩子未来与他人的互动或信任感。

实际上，很多家庭的教育模式常会采用一种复合式的模式，有的家庭一面动用家长的操控权，一面对孩子过度保护，这是专制型与溺爱型相结合的教育；有的家庭是忽视型和放任型结合的完全“散养”的类型，使得孩子缺少基本的管教，导致未来做事没有标准，缺少基本的是非判断。通常，在溺爱环境中成长的孩子，比较任性，抗挫折能力差，听不得批评，容易采取极端行为。上述案例中的 17 岁男生，经初步判断，孩子在家里父母说不得，说了就会激烈反抗并采取极端行为，这个家庭的教育模式可能是放任型家庭教育模式。俗话说，“惯子如杀子”，就是这个道理。

三、再婚家庭的子女教育

前面我们讨论的是初婚家庭中遇到的情况。那么，再婚家庭的子女教育与初婚比，有何不同？目前，我国再婚家庭的子女教育存在的问题更多、更复杂。教育的理念和方法都存在诸多误区，主要体现在再婚亲生父母的补偿式、违规式、抛弃式、诋毁式教育问题。具体表现为：觉得孩子小小年纪就面对父母分离，对孩子的任何要求无条件地满足；违背人的情感规律，在孩子与继父母陌生的情况下，直接要求孩子改口称爸妈；孩子被亲生父母像皮球一样踢来踢去，防止孩子成为再婚路上的累赘；诋毁前夫或前妻的新配偶，破坏继父母和子女的关系。再婚后的继父母对孩子常采用放任式、苛刻式、炫耀式教育方式。具体表现为：继父母为了不背骂名，对孩子放任自流，不管对错，只养不教；视孩子为眼中钉，挑唆再婚亲生父母打孩子；继父母向孩子炫耀自己和他亲生父母新组建家庭后的甜蜜和幸福，等等。这些问题的存在导致再婚家庭教育的效果微乎其微，再婚家庭未成年子女不良行为层出不穷。

这就要求再婚家庭的教育者要尽快走出误区，帮助子女健康成长。因此，再婚亲生父母要有平常心、责任心，持健康心态进行教育；继父母也要有诚心、爱心、耐心进行教育，从而根本解决再婚家庭未成年子女的非健康成长问题。① 具体而言，亲生父母不能觉得自己离婚，亏欠了孩子，就对孩子宠溺，出现问题时也不训诫，给孩子养成骄傲怠慢的习性，父母应对孩子严慈并济。在家庭关系的确认上，顺从情感的发展，不在子女与继父母没有建立起情感联结的情况下，强迫孩子改变称呼。再婚的亲生父母要担负起教育孩子的责任，即使没有跟孩子生活在一起，也不该减少对孩子的爱和陪伴，以缓解父母再婚给孩子带来的焦虑感。亲生父母不要在孩子面前表达怨恨与不满，给孩子一个健康的家庭成长环境。继父母在教育孩子上，要诚心诚意，赏罚分明，有小问题要引导，有大问题也要严厉批评，担起教育的责任，不能怕得罪孩子影响关系，放任不管可能会酿成大祸。

第二节　父母自身教育

有人认为“天下无不是的父母”，认为“养育子女的能力是与生俱来的”，这些观点有失偏颇。实际上，父母并不会自然拥有抚育子女的能力和智慧，要尽到父母的职责必须很好地了解孩子的成长过程，学习抚育孩子，此类专门针对家长的教育和训练就属于亲职教育。②

“为什么所有父母都希望有个出息的孩子，却从来没有问问自己，你是不是一个出息的父母呢?”目前，我们常常把教育的焦点放在孩子身

① 周晓红，谢巍．再婚家庭教育的误区与策略［J］．东北师范大学学报（哲学社会科学版），2012（6）：214－217．

② 王艳辉．美国亲职教育实践经验及对我国的启示［J］．成人教育，2017，37（4）：79－83．

上，在指导对象上，重孩子、轻家长——“父母有病孩子吃药”的现象普遍存在。实际上，孩子身上的各种问题是家长自身问题的折射，父母们没有得到专业化的培训就做了家长。

对于父母而言，是否深入思考过如下问题：你有读取孩子情绪的能力吗？你认为只要为了孩子好，打骂也是可以的吗？你能像感知孩子饥饱冷暖一样，感知孩子的心理需求吗？你认同无论怎样，家是孩子的依靠和认同感的重要来源吗？你觉得任何时候批评孩子都可以吗？你懂得开放式教育与放任有什么区别吗？你能够给孩子无条件的爱和关怀吗？

事实上，孩子最需要的不是好学区、重点班以及物质上的富足，而是爱的滋养。你能否坦诚地告诉孩子，爱是无条件的，跟你的成绩无关，跟你能否考上大学无关，跟你未来能不能赚很多钱无关。无论怎样，我都爱。现实中，父母常常更多地关注对孩子智力的培养，却忽视对情感智商的滋养。“为什么有些高智商的人命乖运蹇，而智力平平者却出类拔萃？这就是所谓‘情感智商’造成的差异。情感智商包含了自制、热忱、坚持，以及自我驱动、自我鞭策的能力。这些技能完全可以教给儿童，帮助他们更好地发挥在冥冥之中被赋予的智力潜能。”①

一、案例分析

小豆豆是妈妈杨帆与一位公众人物的私生女，并且是在生父不同意的情况下，妈妈独自决定生下的。

杨帆对女儿的疼爱溢于言表，不过她表示自己对女儿“很凶”。有一晚，小豆豆过了11点还不睡觉，杨帆罚女儿通宵不许睡，拿了很厚一沓纸，让小豆豆写“我不睡”，停下来就打……写到第二天早上5点多。还有一次，小豆豆因为不乖被暴打，还被要求双手举起厚重的《辞海》罚

① 丹尼尔·戈夫曼．情感智商[M]．耿文秀，查波，译．上海：上海科学技术出版社，1997：5.

站两个小时。此外，小豆豆还被用皮带抽过大腿和屁股。

2015 年 3 月，小豆豆在学校向老师投诉自己被母亲打，并称母亲用手袭击她的肩膀和胳膊。经过警方初步调查，怀疑杨帆打女儿是因为管教问题，而她也因涉嫌虐待儿童被捕。小豆豆还曾经用割腕自残来反叛。2017 年 10 月，小豆豆承认自己是同性恋，母亲杨帆表示接受。

在这个案例中，值得思考的问题很多。我们只在既定的条件下，来探讨父母的责任和教育问题。

为什么相亲相爱的母女却要通过报警解决问题，是什么让一对骨肉相连的母女隔阂越来越深？杨帆对孩子的教育和教养方式是溺爱与专制的混合体，让孩子去最好的学校，生活上尽力满足，但同时不尊重孩子的独立性，用专制的养育方式，是典型的控制型教育，要求孩子严格按照要求做到，做不到就有各种惩罚，好像行为治疗中的代币制管理。杨帆一直强调自己非常爱女儿，但是爱的方法不对，对爱的理解有偏差，爱的能力没有培养出来，没有赋予真正的爱，“反而令人觉得爱是混乱的、戏剧性的、令人困惑甚至痛苦的情感”[①]。在调研中，笔者遇到这样一对父子，孩子不好好学习，父亲要进孩子的房间监督学习，孩子不愿意就把父亲赶出去，把自己锁在房间里，父亲不同意一定要监督，于是这对父子的矛盾升级，父亲把孩子房间的门拆掉了。在该案中，当孩子将自己锁在房间里，拒绝父母的管教与沟通时，这实际上是家庭治疗中提到的“情绪阻断”现象，孩子要与父母形成空间和心理上的距离，避免自己再次陷入家庭压力与焦虑。情绪阻断并不能真正解决问题，仅是一种情绪上暂时的解脱、否认与逃避，并非长久之计。有的家长用这样专制的方法管教孩子，认为学习重要，一切能让孩子学习的方法都用上。但是这种严厉

---

① 苏珊·福沃德，克雷格·巴克．原生家庭：如何修补自己的性格缺陷［M］．黄姝，王婷，译．北京：时代华文书局，2018：303．

的要求，极大地损伤了亲子关系，根本不可能收获一个“学霸”的孩子。父母们常常把思维局限在要争辩一个“理”字，“管你是有道理的”“学习是有道理的”“我是对你好的”，认为“对错”比“关系”重要。但是，作为父母，需要反省的是，不能只注重结果，应该在源头上看看孩子为什么不睡觉、为什么不乖，努力倾听孩子的感受、情绪、需求。

这里我们不评价小豆豆的同性恋取向，但是，从学术观点上，探索同性恋的发生机制，个体与母亲的关系是其重要的一环。“如果他和母亲的不和非常深刻，他对爱情和婚姻的准备可能受到阻碍，甚至异性对他的肉体吸引力也会降低。这种障碍有许多种不同的程度，最厉害的一种是他完全排斥异性，而变成性欲倒错”①。小豆豆的同性恋取向的形成，与她的成长经历、与父亲和母亲的不和谐以及非常特别的亲子关系有一定的关联。

杨帆的成长经历与她的女儿相似，爸爸缺位，在妈妈的严厉要求下长大，杨帆最终没有脱离原生家庭成长的阴影，复制了母亲的管教模式。小豆豆虽然目前性取向是同性恋，未来是否改变性取向，或者在同性婚姻中生养子女，我们不得而知。但是，她能否走出原生家庭的魔咒，带给自己的子女健康、和谐的家庭成长环境，从而逆转人生，是她一生中的重大议题。可以说，从杨帆那一代开始，就生活在有问题的家庭环境中，“有毒的家庭体系就像高速公路上的连环追尾，其恶劣影响会代代相传。这个体系并非你的父母所发明，而是从先辈那里继承的一整套逐渐累积而成的感受、规则、交流、观念”②。前文中分析的李美娟通过自己不断地学习、反省，通过自我人格的整合重新塑造成熟的、健康的、完整的自我，从而

---

① 阿德勒. 超越自卑［M］. 黄光国，译. 南昌：江西人民出版社，2011：238.

② 苏珊·福沃德，克雷格·巴克. 原生家庭：如何修补自己的性格缺陷［M］. 黄姝，王婷，译. 北京：时代华文书局，2018：150.

不再将自己生活中的磨难和问题归咎于自己没有爸爸，公公让自己做一个快乐的人，最终收获了积极而亲密的夫妻关系、亲子关系，并收获了和谐的家庭关系。

二、父母自身教育及内容

作为父母，你是一个心智成熟、愿意自我成长的人吗？你能敏锐地察觉到孩子的感受和需求吗？你学会爱了吗？正确的爱是需要学习的。对孩子的爱应该是节制的、延迟满足的、慢慢的、有耐心的、谨慎的、有原则的、长远的。如果父母是用棍棒、唠叨来调教，用礼物交换孩子的成绩，这些行为仅是初级的爱、不成熟的爱、盲目的爱，这不是表达爱的正确方式，如此，培养不出心智健全的孩子。

你愿意让孩子做他自己吗？让他成为最好的自己，给他表达自己想法的自由度，获得真心的快乐，而不是随波逐流。

你能做到以身作则吗？要求孩子做到的事情，自己首先要办到。例如，第二季《中国诗词大会》冠军武亦姝的爸爸是个律师，下班严格要求自己，从不玩手机，陪伴孩子读书，自己读《二十四史》《山海经》，带着小亦姝一起玩“诗词接龙”，给孩子做好的榜样，培养好习惯。

作为父母，你能时刻反省自己是否有以下错误的观念吗？无论怎样，孩子都要尊敬父母；凡事必须按我说的做，否则就是错的；孩子就应该安安静静地待在那里。作为父母，应从以下几个方面进行自我教育：

首先，父母要负责任地生育。能够给孩子提供一定的生养条件，能够给予孩子爱、尊重和支持，是作为父母的责任，不能像《何以为家》电影中的父母，不具备最基本的物质条件还不断地生产，这是一种不负责任的行为。另外，在生育理念上要明确，孩子不是证明某人清白的“武器”，也不是维系婚姻的工具。

其次，父母要努力经营积极而亲密的夫妻关系，确保给孩子一个友爱、和睦的家庭成长环境。作为父母，有义务维系好婚姻关系，夫妻彼此相爱，这对孩子来说是最好的教育。如果夫妻关系恶劣，不好好在一起生活，也不好好分手，这样的家庭对孩子的伤害特别大，孩子成年后可能会把这样的相处模式带到自己的小家庭，甚至选择不结婚不组成家庭。同时，父母也有义务处理好自己与孩子的关系，处理好家庭成员间的关系，构建一个融洽和睦的家庭环境。

最后，父母应学习教育孩子的各项知识，做一个有效能的父母。不是只给孩子基本的物质生活条件和照顾就可以做父母了，这只是成为父母最基本的经济基础，属于硬件，比硬件更重要的是软件。父母要学习怎样与孩子沟通互动，学习如何保护孩子的好奇心，学会与孩子平等相处，不用强权打击孩子的自尊来树立自己的权威，学习激发孩子潜能的方法，学习培养孩子耐力、毅力、意志力、抗挫折能力等各种能力的方法。把自觉、自制、移情、倾听、化解冲突以及合作艺术等人类最根本的能力培养作为儿童教育的主题。培养一个有爱心、有情怀、懂得奉献和感恩的孩子，这比孩子成绩好、考上名牌大学还要重要。父母应该懂得尊重孩子的个性、意见、心灵、隐私和选择权。

美、英、澳、德、法、韩等国以及我国台湾地区的亲职教育已积累诸多经验。以美国为例，美国亲职教育的内容分为婚前亲职教育与婚后亲职教育。前者包含婚前心理咨询与指导、体检、孕前指导等；后者从纵向上按抚育对象的成长阶段划分，分为婴幼儿期、学龄期、青少年期、成年初期等各阶段的亲职教育，从横向上针对不同家庭的不同需求进行设计，早期项目主要关注风险家庭。[①]

---

① 罗红霞，王明飞，杜娇．亲职教育：国际经验与中国实践［J］．广州大学学报（社会科学版），2018，17（9）：81－86．

第三节 社区教育

每一种社会身份和社会角色的获得都不是一个自然的过程，应该是一个学习的过程。中华全国妇女联合会 2010 年发布的《中国和谐家庭建设状况问卷调查报告》中指出，婚姻指导和咨询已经成为广大民众的重要需求和期盼，农村居民尤为重视。国务院发布的《中国妇女发展纲要（2011—2020 年）》中首次将“开展基于社区的婚姻家庭教育和咨询”作为中国妇女工作发展的一个目标。国务院发布的《中国儿童发展纲要（2011—2020 年）》提出，提升家长素质，提高家庭教育水平的目标，将家庭教育指导服务纳入城乡公共服务体系。家庭教育指导就是我们下文中提到的父母教育项目或者说亲职教育项目。

一、社区教育项目内容

从宏观层面，可以在社区建立初婚教育项目和再婚教育项目——侧重夫妻关系，亲职教育项目——侧重亲子关系。相比婚姻教育项目，目前普遍更加重视亲职教育项目。从实践层面，我们知道，积极而亲密的婚姻关系是孩子成长和成才的重要基础，因此，婚姻教育项目是亲职教育的内在组成部分，是前置培训内容，忽略婚姻教育项目，单纯关注亲职教育，就失去了家庭环境的根基性的条件。

我国台湾地区开始于 1971 年的“社区妈妈教室”项目主要针对母亲，通过学校活动、社区活动、家庭活动和郊游活动进行亲职教育、卫生保健、休闲康乐、生产习艺、家政指导、社区服务等，帮助母亲以新的观念、态度、方式管理家庭、教育子女、维系家庭关系，从而建立一个和谐快乐的家庭。[①] 当然，需要指出的是，亲职教育的对象主体绝不仅是母亲。大量实践证明，父亲参与儿童照顾对幼儿智力发育、情绪发展以及性格成长均有积极影响。另外，父亲参与儿童照顾让家庭生活更加和谐稳定，让女性对婚姻关系有更多的满足感。[②] 既然父亲参与儿童成长如此重要，那么如何让父亲有效地参与，针对父亲的亲职教育项目实际上比“妈妈教室”的培训需求更为强烈，而且，这部分在实践中是薄弱的。

事实上，仅有亲职教育是不够的，还需要增加构建滋养性的友好的社区环境的教育内容，教育的对象包括全部社区居民，对于有特殊经历的人，例如，有在监狱或者社区服刑经历的人，如果在社区内被人排斥、被指指点点，处于不友好的社区环境中，对他的影响不亚于冲突性的家庭环境的伤害。

从监狱出来后，我不敢出门。因为有几次我买菜回来，在小区里走，依稀听到几个大妈在那边小声议论，说他刚出来，别理他，这人脑子有问题，脾气大得很呀！遇到过几次这样的情况，我就不愿意出门了，每天把自己关在家里，防止受伤害。

社区环境是个体在社会网络中的重要一环。环境是分层次的，如果仅是加强家庭领域中的亲职教育，虽然家庭的确是个人情感归属和改变的动力，是其最重要的、关系最密切的支持力量，但家庭力量有限，个体处于社区中，如果中观和宏观层面的社会环境不友好，充满敌意、排斥误解和不接纳，个体在社区中的人际联结状态是隔离的，这必然会影响个人的幸福感和社会化程度。因此，加强中观和宏观层面的社区和社会层面的教育，构建一个滋养性的、不同层次的、立体多元的环境和社会支持体系，

① 罗红霞，王明飞，杜娇．亲职教育：国际经验与中国实践［J］．广州大学学报（社会科学版），2018，17（9）：81－86．

② 刘中一．角色虚化与实践固化：儿童照顾上的父职——一个基于个体生命经验的考察［J］．人文杂志，2019（2）：106－112．

对个体的发展以及当下的社会治理而言都是极为重要的。

二、社区教育实施方式

亲职教育的实施方式包括线下课堂培训、在线学习和咨询、直接观察、访谈、聆听、角色扮演、行为咨询、宣传、小组讨论、追踪检测、治疗互动、过程分析、头脑风暴、手册、海报、督导陪伴互动、观看节目、评估调整等多种类型，非常灵活，以此调动家长的积极性，带动家庭教育指导服务的开展。主要还是以团体授课和训练的方式进行，该方式比针对一对夫妻的单独辅导更有效率，能够帮助参与者认识到其他家庭也遭遇到了和他们一样的困难，并在努力想办法解决这些问题，他们目前的问题和压力都是家庭发展中常见的、必然会遇到的问题。当听到小组中其他夫妻在诉说和讨论自己的问题和困扰时，他们会意识到家庭问题都有着很多的相似性，这有助于减少他们对问题的焦虑和增强解决问题的能力。① 此外，还有自助型实施方式，即为参与者提供自学材料，方便参与者自学或者通过邮件进行授课。

这些以社区为基础的亲职教育项目，由社区负责宣传相关的理念和政策，进行居民需求调研，开办“婚姻和亲职教育学校”，提供场所和组织服务，提升资源的可及性。具体的教育培训是由以专业社会工作机构为主的社会力量提供专业化、多元化的教育服务内容。目前，国际上广泛应用的五个优质亲职教育项目分别是：“家长管理培训”“帮助不听话的孩子”“亲子互动疗法”“不可思议的年岁”“3P 正面教养项目”。②

这类教育项目通过合作推广体系开展，合作方包括大学、民间组织

---

① 邬欣言，符晴苗．再婚教育项目：一种基于生态系统论的预防性介入［J］．重庆工商大学学报（社会科学版），2018，35（4）：65－72.

② 范洁琼．国际早期儿童家庭亲职教育项目的经验与启示［J］．学前教育研究，2016（11）：3－16.

等。我国香港地区的做法值得借鉴，其将保健机构纳入教育培训体系，共同推进婚姻教育和亲职教育项目的发展。政府的角色是出台引导和鼓励性政策，通过购买服务、提供专项基金和公共财政支持等形式，制定和把控质量标准，鼓励相关社会组织和个人进行公益性质的教育项目，同时鼓励个人和一般的社会组织依法提供商业化的婚姻教育和亲职教育服务。亲职教育项目所针对的对象不仅包括父母，还包括准父母、祖父母外祖父以及孩子的其他照顾者，甚至包括家政服务人员。

笔者建议，将婚姻教育和亲职教育项目纳入公共服务体系，部分地区先行先试，建立“以政府为主导，以社区为阵地，学校做监测，社会力量和商业机构共同参与”的婚姻教育和亲职教育的供给体系，之后再逐渐推广。

第八章

抚养和赡养问题与社会工作介入

CHAPTER 8

家庭是社会安全网的兜底组织，个体遇到的所有困难，最后基本都回到家庭来寻求经济、情感等各类支持。结婚时买房、孩子的照料、年老后的赡养，以及各类突发和偶发的风险事件，最后都归到家庭中来化解。可见，社会的发育以及社会组织在化解家庭等私领域的风险上所起的作用以及人们对其的认同还有相当长的路要走。在剩余性社会福利类型中，医疗、养老、教育等各类支出都仰赖家庭。因此，家庭在当下中国的风险防控机制，以及各种基本的教育、抚养和赡养等职能上，扮演着不可替代的角色。

在中国家庭中，抚养和赡养是代际互动最为核心的表现形式。费孝通称中国家庭中的“抚养－赡养”关系为“反馈模式”——子代在年幼时接受亲代的抚育，待亲代年老时，子代则履行赡养亲代的义务。我国在该议题上的显著特征是“重小轻老”“重视抚养轻视赡养”，从消费上和人们的就业倾向上就有显示，婴幼儿产品对消费的贡献远大于老年产品，人们宁可“看孩子”，也不愿意“伺候老人”。人们常常从法律层面上分析抚养、赡养和抚养权的纠纷，实际上，从社会学和社会工作的视角分析如何抚养和赡养，对个体的人格、性别的同一性、独立性以及资源的分配、老年的生活质量影响重大。

第一节　抚　养

传统理论中，将抚养方式按照抚养者与被抚养者的关系分为临代抚养（也称亲代抚养）和隔代抚养（祖父母和外祖父母抚养）。结合各种抚养方式的成因，将抚养方式分为双系抚养和非双系抚养两种类型。非双系抚养又细分为双亲家庭隔代抚养、双亲家庭监护人抚养、单亲家庭隔代抚养、单亲家庭亲代抚养、单亲家庭监护人抚养五种类型。[①] 其中，双亲亲代抚养是最为健康、最为自然的抚养方式，同时也是孩子综合发展的最优方式。费孝通在《乡土中国　生育制度》中指出，婚姻和家庭的重要功能之一是确立“双系抚育”，同时认为婚姻是确立双系抚育的文化手段，家庭是抚育的团体，而一个完整的抚育团体必须包括两性的合作，抚育作用不能由夫妇一方单独承担，而需双方共同把孩子抚育成人。母亲提供生理性抚育，父亲提供社会性抚育，最利于孩子健康成长，并掌握家庭之外的工作和交往所需要的各种知识和技能。他将这一套活动称为生育制度。[②]

一、单亲抚养

单亲抚养状况的出现，一部分因为丧偶和离异，另一部分因为父亲或母亲进城务工。其中，后一种情况占单亲抚养的多数。通常，丧偶比离异给单亲抚养的孩子造成的心理压力更大。总体而言，无论何种情况形成的单亲抚养，由于亲子关系的残缺，儿童与父母之间的感情疏离，儿童得不到父亲或母亲的关爱和温暖，导致儿童对爱、安全以及归属的需求长期得不到满足，造成儿童对人和世界产生不信任感和不安全感，并且这种不信任感和不安全感会一直延续到儿童以后的成长阶段，直接影响儿童人格形成和发展的进程。在大多数非双系抚养的家庭中，包括下文要分析的隔代抚养，抚养人对儿童的态度倾向两极化：要么过分娇宠、溺爱，对儿童照料过度；要么对儿童采取粗暴、专制的态度。这样使得儿童失去许多培养自主能力的机会，也不能很好地服从行为规则和社会规范。研究表明，非双系抚养的儿童的自我认识和评价明显比双系抚养的儿童低，自我消极情绪

① 张剑锋. 抚养方式对儿童个性发展的影响 [J]. 江苏社会科学，2008 (SI)：211 - 214.
② 费孝通. 乡土中国　生育制度 [M]. 北京：北京大学出版社，1998：116 - 170.

体验较多，自我控制能力也比较差。①

相比单亲家庭，双亲家庭有较高的收入水平，因而可以通过为孩子选择更好的学校、提供优质教育技术或课外辅导课程等手段，帮助孩子更好地积累人力资本并获得经济上的成功。除经济资源，双亲家庭比单亲家庭有更多的时间资源投入孩子的养育过程。单亲家庭的家长面临更多的生活压力，一般投入劳动力市场工作的时间较长，这减少了他们与孩子的交流和互动时间，在孩子教养方面的参与程度较低，或者对孩子疏于监管，从而对孩子的发展产生不利影响。因此，在教育发展和社会心理水平发展方面，非双亲家庭的孩子均落后于双亲家庭的孩子。

大量研究表明，那些在孩童时期经历了与父母分离或在单亲家庭中成长的孩子，不仅在学业成绩、认知、情感、行为和社交技能等方面落后于与父母共同生活的孩子，并且他们成年后的社会经济地位获得上也可能处于劣势。② 另外，在西方社会，家庭结构的分布存在明显的群体异质性，在社会经济地位较低的群体中单亲家庭更加普遍。③ 基于此，社会分层和流动领域的学者认为，家庭结构是地位获得和代际社会流动的重要机制之一。④

单亲抚养有各种不同状况的组合，例如，妈妈带着儿子的家庭，妈妈带着女儿的家庭，爸爸带着儿子的家庭，爸爸带着女儿的家庭。当然不是所有的单亲抚养都问题丛生。

通常，在妈妈带着儿子的家庭，由于家庭中爸爸缺席，孩子缺乏对男

---

① 张剑锋. 抚养方式对儿童个性发展的影响 [J]. 江苏社会科学，2008（SI）：211－214.

② MCLANAHAN S S, SANDEFUR G D. Growing up with a single parent: What hurts, what helps[J]. Family Relations, 1996, 45(2). TIMOTHRY J. BIBLARZ, ADRIAN E. RAFTERY. Family structure, educational attainment, and socioeconomic success: Rethinking the "Pathology of Matriarchy" [J]. The American Journal of Sociology, 1999, 105(2): 321－365.

③ MCL ANAHAN S S, ERCHESKI C P. Family structure and the reproduction of inequalities[J]. Annual Review of Sociology, 2008, 34(1): 257－276.

④ HOUT M. A summary of what we know about social mobility[J]. Annals of the American Academy of Political and Social Science, 2015, 657(1): 27－36.

性榜样的效仿，妈妈缺乏安全感，往往将情感都倾注在儿子身上，给孩子无微不至的关怀，孩子往往是妈妈的唯一的精神支柱。从另外一个角度说，这种情感属于“控制”，实际上是一种“共生关系”，即两个或更多个体之间的一种强烈的依恋关系，他们之间的边界模糊，对外界作出反应时好像是一体的。共生关系的起源，按照精神分析理论的观点，是母亲自身不成熟，因此需要儿童来满足自己的情绪需要。这种抚育模式容易造就“妈宝男”，对儿子未来的情感生活影响比较大，嫁给“妈宝男”的女性，在婚姻生活中与婆婆比较难以相处。

妈妈带着女儿的单亲家庭，如果妈妈离婚后没有走出伤痛，其负面效果会波及女儿，例如，向女儿灌输与男性互动的负面经验。另外，如果母亲再婚，也会因为姓氏的不同，给女儿带来压力，从这点看，单亲母亲再组家庭的压力高于单亲父亲再组家庭的压力。

爸爸带着女儿的家庭，因为在生活照顾上不像女性那么体贴细致，情感层面的交流互动相对少，使得孩子成长中也会遇到问题。单亲爸爸带着男孩的家庭，我们在下文案例中分析。

有研究显示，亲子分离是造成青少年犯罪或自杀的原因之一。

据新闻报道，2015 年 6 月，贵州省毕节市七星关区田坎乡茨竹村四名留守儿童服毒自杀。孩子们的父亲张某 3 月外出打工，母亲任某离家出走多年。四个孩子最大的 13 岁，最小的 5 岁。他们居住在 2011 年修建的砖混结构、200 平方米的三层楼房家中，平时孩子食宿自理。

在该案中，这四个孩子连单亲抚养都没有，事实上处于没有父母和长辈陪伴的成长环境中，缺乏最基本的家庭关爱和亲情温暖，长期缺少与外界的交流，最后酿成悲剧。抚养质量、抚养方式与家庭的经济状况紧密相连，非婚姻因素导致的亲子分离更多发生在较低社会经济收入的人群中。

一般来说，家庭功能比家庭结构更为重要，即使父母离异，其中有一个人离开了孩子，但是只要对孩子的爱没有缺失，家庭功能均能正常发挥，对孩子的影响其实微乎其微。按照塔尔科特·帕森斯的结构功能主义理论的解释，社会有其内在的结构，它由四个子系统即行为有机体系统、人格系统、社会系统和文化系统组成。行为有机体系统与行动者的生物学有关。人格系统组织着个人行动者的各种习得性需求和行动抉择。社会系统组织着社会互动中的个人或群体，使之处于一定的相互关系中。文化系统由规范、价值观、信仰及其他一些与行动相联系的观念构成，是一个具有符号性质的意义模式系统。这四个系统都有自己的边界，但又相互依存、相互作用，共同维持社会这个大系统的运作。简而言之，不同系统有不同的功能，相互协调推动社会有秩序运转。那么，我们把分析的视野从社会拉回家庭，家庭结构与家庭功能的关系如何呢？结构中元素的缺失也确实会影响到功能的发挥，功能是以结构为基础的。家庭结构之所以会影响孩子的发展，是因为不同结构形式的家庭在资源、社会资本以及抚育的角色和功能的发挥等层面上确实有差异。下面我们来看一个案例。

明成是个56岁的男子，在一次聊天中，和我谈起了他的家庭。父母在他2岁时离异，他跟着爸爸回到奶奶家，姐姐则跟着妈妈生活，后来妈妈组建了新的家庭，又生了一个妹妹。目前，妹妹46岁，在加拿大生活多年，已经移民，但是一直过单身生活，没有成家。

明成小时候跟着爸爸、姑姑和奶奶一起生活。上了小学，他一直思考一个问题，“为什么别人都有妈妈，我只有姑姑呢？”在他读初中时，姐姐对他说，继父如何让她受委屈，明成跑到母亲家，给了继父一个耳光。高中毕业后，明成离开家乡，奔赴日本，在那里读书读到博士，后来又工作，在日本生活了20年。2007年回国，先在上海的一所高校工作。后因为各种原因离开上海，回到家乡的一所“211”学校。在换工作的过程中，他的母亲发挥了重要作用。

打算换工作时明成已经50岁，并且职称仅是讲师，但是他希望换到家乡所在区域的一所“985”学校，这实在是有难度。妈妈的姐姐的儿子，就是他的表哥，是那所“985”学校所在城市的市长，妈妈为了弥补当年抛下儿子的内心亏欠，在调动工作的过程中，就一直住在自己的姐姐家“督战”，但仍有难度，最后“985”的高校没进去，进了一所“211”学校。

明成的感情生活很丰富，在日本留学期间，有同居的女友，恋爱多年，但他不想结婚，女友气得在一次吵架后竟然跳河。那个年代留学生很少，来回坐飞机，明成还与一位空姐产生了情愫。回到上海后，上海的一位离异中年女性愿意卖掉房子出钱跟他去日本定居。然而，虽然明成的生活需要女性，但他不想婚姻，他要自由，他对自己目前的生活状态非常满意。他喜欢看书，无论去哪儿，口袋里都带着日文原版书籍。他还喜欢喝茶，早晨一睁眼，还没吃早饭，就先泡上一壶茶喝，他的爱好是收藏购买各种茶壶，每个月的工资不多，但是几千元一只的紫砂壶他买了几十把。无论在哪个城市生活，他不攒钱也不买房。明成也喜欢美食和喝酒，父亲去世留下来的房子都被他卖掉，钱也通通花掉了，他说，在日本时为了博女人的欢心，败坏了不少钱。每天夜晚，他最大的娱乐是拿出砂纸，打磨自己的那些宝贝茶壶。

明成现在和母亲生活在同一个城市，但是他很少去看望母亲，每年基本上只是过年去母亲家吃一顿饭而已。姐姐常常关心他，要给介绍对象，他都拒绝了。明成与同母异父的妹妹的关系较好，说看在妹妹的面子上，与继父保持着礼貌的关系。

明成的母亲和继父后来因为各种家庭琐事，两人都七八十岁了却办了离婚手续，但是离婚不离家，仍然生活在一起。

本案中的明成是在单亲父亲家庭中成长的，由于父亲通常缺乏女性的细致、体贴，虽然给孩子束缚少，有更大的发展空间，成长环境相对宽松，孩子一般独立意识和能力强；但是，因为情感上的亲密互动不足，孩子在与他人的互动中，容易疏离，接纳性不足，情感上不容易与他人建立亲密关系。从他的独身主义的婚姻观念上看，他更看重自由，主流的婚姻观念对他影响较小。可以肯定的是，明成小时候思考的“为什么我只有姑姑呢”，虽是其少时困惑所在，但影响了少年时他的情感和认知，对其未来的择偶行为也有根本性的影响。没有父母亲密关系的示范，明成对婚姻没有任何期待和归属感、安全感，与异性有交往，但是难以交托自己的心和未来生活，虽然几次感情的发展离婚姻很近，但他还是逃掉了。明成的妹妹生活在双系抚养状态中，但是父母关系一直有矛盾、有冲突，家庭成员关系相对复杂。一个人在异乡，也选择独身。

抚养质量和方式与婚姻质量紧密相关，夫妻之间有冲突，亲密关系发生变化，会直接影响对孩子的抚养状况。这是婚姻冲突的“外溢现象”，一个系统的情绪、情感和行为转换并影响另一个系统，影响从夫妻的子系统传递到亲子子系统。

二、隔代抚养

隔代抚养，有狭义和广义之分。狭义的隔代抚养是指成年父母完全放弃承担儿童教养责任，而由祖辈承担“全部的养育责任”；广义的隔代抚养泛指祖辈参与对第三代的抚养与教育，承担“部分抚育责任”。[①] 我国是女性劳动参与率最高的国家之一，夫妻都进入劳动力市场，工作压力大，白天无法照料孩子，另外，随着离异和进城务工人员的增加，使得隔代抚养的比例不断攀升，隔代抚养成为一种抚养孩子的普遍状态，并成了一种刚性需求。中国老龄科学研究中心的调查数据显示，我国城乡家庭中帮助子女照顾孙辈的老人比例为66.47%，尤其是2岁半以前的儿童由祖辈老人参与抚养照顾的比例占总数的60%~70%，其中30%的儿童甚至由老人单独抚养照顾。3岁以后，儿童普遍进入幼儿园，此时祖辈直接抚养

① 郑佳然.代际交换:隔代抚养的实质与挑战[J].吉首大学学报(社会科学版),2019,40(1):114.

的比例会下降至40%。[①] 欧美发达国家普遍认为照顾孙辈并不是祖辈应尽的义务，他们即使参与隔代抚养，也只是发生在单亲家庭、家庭解组或家庭失范等特定情形下，如儿童的父母去世、离婚，或者父母酗酒、吸毒、家庭暴力、性侵犯或患艾滋病以及精神病等情形的时候，也有一些发生在非婚生子的少女妈妈身上。[②] 下面我们来看一个案例。

2016年端午节前后，如萍的女儿生孩子，如萍就到北京帮助带外孙女了，现在外孙女已经上幼儿园大班了。其实，如萍并不愿意来，2016年，如萍的老公并没有退休，她把老公一个人丢在家里，并且还有80多岁的母亲需要照顾。母亲以前是由她和姐姐轮流照顾的，现在只能丢给姐姐一个人了，老母亲也不高兴，说“不伺候我了，去伺候你闺女去，还把你的老公留在这边，天天来我家蹭饭”。老母亲特别不喜欢如萍的老公，他有洁癖，洗手要洗很久，浪费水；如萍的老公在岳母家吃饭，不吃剩饭剩菜，没有好菜时，就随意翻动岳母家冰箱，自己做炒鸡蛋，等等。老母亲是个非常节俭的人，这些琐事让老母亲不喜欢这个女婿，但是碍于情面又不好说，有几次把老母亲气得血压升高。

如萍在女儿家很累，家里买菜、做饭、带娃、打扫卫生，所有的家务都是她的。曾经给闺女建议让婆婆来，婆婆短期来过，闺女说不喜欢吃婆婆做的饭，另外婆媳相处总没有母女相处随意。2017年劳动节，全家人出去玩，在等地铁时，被一个推着行李车的小伙子绊倒，当时如萍抱着孩子，为了不摔着孩子，如萍直直地跪下去了，结果膝盖粉碎性骨折。在北京做了手术，养了几个月，后来坐着轮椅回到家乡休养。休养几个月后，才回到北京。

2019年7月底，如萍的老母亲病危，当天就去世了，她都没能见到

① 穆光宗. 让隔代抚养回归慈孝之道［J］. 人民论坛，2017（34）：63－65.

② KLUGER M P, APREA D M. Grandparents raising grandchildren[J]. Journal of Gerontological Social Work, 2008, 32(1): 517.

母亲最后一面。送完老母亲，如萍又要回北京，老父亲在楼上趴着窗口一直目送到看不到如萍的影子。

如萍在北京带娃，认识了小区里的几个同龄的朋友，都是来看孙子女的。每个周末，全家出去郊游，外出吃饭，带着孩子参加各种活动，生活内容比以前丰富很多，也很快乐，享受着天伦之乐。但就是累，没有在自己家自在。

该案例在城市家庭中非常普遍，这种抚养模式具有现实的合理性和必然性。老人离开家乡，牺牲了一部分可以自主的生活，也无法承担赡养自己父母的义务，无法在日常生活中照料陪伴父母，还让渡了自己的一部分业余爱好和安逸舒适，开启了另外的一种生活。该案例，在隔代抚养中，没有产生冲突性的家庭矛盾，是很难得的。本质上讲，隔代抚养实际上就是一种包含物质、服务及心理在内的各种资源的代际传承与代际交换，[①]强化了代际依存，但是否互惠共赢值得探讨，从总体来看，隔代抚养“喜忧参半”。

隔代抚养对祖父母的好处在于，能够享受天伦之乐，降低孤独感，提升心理健康水平。研究结果显示，隔代抚养对于农村老年人来说，通过为老年人提供参与家庭分工的机会和自我价值实现，使老年人心态更为乐观，生活更积极。[②] 隔代抚养可以帮助老年人重新找回尊严和价值，帮助老年人回应跟随儿女进入陌生城市的生活适应问题，同时，在抚养孙代的过程中，能够帮助老年人构建新的交际圈子，与年轻人成为共同群体，促进老年人的逆向社会化。此外，还可以让老年人的生活更加充实，降低老年人因城市化带来的“匿名化”“陌生化”，也在无形中深化了老年人的

① 郑佳然. 代际交换：隔代抚养的实质与挑战［J］. 吉首大学学报（社会科学版），2019，40（1）：113－119.

② 宋纯建. 隔代抚养对农村老年人心理健康的影响：基于CHARLS数据的实证研究［J］. 荆楚学刊，2019，20（4）：78－85.

思想与认知，使其走出原有的认知窠臼，接纳自己，也接纳身边的世界。①

隔代抚养对年轻人的益处在于，可以缓解职场和生活的双重压力，使其有更多的时间和精力全身心投入工作，获得更好的职位以及更高的薪酬待遇，从而改善家庭的经济状况。

隔代抚养最突出的弊端体现在孩子身上，经济条件好的祖辈带娃，往往容易溺爱，缺少原则性。溺爱的后果是孩子自私任性，生活自理能力差。经济条件不好的祖辈带娃，孩子的需求不容易得到充分满足，祖辈按照自己的意愿教育孩子。有的父母将孩子留给祖辈不闻不问，孩子有一种被抛弃的感觉，从而形成自卑心理，影响孩子的自尊心。无论祖父母如何疼爱，父母的爱都不能替代。祖父母和孙子女生活之间的代沟，致使双方缺乏共同语言，交流少，孩子容易形成孤僻的性格。老年人年纪大，带孩子小心谨慎，怕出事，因此会减少孩子的户外活动，这会影响到孩子的好奇心和探索欲望；另外，老年人的思想观念、行为方式、文化修养等可能落后于时代，孩子在这些落伍的观念的潜移默化的影响中，与社会的距离拉大了。

最为重要的是，隔代抚养不利于亲子关系的发展，亲子之间的情感互动是在生活中逐渐建立起来的，没有生活中的朝夕相处，仅仅依靠血缘关系收获至真至纯的亲子感情基本没有可能。事实上，如前面分析的张明案，张明 4 岁前一直由外婆抚养，4 岁时回到父母身边，已经无法拥有亲密的父子和母子关系了，并且这种回避型依恋类型的人未来在婚恋中也会遇到问题，不知道如何与伴侣亲密互动。另外，如果不能在双亲抚育中建立亲子感情，那么由于年老时亲子之间的骨肉相连的感情是决定晚年生活质量的关键因素，那时子女对年老父母的赡养，仅基于法定义务，无法保

① 周宇. 回应、嵌入、超越：隔代抚养与“带娃”经济［J］. 四川行政学院学报，2019（1）：77－86.

证生活质量。如果在贫困地区的农村，祖辈的文化水平有限，隔代抚养就会出现只有“养”而没有“育”的状况，使得孩子进入事实上无人教养的境地。

隔代抚养的弊端还在于挤占了祖辈时间，使祖辈从社会和自己的交际圈退出，失去了能够自主支配的晚年退休生活，增加了劳动支出，加重身心负担，身体健康水平下降，也会有个别老人在每天的带孩子的琐事中，情绪抑郁。同时，隔代抚养因为养育观念和生活习惯不同，容易加深代际矛盾。下面我们来看一个案例。

这件事发生在2016年，那时是小梅的父母帮助照顾孩子。丈夫在生活中有很多规则。下班到家通常开口就是“三不”，地不能这么拖，衣服不能那么洗，这个东西不能摆在那儿，等等。有一次孩子感冒了，白天孩子在家，老人给孩子吃零食了，晚上孩子就不吃饭，结果小梅的丈夫就向老人发火了，几乎要动手了。

第二天，老人就买了火车票回新疆老家了。这起冲突事件带来了家庭关系的“地震”，夫妻关系濒于破裂，丈夫后来做了很多修复性的工作才又恢复常态关系。冲突后的几年，老人一直没来女儿家。2019年，小梅的爸爸去世了。

在该案中，老人对孩子的照顾没有那么多严苛的标准，代与代之间对孩子在生病期间的饮食发生冲突，看似小事情，但从文化人类学的视角来看，实际上是代与代之间存在价值观、养育观念和行为方式上的差异，引发了激烈的代际冲突。

有学者认为，老人替代性地参与带娃，对老人、年轻人、企业、社会和国家都是有利的，改善了每一个与老人带娃相关的个体、群体性组织的境况，增进了大多数人的集体福利，是一种帕累托改进。[①] 笔者基于上述

① 周宇. 回应、嵌入、超越：隔代抚养与“带娃”经济［J］. 四川行政学院学报，2019（1）：77－86.

内容分析认为，隔代抚养的确有一定的优势，但是如果是全权委托给祖辈，即狭义的隔代抚养，实则对孙辈的成长不利，本书认为父母亲合作和互补的“双系抚育”对孩子综合发展才是最有利的。

第二节 赡养

尽管目前有多种养老方式，如社区养老、机构养老以及各种市场化的养老形式，但是国人的养老方式主要还是以家庭养老为主，依靠子女或者家人的照顾度过晚年。费孝通将我国的养老文化概括为双向互动的“反哺模式”，父母抚养幼年的子女，孩子成人后赡养老年父母，抚养和赡养是中国家庭代际关系的两个主要方面。这一点与西方不同，西方是单向接力的抚养模式，没有赡养。赡养无论从法律层面、道德层面还是从文化层面上，都是国人应尽的义务和责任。老人和子女之间多年积累的情感以及交换合作的家庭生活而形成的代际团结，再加上中国自古以来的“孝道”文化，使得家庭养老在各种养老方式中仍占据主流，并且也具有实践上的可操作性。当然，也有人对“反哺模式”持否定态度，既然这是一种文化就意味着是人为建构的，并且这是属于儒家文化的传统，从本质而言，这种文化讲究老幼尊卑和等级次第，是保护老人的。从人的自然属性而言，绝大多数的生物养育体系是向下的，生物的本能是复制自己的DNA，从这点看，赡养老人不是个人的生物义务，仅是文化层面的义务。另外，在当下还存在一种逆向赡养现象——“啃老”。子女长大后个体不能独立，还依靠父母提供经济和生活上的照料。目前，该问题也很突出，需要进一步讨论。

一、老年人的养老需求

老年人的养老需求主要体现在经济支持、生活照料和精神赡养三个方面。按照交换理论的解释框架，家庭内部的父母与子女之间存在一种付出与回报的交换关系，无论是出于经济利益、道德义务、情感需求还是契约维护，代际资源的流动和分配都表现为一种经济上、劳务上或者精神上的双向支持与互换。而子代赡养行为可以视为子女对父母早年养育之恩及之后广泛支持帮助的一种报答和回馈，是一种基于互惠原则的资源交换行为。① 当然，在个别家庭的子代强调生养之外的资源交换，即子代成年后亲代仍需付出，例如，帮助子女带孩子，这是子女在回馈养育之恩时又附加了条件。下面我们来看一个案例。

此案是前文中明成的案例的后续发展。明成的继父80多岁了，有亲生女儿和继女各一个，亲生女儿在加拿大，继女和老人生活在一个城市。而且，两个老人虽然还生活在一起，但是已经办理离婚手续，因继父与明成姐姐之间有抚养关系，因此姐姐对继父还具有法定的赡养义务。但是在情感上，明成姐姐并不愿意和继父生活在一起，继父为了改善关系，给继女买了上万元的貂皮大衣，坚持了一段时间，关系仍然不够融洽。老人家希望自己的亲生女儿回国工作，并在北京给找了工作，但是亲生女儿也不认可该做法。于是，明成继父的养老问题被搁置了。

在该案中，家庭关系的复杂性给老年人的养老带来了困惑。老年人在经济层面没有问题，其养老需求主要体现在日常生活的照料和陪伴方面。继子女有条件但是在感情上有隔阂，亲生子女有感情但不具备赡养条件，即使放弃国外的事业，在北京开始新生活，老人和子女也都要重新适应。下面我们再来看一个案例。

我的老妈88岁，脑出血去世的，早晨6点多发病，晚上8点多就去世了。回想老妈离世前一天的晚饭和早晨自己对老妈的态度，觉得特别愧疚。前一天特别热，我姐姐的孙子来了，2岁的孩子特别招人喜欢，我们

---

① 韦宏耀，钟涨宝．代际交换、孝道文化与结构制约：子女赡养行为的实证分析［J］．南京农业大学学报（社会科学版），2016，16（1）：144－155，166.

过了无比欢乐的一天，到晚饭时，姐姐说吃冷面，于是我们就按照我们的想法买了冷面，那边老妈说要做鸡蛋糕，我们说冷面和鸡蛋糕不搭配呀。但是老妈还是从鸡蛋的箱子里拿出4个鸡蛋，老妈平时是个很听劝的人，很少做事坚持自己的想法，今天如此坚持，我和姐姐说，那给老妈做2个鸡蛋的鸡蛋糕吧。晚饭时，我们吃冷面，老妈说，这就是晚饭了？我们说，是呀，你以为冷面是临时的加餐吗？姐姐用阿迪锅做了鸡蛋糕，老妈也只吃了2勺。

第二天早晨，老妈很早起床，外甥送来一条大鱼，我在自己房间里准备看书，老妈叫我收拾鱼，我内心满心不愿意干，所以跟老妈说话声调特别高。现在想想对老妈态度不好，很愧疚。老妈早饭前发病，晚上去世，这一天没吃到啥，前一天的冷面和鸡蛋糕是老妈生前的最后一顿饭。多亏鸡蛋糕做了，否则心里更加难受了。前一天，还好我给老妈洗了头发，姐姐给老妈剪了头发。否则，更觉得对老妈有亏欠。老妈去世后，我常常梦到她。我现在感慨，老人的每一餐都要认真对待呀，因为无法预料哪一顿是她人生的最后一顿。每一个时刻、每句话对父母都应该态度温和，因为我们无法预料，哪个清晨或夜晚是陪伴父母的最后时光。

该案主要表达的是对老年人的精神赡养。让案主最愧疚的是，说话时对老妈的态度不够好，声调高。可见，对老人和颜悦色，就是传统文化中讲的“色养”，以“婉容－顺颜色、察嗜好－养志”为“色养”内容格序①，就是精神赡养。这不仅对老人好，而且对子女来说也得到心安，所以内心没有亏欠是多么重要啊！在该案例中，子女关注老人的精神赡养，并能够不断地反省，而有一部分家庭更多关注老人的经济赡养和生活照料，而容易忽视精神赡养。实际上，我国老年人的精神荒芜现象十分普遍，老无所乐已经成为这个群体的隐痛。

① 牛贵宏，尤吾兵．论传统文化中的“色养”思想及其现代价值［J］．中州学刊，2018（4）：80－86.

老年人的精神赡养包括老年人精神自养、子女精神赡养、社区精神赡养。老年人精神需求的满足，当然可以向不同的向度寻求，向外求，靠他人给予，也可以向内求，靠自己的修炼和丰富精神世界，还可以向子女求，获得亲情的满足。本书探讨的是家庭领域中的各种问题，因此，重点阐述子女给予的精神赡养。家庭领域中的子女精神赡养，体现在尊重老年人的自尊、期待和对亲情的需求，尊重老年人的意愿，而不是从最正确、最优、最有效率、最合理的角度来思考问题。听听老人的唠叨，和老人聊家常，陪伴老人，让老人参与家庭事务，甚至让老人做点家务，让老人感到精神愉悦幸福，就是最好的精神赡养。而这些内容需要子女发自内心真心实意地去做，否则，只出于道德或者法律的义务，则无法收到好的效果。2012 年 12 月 28 日，全国人大常委会表决通过修订后的《老年人权益保障法》，该法规定与老年人分开居住的家庭成员，应当经常看望或者问候老年人。这条规定被解读为将“子女常回家看看”正式写入法律。实际上，经济赡养的义务通过法律来约束是有效的，但是，涉及情感和精神层面的需求、陪伴只能处于道德等感性层面，法律对该义务的设定可能会收效甚微。

有的家庭不让老人参与任何家务劳动，美其名曰让老人享清福，其实，有一部分原因是嫌弃老人做事动作不麻利，嫌弃老人脏，这是在家庭领域中的排斥，老人的自我价值以及在家庭中的存在感无法体现，老人如果自己在精神上不能自养，老无所乐，这种生活状态就不太好。下面我们来看一个案例。

北方的一个小城市的家庭，家中只有 83 岁的老父亲，老父亲生活能够自理，每天出去遛弯，在家时读书、看报、看手机。四个儿女共同出资 1800 元/月，作为照顾老人的劳务报酬。儿女们轮流来照顾父亲，但并不心甘情愿。按照儿女们的话说，你给多少钱，没有人愿意把时间捆绑在这里，这样没有了自己的生活，还要听老父亲的唠叨。老父亲的观点是，就是不给钱，你们作为儿女，不也应该照顾我吗？

多子女家庭容易出现赡养纠纷。在该案中，老人是将子女作为整体，从法律和道德上讲赡养是应尽的义务。子女们也认同这个道理，细细思量两者并不矛盾。只是在实践层面具体到个人时，子女们考虑的是，“为什么是我？”其矛盾主要不在老人和子女间，而是子女们内部的劳务付出和自我生活保全的矛盾。如果不是每个子女平均分担赡养老人的义务，那只能依靠劳务报酬来减缓和均衡子女们之间在赡养付出上的不均等，这也是一种解决赡养矛盾的方法。

二、逆向赡养——“啃老”

逆向赡养是指老龄人口继续供养已经成年的子女的情况。被供养的成年人在不同的文化中有不同的称谓，如“尼特族”“袋鼠族”“单身寄生族”“啃老族”“傍老族”“新失业群体”等。“Neet”一词最早出现在20世纪80年代的英国，在我国台湾地区被翻译成“尼特族”，人们用这个词来指年龄在16～24岁之间无职业、不在读也不接受任何职业培训的年轻人；在法国，这一类人被称为“袋鼠族”。1997年，日本中央大学社会学教授山田昌弘为日本“啃老族”发明了一个词——“单身寄生族”。在日本，超过400万35～54岁的日本人与父母生活在一起。①美国25～29岁的年轻人中，有33%与父母或祖父母住在一起。欧洲国家35岁以下人群中，这一比例超过40%。②当然，在“啃老族”中，除了单身之外，还包括一部分成家搬出后又归巢者，这部分人平均年龄在36岁左右。

在中国文化下的“啃老族”包括两类人：第一类是具有工作能力但

① 国外有啃老现象吗？真实数据告诉你啃老已成全球社会现象［EB/OL］.［2019－06－26］. https：//finance. cngold. org/c/2018－07－26/c5879962. html.

② 蒋丰，青木，潘秋辰，张凡. “啃老”已成全球现象：日本问题无解欧美也在变化［EB/OL］.［2019－08－26］. https：//www. sohu. com/a/253828029_ 770352.

不工作，完全依靠父母支付自己所有生活费用的子女；第二类是虽有工作，但仍然从父母那里获得部分或者全部生活、租房、购房以及结婚等费用的子女。第一类子女可能未婚，与父母同住，而第二类子女则可能独居或者已婚。[①] 该群体在中国又被称为“新失业群体”，该词是2004年孙立平教授提出的。该群体年龄在24～40岁，从广义上看，“啃老”也包括子女在购房、购车、结婚等人生大事上的资助，如果把这部分人算上，“啃老”的群体在当下的中国比例高达60%。如果单纯从狭义上看，放弃就业机会赋闲在家，依靠父母解决衣食住行，这部分比例在30%左右。

（一）逆向赡养的具体表现

基于宏观结构、文化、就业劳动力市场的供求状况，以及个体认知等层面的原因，一部分子女不肯出去工作，宅在家里，继续享受父母的供养，出现了“成人孩童化”的社会化倒退现象；也有一部分人在就业中受挫又再度归巢与父母生活在一起，依靠父母。此外，还有一部分人已经工作，但是个体的经济能力不足以满足自己的各种消费需求，被称为“月光族”，购房、购车、育儿、旅游、购买各种物品等需要父母的资助。当然，父母的支持不仅表现为金钱支持，还包括劳力支持以及社会资本的支持。

（二）“啃老”群体的形成机制

“啃老族”主要体现为过度依赖父母，缺少独立自主、自我决定、自主探索的行为，实际上是青年成长的延滞现象。该现象已经成为全球问题，与社会结构、失业率、教育程度、家庭教育、学校教育专业设置以及个人的品性和能力等诸多因素相关。

（1）文化层面上，孝文化的传统已经被改写和重新定义，在下文中将详细阐述。当下，人们对“孝”的理解，其载体已经从父代转移到了

① 马书红．“啃老族”形成的社会文化动因［J］．经济研究导刊，2014（35）：226－228．

子代，认为只要自己过得好，就是对父母的孝顺。因此，子代更多以自己的生活为中心，父母比较难以从这种代际关系中受益，“啃老”过程中的愧疚感淡化。另外，消费主义文化的兴起使得消费的功能已经全然跨越了使用价值的基本属性，附加了更多的消费所带来的身份和象征性价值，追求消费的符号价值，从而存在炫耀性消费，为了满足个人在消费中的诸多追求，当个人能力无力支持时，“啃老”就成为一种选择。中国与西方在家庭一体意识上差别很大。西方文化强调个体要为自己的生命负责，在中国，则更看重血亲关系，国人的家族一体的集体主义文化观念突出，个体不是独立的个体，而是家族关系中的个体，家庭成员之间形成了互相依赖、利益共享、生死与共的联结，一个家庭成员的事就是家庭所有成员的事情，家庭责任是一体化的，而不是分离的、区隔的。贺雪峰通过在鄂东英山农村的调研，发现当地农村代际间责任不平衡，即父母对子女有无尽的责任，而子女对父母只尽有限的义务，被称为“恩往下流”。[①] 因此，当子女不能就业或不愿就业、个人收入不能满足消费需求时，父母与其责任共担，“啃老”现象就出现了。

（2）结构层面上，中国用几十年的时间走完了发达国家几百年走过的发展历程，创造了经济奇迹，经济奇迹的负面效应是过早地透支了经济与社会发展的各种资源与机会。从群体的意义而言，一部分人富裕意味着抢走了另一部分人没有发掘的机会，机会失去了就不会再生。当下，中国经济发展增速持续放缓，劳动力岗位的供给不足，再加上持续高速经济增长带来了各种社会矛盾，年轻人处于就业和竞争的高压环境中，同时，由于父母一代在经济高速增长中积聚了一定的财富，具备了供养成年子女的条件，一部分年轻人便形成避世“佛系”的人生态度，加速了“啃老”群体的产生。

（3）家庭教育层面上，“啃老”群体的形成，涉及家庭关系中的另一

---

① 贺雪峰. 农村代际关系论：兼论代际关系的价值基础［J］. 社会科学研究，2009（5）：84－92.

极——父母，父母在其中扮演的角色可以说是“共谋”，父母主动或被动的配合，无论是强制的，还是出于自愿，总之，父母在其中扮演了“被啃”的角色，提供了经济、劳力和社会资本的支持，默许了子女对自己的依赖。当然，依赖父母同时也意味着赋予了父母更多的管教的权利，体现了成人的孩童化的倾向。在家庭教育中，父母更多关注孩子的成绩等各种功利性目标的实现，忽视了孩子的独立意识、抗挫折意识、责任意识的培养。中国的家庭教育观念，更多强调要听父母的话，但对子女的自强、独立和自我实现等方面强调不足。父母养成了孩子只要管好学习，其他一切都由父母包办的习惯，孩子在溺爱的环境中成长，遇到挫折就后退，没有培养起性格中坚韧的一面，在就业选择上好高骛远、眼高手低；孩子缺乏担当，认为“啃老”是自然的、没什么了不起的事情，缺失了对自我的当下和未来负责的观念，对父母、家庭、社会、国家的责任感更加淡化了。

（4）学校教育层面上，专业设置与实际劳动力市场需求脱节。高校的专业设置应该随着社会的需求变化而调整，但是，在教育的市场化机制作用下，高校甚至被戏称为“公司”，在经济目标主导下，各个高校的专业设置常常出现“扎堆”的现象，培养了大量市场上无法消化的相同专业的人才，同时，高等教育人才培养中，重理论轻实践，重知识轻技能，使得大学生的能力没有得到充分培养，无法适应劳动力市场的要求。另外，针对 20～30 岁的年轻人的就业培训还比较薄弱，对大学生的就业指导的作用还有一定的局限性。

（5）就业层面上，与 20 世纪 90 年代末期相比，当下的就业环境和结构发生了翻天覆地的变化，即便本科或硕士毕业，在就业市场找到一份自己满意的工作也不是件容易的事情。在高校扩招背景下，大学毕业生人数众多，涌入劳动力市场，整体劳动岗位供给持续减少，此轮创业热潮结束后，中国的中小企业数量增长会全面放缓，与此同时，人口和城镇化红利趋于结束。另外，国家为了缓解退休金的支付压力，在政策上调整退休年龄，当社会上主要的工作岗位都被中老年人占据，且长期不会被释放时，年轻人的就业机会就会受到相应的挤压。就业竞争压力增大，甚至出现上千人去争取一个就业岗位的情况。进入劳动力市场的劳动者工作压力也持续增加，“996”现象已经成为一部分年轻人的工作常态。在这种情况下，一部分年轻人没有机会上岗就业，成为失业群体的一员，失业也要生活，无奈只能“啃老”。

（6）个体层面上，独生子女一代，一部分人在溺爱的环境中成长，过于依赖父母，缺乏独立生活能力和意识，青年就业者在技能、经验等多方面处于劣势，缺少吃苦耐劳的品质，存在较高的就业期望，对工作挑三拣四，存在职业歧视现象，希望寻求到体面的工作。当职业预期不能实现，就宅在家里“啃老”。同时，有一部分年轻人受享乐主义的影响，沉溺于网络，认为家庭物质充裕，没有必要艰苦奋斗，工作未必是人生必选项，可以选择过不一样的人生。如果按照罗伯特·默顿（Robert Merton）的结构分析范式来理解的话，“啃老”行为属于退隐主义，既不认同主流文化所认同的目标，也不认同主流文化所引导的合理的实现目标的方式。主流文化倡导每个个体通过个人努力实现教育和个人素养的提升，满足个体和家庭成功的目标。“啃老”是个人受挫后的一种失败主义，当然也会有人将其解读为淡薄和隐退，是一种超脱行为。

（三）逆向赡养——“啃老”的社会影响

这里，我们不排除个别父母是“愿意被啃”的，在自己能力允许的情况下，帮助子女购房、购车以及养育孙子女，实现个体的家庭价值，同时退休生活得以充实，与子女在一起，也让自己的精神生活更加愉悦。尤其是子女可以经常去父母家里吃吃喝喝，父母主观上也愿意在劳力上、经济上付出，一家人其乐融融，这种别样的“陪伴式啃老”实际上是一种孝，对于父母而言，具有积极意义。下面我们来看一个案例。

我儿子大专毕业一年了，现在在亲戚开的公司里学技术。儿子在读书时，一直不肯吃苦，学习成绩在班级从来都是倒数，高中时为了鼓励他学习，满足他的要求买了个苹果手机，可是，上课时也玩手机呀。我跟老师说，没收手机。班主任说，“你们家长给买，让老师没收？其他学生的手机都能没收，唯独你儿子的手机不能收，这是你儿子唯一的精神寄托，否则他不学习没事干，很可怕”。可想而知，这种学习状态，怎么能有好的未来。所以呢，我也打算好了，就算未来儿子找不到工作，每天宅在家里打游戏，我也认了，我养他一辈子。我就这一个儿子，我的钱、房子和财产早晚也都是他的。

可见，有一部分父母对该现象是接受的、能够认可的，认为尽管子女不工作每天宅在家里，甚至与父母没有交流，父母也是愿意每天伺候。他们情愿自己的孩子“啃老”，只要孩子过得高兴就行，与孩子在一起也是幸福的。

但是，“啃老”现象更多体现的是负面效应，成年子女还“寄生”在父母身边，对于父母而言，影响了老年人的物质生活水平、主观幸福感，增加了老年人的负担，是无奈地承担家庭责任的一种表现；对于成年子女来说，不能有效融入社会，常年赋闲在家，缺少与外界的交流沟通，容易形成压抑、内向和孤僻的性格；对于社会而言，导致人力资源的严重浪费，也对整个社会的教育、就业和养老保障等制度产生巨大冲击，增加了社会的不安定因素，影响国家未来的竞争力，加剧了我国老龄化社会到来的压力。

第三节 抚养和赡养问题与社会工作介入

每个人的成长都离不开家庭的抚养，同时每个人都需要承担赡养义务。当下，在抚养和赡养领域，呈现诸多社会问题，我们常常看到因家庭功能不健全给家庭成员造成的各种负面影响，尤其是在缺少爱的环境中成长的孩子，以及生活在家庭矛盾不能有效处理的家庭中的老人，这些影响如不能从微观和宏观等不同层面有效地消除，将会给个体、家庭和社会带来各种问题。

一、抚养问题与社会工作介入

在抚养领域中最大的问题是亲子分离，其次才是各种家庭教养方式所带来的问题。单亲抚养、隔代抚养和亲友抚养，对孩子成长来说，都不如双系抚养的家庭所给予孩子的良好的家庭教育环境。当然，也不是只要是双系抚养的孩子在人格成长、独立性和依恋系统等方面就表现良好。在双系抚养中，如果教育方式不当，意见不一致，宠溺、放纵、忽视等，对孩子的自尊与他人的关系层面的能力的发展也会带来障碍。在社会工作层面，如何回应这些问题？下面我们按照从宏观到微观的路径，探寻解决该问题的策略。

（一）宏观层面

宏观上，我们的制度建设和政策制定应注重控制父母与子女分居的增长趋势，尽量减少非双系抚养状态的出现。非离婚原因所形成的非双系抚养常常与国家的社会保障政策相关。

今天中国流动人口家庭的儿童抚养已经不仅是家庭的问题，更是社会和国家的问题。2016 年 2 月国务院发布了《国务院关于加强农村留守儿童关爱保护工作的意见》，这是第一份系统性明确未成年人保护政策措施和工作机制的国家文件。可见，国家已重视该问题。但是，对于政策的落实与细化，以及相应的根源性问题——社会保障政策，仍然需要改善。

农民工在城里务工，实际上失去了基本的家庭生活权，这部分人群融入城市有种种障碍。他们在城市里面绝大多数没有社保，住在工棚，无法将孩子带在身边，民工子弟学校也都纷纷被取消，即使能够在城里读书，高考还是要回到家乡参加。这种政策环境促成了留守儿童群体的存在，他们没有办法享受双系抚养。民政部数据显示，截至 2018 年 8 月底，全国共有 697 万留守儿童，相比 2016 年减少两成。城市化的过程中，可以说国家出台了各种针对农民工群体的保障性政策，针对拖欠农民工工资问题，国家出台了《建设领域农民工工资支付管理暂行办法》等一系列法律制度。2016 年 1 月，国务院办公厅印发《关于全面治理拖欠农民工工资问题的意见》。2017 年 12 月，国务院办公厅印发《保障农民工工资支付工作考核办法》。2017 年 9 月，人力资源和社会保障部印发《拖欠农民工工资"黑名单"管理暂行办法》。2018 年 7 月，中共中央办公厅、国务院办公厅印发《国税地税征管体制改革方案》，明确从 2019 年 1 月 1 日起，员工的各项保险包括养老、医疗、失业、工伤、生育等均由税务部门代收。这也就是说，企业必须强制给每位员工缴纳保险，这其中也包括农民工，由税务部门强制征收农民社保费用，这有力保障了农民的福利待遇，也解决了多年以后每个人的养老问题。

这些政策部分地解决了农民工群体的问题，但户籍问题仍然存在，成为解决亲子分离问题的瓶颈性因素。让农民工在城里"扎根"，但不给户口，如何解决孩子上学问题呢？购房、医疗、教育和就业是与户口紧密联系在一起的，户籍不解决，就无法从结构和制度的层面上根本解决该问题。可见，留守孩子双系抚养的目标的实现在结构和制度上仍然存在屏障。因此，建议国家在政策层面上思考帮助构建农民工生活体系的相关政策措施，而不只关注职业层面，从而为农民工安心为城市化进程贡献自己的力量解决后顾之忧。具体而言，进一步深化户籍制度改革并制定和完善非户籍随迁孩子的异地入学政策，是减少非离婚因素导致的亲子分离的必要举措。另外，完善贫困单亲家庭，尤其是单亲母亲家庭的社会救助制度，缓解单亲家庭的经济压力，降低单亲家庭贫困化的风险，对促进青少年的发展和社会公平有重要意义。

单亲家庭为何会成为一个社会问题，是否与主流文化相关？前文分析家庭结构与功能的关系时也明确了家庭功能的重要性。当单亲家庭成为主流家庭结构的一部分时，其被接纳的程度就高，生活在单亲家庭中的压力会降低。在文化的意义上，如果我们只认同核心家庭作为主流的家庭结构，那么所有的非核心家庭，单身的、同性恋的、单亲的等，都会被贴上标签。因此，应从文化的意义上消弭抚养领域中的问题，要去“单亲家庭”的污名化，其源头在于人们对离婚的观念的道德和个性上的评价压力。事实证明，单亲家庭中的孩子交友认真，善于体会他人的感受，有较好的自愈能力，冷静、自尊自爱，更懂得珍惜生活。

在社区和社会组织层面，为促进社区内资源的整合以及社区内居民之间的互动交流。可以将社区内的单亲家庭聚合在一起，在专业社会工作者和社区工作者的指导下组织单亲子女成立一个小的组织，例如“坚强孩子俱乐部”，将单亲父母们组成“单亲父亲（母亲）俱乐部”，吸纳社会工作者、心理学者、社区工作者、志愿者等，将各方资源统合起来形成合力，定期举行聚会和活动。可以围绕单亲抚养中遇到的各种问题，例如，经济问题、亲子关系问题、心理健康问题、照料不足问题等，通过自组织的方式加以回应。同时，交流生活经验，倾诉生活烦恼，提供情感支持。

在家庭层面，要降低离婚率的增长速度，从而减少因离婚所造成的单亲抚养状态的出现。当然，这里并不是说不允许离婚，如果夫妻关系恶劣，不好好过又不好好离，那给子女带来的伤害甚至是毁灭性的。离婚夫妻要妥善处理子女的抚养问题。该领域中的矛盾呈现了人间百态，抚养类型多样，有无人抚养的，有抢着抚养的，有交给祖辈抚养的，有寄养在亲友家的。未成年人的健康成长，既需要充足的物质保障，也需要来自父母的精神关爱，两者缺一不可，作为父母，尤其是离婚夫妻要处理好该问题。

（二）微观层面

微观上，个案社会工作方法可以帮助单亲家庭成员解决家庭中遇到的具体问题。例如，如果单亲母亲下岗，经济上遇到困境，社会工作者可以帮助该家庭与其所在社区、街道联系，申请最低生活保障金，同时，协助其提升就业技能，参加就业培训，提供各类就业信息。另外，从情感支持的角度上，帮助单亲家长调整心态，处理亲子矛盾等。

隔代抚养比单亲抚养遇到的问题相对简单些。对于社会工作者来说，可以帮助祖辈提升抚养能力，提高亲代抚养的参与度以及主体的责任感。在具体做法上，社会工作者可以在社区将隔代抚养的家庭聚合在一起，组办关系类的活动，主要涉及亲代与祖辈的关系，例如，周末组织由父母和祖父母参加的对话交流活动，在亲代面前展现隔代抚养的困境和意义，让父母看到祖辈在隔代抚养中的贡献，培养亲代的感恩之心，提醒亲代对祖辈身体状况的关照。关系类的活动，除了祖代和亲代的关系外，社会工作者还需要协助祖代将社区内的隔代抚养的祖辈们联系起来，形成一个可以互相支持的一个比较松散的团体，建立团体沟通的平台，微信群或者 QQ 群。通过这个平台，祖辈们可以彼此联络，交流分享抚养经验，倾诉生活难题，传递感情，互相支持，分享各类知识。社会工作者可以通过街道或社区联系活动场地。

另外，亲代为何没有足够的时间陪伴孩子，可以从职业压力上反思，年轻的爸爸妈妈，“5 加 2”、白加黑、“996”，加班成为常态，事实上这种高强度的工作节奏对工作质量、工作效率和个人身体健康，以及家庭和睦和孩子的成长来说都有负面影响。因此，用人单位要妥善安排职工的工作，让职工有足够的精力好好工作，也有一定的余力参与家庭生活，陪伴孩子成长。因此，社会工作者需要深入机关、企业等各个用人单位的工会组织，做一些政策倡导性的工作，从而保障职工在八小时工作时间之外有时间参与家庭生活。

二、赡养问题与社会工作介入

党的十九大报告将构建养老、孝老、敬老政策体系和社会环境作为我国保障和改善民生的重要组成部分。有学者提出在社会福利体系的构建中增加一部分有关赡养福利的相关措施，以缓解在家庭养老、机构养老以及社区养老等层面的压力，国家应从政策层面上通过补贴、税收等各种手段缓解养老压力。赡养福利的主要内容是向赡养人提供服务或物质帮助，具体包括财政补贴、税收优惠、实物支持、休假安排（包括探亲假和照料老年父母的假期），各种类型的服务（护理培训、心理疏导、短期全托等）涉及的领域主要包括住房、就业、休假、护理等。① 例如，从个人所得税的免税额度上，赡养老人每人有 1000 ~ 2000 元不等的免税额度，这也是在税收层面上国家让渡的利益，是惠民举措。在政策层面上，给子女们创造赡养父母的各种条件，例如，减少居住空间分离的措施。可以借鉴新加坡的经验，在新加坡，子女购房如果与父母的距离比较近，给予补贴，在购买公寓申请较多的情况下，将优先受理与父母同住或是住处临近的申请。“住房补助金计划”鼓励已婚子女和父母居住在同一处房产或是相邻的房产中以方便对年老父母的照顾。若已婚子女与父母同住，或者住处在同一个小区，或者住处相距 2000 米之内，其再购买住房时将会在其中央公积金中获得 4000 元的补助。尽管我国的房产与新加坡的房产性质不同，但是，我国可以通过房屋购置税等减免来鼓励子女和父母减少居住空间距离，此外，如果申请的是最低生活保障房，可以优先受理与父母居住一起的申请者，等等。这样在住房政策上给赡养提供了激励性的措施。此外，可以通过财政补贴与税收优惠等手段激励用人单位保证劳动者的探亲假及路费报销，鼓励电信部门实施亲情电话低价收费或免费等。

① 李俊. 赡养福利与我国空巢老人家庭的子女精神赡养［J］. 人文杂志，2016（5）：123 - 128.

在文化层面上，孝文化在民间意味着什么？有人认为，国家大力宣传孝文化，其目的是通过文化建构将养老的责任让家庭和个体更好地承担起来。当然，此种观点有待商榷。孝顺，出自《国语·楚语上》，原指爱敬天下之人、顺天下人之心的美好德行。后多指尽心奉养父母，顺从父母的意志。这主要是从子女对待父母的态度和行为上来界定的，孝顺是一个从关系中形成的词语。在阎云翔的《中国社会的个体化》一书中描述，下岬村的村民从子女的生活状态的一维视角重新定义了传统的孝顺观念。"孝顺就是要让自己的父母开心。什么能让父母开心呢？如果他们的儿子过得幸福，那么他们就开心。所以我自己过得幸福就是我孝顺父母最好的方式。"该观点不仅得到了村里的年轻人的认同，也得到了村里的老年人的认同。他们认为，生活的终极意义就是看到自己的孩子过上幸福的生活。"在孝道中，幸福的载体一旦从祖先向下转移到晚辈，老一辈人从成年子女身上索取无条件尊重和服从的特权，就丧失了意识形态和心理学方面的基础。"[①] 基本上也无法承担其被赡养的思想和文化基础了，从这点看，孝文化在民间的重构改写了其内涵和功能。因此，在国家层面上，宣传孝文化显得很有必要。在 2019 年春节团拜会上，习近平总书记指出："在家尽孝、为国尽忠是中华民族的优良传统。"[②]

在社区层面，加强养老机构的建设，其指向的不是托老机构，而是短期为家庭养老提供缓冲服务的机构，例如，可以借鉴美国和我国台湾地区的做法，给长期照料老年人的亲属提供"机构喘息服务"。另外，围绕老年人的精神赡养需求，社会工作者可以在社区为老年人举办各类老年康乐活动，让老年人组成一个团体，有归属感。举办活动前，应对老年人的需求做清晰的调查，切实保障活动能够回应老年人的需求和问题，关注老年

① 阎云翔. 社会自我主义：当代中国的家庭亲密关系是怎样建构起来的［EB/OL］. 杨雯琦，译. 思想界.（2019 -03 -18）［2020 -03 -20］. https://m.jiemian.com/article/2955241.html.

② 陈志强. 孝廉文化的时代价值［EB/OL］.［2019 -10 -10］. http://theory.people.com.cn/n1/2019/1010/c40531 -31390837.html.

人需求的差异性。目前，大多数老人养老的核心需求在精神赡养层面，社会工作者也可以在社区为老年人的照顾者举办各种知识类和情感沟通类的讲座和培训，以提升其照顾老年人的能力。老年人的照顾者不仅要有高尚品性，更要有察悉老年人精神需求的能力，并懂得如何把情感很好地传递出去，让老年人能有效地吸收这些供给的养分。①

这里需要探讨针对各种老年活动如何进行分类，参与者是都为老年人合适，还是将不同年龄层面的人邀请进来更好。有老人参观过养老机构后的感受是，“那里都是老人，死气沉沉”。因此，国外500家机构尝试性地将幼儿园与养老机构办在一起，收到很好的效果。国内把这种模式叫“老幼同养”，目前国内开展此种模式的机构只有三家，分别位于武汉、南京和贵阳。实践证明，这种模式在中国最后是以失败收场。② 在家庭领域中实现老幼同养，即前文探讨的隔代抚养，对于身体健康、年龄还不算大的祖辈来说是利大于弊的，老人和孩子在一起，对老人的精神愉悦起到了积极的作用。但是，对于年长生活不能自理，完全需要人照顾的老人，无论是家庭还是机构中的老幼同养都不合适。当然，本书探讨的主要是家庭领域中的养老，而不是机构养老。

在微观层面上，人们对赡养义务的认知有一些误解，或者为了逃避义务而创造出来理由。例如，有的家庭因为父母不公正，财产分配不均，有的孩子就不想承担赡养义务；有的孩子认为因为自己是女儿所以可以不赡养；有的孩子认为因为父母不给自己遗产所以可以不赡养；还有的孩子因为父母再婚所以认为不用赡养；等等。事实上，赡养义务是每个公民应尽的义务，与财产或遗产分配、与子女性别、与父母婚姻状态无关。

在个人认知层面，老人的照顾者和社会工作者要知晓相关的背景知识，例如，人步入老年后，身体、情绪、性格以及在沟通和认知层面都发

① 董玉节，尤吾兵. 论“精神赡养”实践理论的转向［J］. 中州学刊，2019（3）：93－99.

② 王翀鹏程. 当养老院遇上幼儿园［J］. 幸福家庭，2019（11）：38－39.

生哪些变化。由于文化背景、家庭环境、居住区域和生活经历等的不同，人进入老年期，精神世界会千差万别，精神需求也各不相同。即使同一个老人，在不同时间段情绪、情感也会有很大变化。社会工作者要帮助照顾者针对老人的这些变化提供有差异性的服务，给予老年人不同的情感关爱，只有精准供给才能起到关怀效果。

三、逆向赡养问题与社会工作介入

如何应对“啃老”问题，有用法律来规范啃老行为的，例如，江苏省率先在地方性条例里明确提出禁止“啃老”，于2011年3月1日开始实施的《江苏省老年人权益保障条例》规定：“有独立生活能力的成年子女要求老年人经济资助的，老年人有权拒绝。子女或者其他亲属不得以无业或者其他理由，骗取、克扣或者强行索取老年人的财物。”然而，将道德问题法律化，会出现“界定难”“执行难”等诸多问题，实际上无法发挥效力，因此，从法律层面上应对该问题是值得商榷的。

从啃老群体的构成看，被动啃老类型基本上是由于失业造成的，那么，如果能从劳动岗位的供给层面开发出更多、更加灵活的就业岗位，则是解决被动啃老的关键。在政策层面，《国民经济和社会发展第十三个五年规划纲要》中已经明确指出，落实高校毕业生就业促进和创业引领计划，搭建创新创业平台，健全高校毕业生自主创业、到基层就业的激励政策。加强对灵活就业、新就业形态的扶持，促进劳动者自主就业。完善就业创业服务体系，推行终身职业技能培训制度。完善就业失业统计指标体系，健全失业监测预警机制。这些政策扶持，都有助于降低失业率，同时也是解决被动型“啃老”的重要政策供给。另外，可以运用各种制度来塑造人性、规范行为，规避个体的负面行为。例如，美国用税收制度，鼓励年轻人创业，创业没有盈利，不用交税。凡是从父母的手中获得财物，无论是赠与还是作为遗产留给子女，都要交高额税收。我国的个税制度设计没有国外精细，但在税收的框架设计上，我国可以借鉴美国的做法，让赠与税和遗产税更加精细，起到鼓励就业创业、规范行为的作用。

在学校教育层面，高校教育要根据市场需求随时调整和设置专业，提高专业与社会需求的适配性，注重能力培养和素质提升。加强校企联合，在学生走出校门前，使其先有一份经验和认知。重视过程教育，增加学生的实践时间并完善监督体系，加大学生实践类课程学分的比重，高校应重视学生实践，真正理解实践在学生成长过程中的重要性，从而提升人才培养质量，使其更好地适应社会的需求，让每个学生都能顺利地、高质量地就业。

在社区工作层面上，社会工作者可以联合社区工作人员、志愿者开展就业知识的宣传，并与政府合作开展就业技能培训，开发和利用好各种公益性岗位，将社区内的失业人员、家庭成员联结在一起，了解该群体个体的兴趣、爱好、技能情况，根据每个人的特定情况，有针对性地订制个性化的就业扶助内容，给予该群体以温暖，将就业信息及时地输送给有需要的人，并通过失业人员的家庭成员及时了解服务对象的需求、情绪和认知变化情况，避免出现消极怠业的情况。事实上，社区层面可以在更加宽泛的意义上开展活动，如开展生命教育、灵性成长等相关讲座或者课程，一部分年轻人之所以缺少工作的动力，是因为内在对生命意义的追寻遇到障碍。因此，可以从增加生活经验入手，鼓励年轻人多参加志愿服务、自我探索、心灵团体、公益活动等，促进年轻人建立明确的职业规划。

解决“啃老”问题的核心在于青年的自察和努力，以及自我改变。从微观层面上，社会工作者扮演支持者、教育者的角色，促进青年培养独立自主，对个体的生命成长有计划、负责任的态度，并适当地调适自我观念。当下，有的年轻人对自我缺乏正确的认知，往往容易出现期望过高或者过低的情况，过高会表现不屑于一些低端的就业岗位；自我评价过低则会产生自卑的心理，觉得自己无法胜任任何工作。社会工作者应引导青年客观评价自我能力与现实状况，适时修正自我概念。另外，社会工作者面对挫折容忍力比较弱的青年应扮演情绪疏导者和支持者的角色，鼓励个体以积极正向心态面对挫折，分析失败的原因，在失败中成长，不断改进和提升自我。社会工作者还应鼓励和引领年轻人根据个人的兴趣、爱好、特长、性格特质、专业来制定职业规划，规划可以分短期、中期和长期。短期规划为比较容易达成的，中期规划是阶段性的，长期规划是长远的、未来的人生目标。当一个人对未来有规划和期待时，其对生命意义的追寻以及工作价值得到肯定，工作动力也会提升。

社会工作者通过上述不同层次的介入，有助于提升青年的社会参与度与社会融合能力，提升工作的内在效能，培养工作技能，降低社会失业率，让每个人的潜能和价值得以发挥，从而将该群体从盘剥老年人的寄生者转变为给老年人提供照料的贡献者，将逆向赡养转变为正向赡养。

第九章

适应性问题与社会工作介入

CHAPTER 9

人在情境中，是社会工作的主要前提。家庭领域中的各种问题，是个体、家庭和环境之间的协调适应关系被打破的结果。适应，主要是指个体与不同层面的环境之间的关系的协调或平衡。一方面，需要个体的生理、心理、行为等要素符合环境的各种要求；另一方面，当个体与环境之间的关系不协调时，需要个体努力改变环境或者努力让个体获得更大的成长以适应环境。也就是说，适应是个人在面对环境的变动时，为满足个人在生理、心理、社会方面的平衡和谐，为了能够掌握自己的生活而作出的反应。意指当个体面对生活中各种问题与挑战时的因应。在家庭领域，随着家庭生命周期的演进，家庭的形态和结构在各种偶然和必然的因素下，常常会发生各种变化。例如，家庭成员的离去和进入，具体来说包括丧子、丧偶、分居、离异、失去手足或生命中重要的人、离开原生家庭再重新返巢等，这些都属于典型的家庭负面变化。当然，也存在家庭生活状态的正常变化，例如，子女离开父母求学就业，父母进入空巢期，夫妻进入退休期，父母随迁到子女所在城市生活。同时，还存在比较积极的变化，例如，结婚、新生儿的到来等。家庭的各种重大变化，无论是积极的，还是消极的，都存在适应问题。在这些适应问题中，本章着重讨论失去孩子的家庭、丧偶家庭、空巢家庭、离婚家庭的适应问题。当然，从发展取向而言，家庭扩充时期新成员加入的适应问题，也值得探讨。但是本章因为篇幅所限，这部分内容尚不讨论。

第一节　丧子的适应

死亡是所有生命体发展的必经阶段，带有自然性和必然性，是必须要面对的问题。死亡意味着分离，同时家庭也失去了平衡，以至家庭成员的角色必须重新调整，并需要发展出新的平衡关系。丧子，与一般的死亡不同，意味着“白发人送黑发人”，无论是因为疾病还是其他意外，都属于“非正常死亡”，是带着人生的悲怆而离开的，对于父母而言是其生命中难以承受的最大的痛苦经验，是所有失去类型中最为强烈的哀伤反应。通常，哀伤期的长短和痛苦的程度与和对方的情感联结程度相关，丧偶哀伤期为 2～4 年，失去父母哀伤期相对较短，丧子之痛最长。从对家庭的影响而言，家庭的完整性被打破了，家庭也失去了原有的功能。从情感而言，往往会使父母被伤痛淹没，失去了人生的寄托、希望和方向。如果死去的是家里的唯一的孩子，对父母和其他长辈将造成毁灭性的精神创伤，婚姻家庭也可能因此而分崩离析。①

目前有多少国人正在承受丧子之痛？据学者统计，截至 2010 年，农村失独家庭为 158.57 万户，城镇为 82.69 万户，农村 49 岁以上的失独母亲为 55.3 万人，城镇为 26.8 万人。② 有学者甚至推算，我国现有的 2.18 亿独生子女中，根据各种不确定因素导致死亡的概率测算，大约有 1009 万人在或将在 25 岁之前离世。③以上数据仅是失独家庭这一部分，如果加上非失独家庭这部分，则数目庞大。另据统计，母亲一生失去女儿和儿子的累积概率分别为 5%～12% 和 9%～16%，父亲的相应概率是 4%～10% 和 7%～13%。母亲 60 岁以后失去女儿和儿子的累积概率分别为3%～7% 和 7%～11%，父亲则分别是 2%～5% 和 4%～7%。中国母亲失去女儿的平均年龄为 55～74 岁，失去儿子的平均年龄为 62～74 岁；父亲失去女儿的平均年龄为 51～70 岁，失去儿子的平均年龄为 57～70 岁。④

失独家庭，是一个带有政策性的概念，特指在 20 世纪 70 年代末期在计划生育政策的严格实施和遵守中，家庭只生育了一个孩子，后因疾病或其他意外事件死亡的家庭。不包括不受生育政策影响可以生育多个子女，

---

①③ 李怡心．“倒三角坍塌”下的失独之痛及出路研究［J］．社会科学论坛，2014（10）：194－202.

② 周伟，米红．中国失独家庭规模估计及扶助标准探讨［J］．中国人口科学，2013（5）：2－9，126.

④ 宋健，周宇香．中国父母丧子的概率与年龄分布［J］．中国人口科学，2014（2）：55－62，127.

但只生育一个，失去唯一的孩子的家庭。穆光宗将前者称为政策性失独，后者称为选择性失独。

一、丧子对父母的影响

失去孩子对父母来说是人生中最强烈的、最持久的，对人的认知、情感、心理、行为各个方面破坏性最强的一种伤痛。“悲哀减退了生命的活力与热情，对消遣娱乐已全无兴致，继续下去几成抑郁，机体的新陈代谢也因之减慢。但这种回撤提供了一个反省的机会。”① 下面我们来看一个案例。

2014 年春天，一个正在知名高校读博士的女孩从学校五楼的实验室窗口纵身一跃，结束了自己年轻的生命。出事前，女孩还在实验室洗了头发，然后坐在窗台上晾干。据说几个月前女孩失恋了，曾经的男朋友是北京的知名高校的博士生。女孩在学业上很优秀，学校仅有三个去美国学习的名额，她就是其中之一，再过几个月就可以动身了。但是，她还是选择告别这个世界。

这对父母是多大的打击，她是独生子女，家里唯一的孩子，让父母怎么活呀?！父母很难面对，觉得没有活下去的动力和意义了。妈妈每天以泪洗面，悲痛欲绝，抱着丈夫痛哭、捶打甚至撕咬，丈夫只能忍着，作为男人不敢在家里哭，跑到公园的空旷的地方，靠着一棵大树撞头痛哭。家里孩子的房间被封了起来，夫妻俩谁也不敢靠近，睹物思人。夫妻两个人的脸都是黑的，夜夜不能入眠。后来，父母在整理孩子的遗物时，在电脑中发现，孩子为了摆脱失恋的痛苦，看了很多佛教相关的信息。女儿去世的那一天，是佛教中的一个重要日期，于是认为孩子是被佛祖接去了，悲痛才稍稍有所化解。

---

① 丹尼尔·戈夫曼. 情感智商［M］. 耿文秀，查波，译. 上海：上海科学技术出版社，1997：13.

孩子是一个家庭的未来和希望，往往是父母的全部情感的寄托。这个案例中的孩子不是因为疾病去世，而是自杀身亡，没有任何征兆，让父母难以接受。

在身心健康方面，该案例中，父母夜夜不能入眠，悲痛不已，身心俱疲。加拿大学者博尔顿（Bolton）等在2014年利用曼尼托巴大学的人口健康数据资料库对1458位丧失孩子的父母进行研究，发现丧子父母的抑郁症风险在子女死亡后两年内几乎上升了三倍，同时，焦虑症的风险也显著上升。国内学者何丽在2013年对301位丧亲者的调查中发现，符合延长哀伤障碍诊断标准的有13人，检出率5.02%，创伤后应激障碍症状清单得分大于50分的有26人，检出率8.6%，抑郁症检出率36.6%，焦虑症检出率21%。[①]

在社会关系方面，丧子父母最初的表现是将自己关起来，回味与孩子在一起的点点滴滴，生活在一个想念的世界里，与外界沟通的大门常常被封闭，社会关系和社会互动明显减少，甚至出现了隔离，不愿意外界来打扰。在上述案例中的父母，在孩子去世的几个月内不见人。孩子去世了，家庭结构和家庭功能改变了，同时家庭关系也改变了，甚至有的夫妻会出现婚姻终止的风险，此外，与亲属的关系也会疏远，与非亲属和其他组织的关系呈现断裂状态。对父母来说，失去了人生的意义和价值。

二、丧子之痛的干预

丧子家庭往往会得到亲戚朋友的安慰和情感支援，但是，悲痛具有持久性和复杂性，来自亲友的安慰有两方面的问题：一是亲友不具备哀伤辅导的专业知识，二是难以有效地维持。因此，需要从不同的层面提供专业的服务和干预。

---

① 贺志峰. 丧子父母干预的国际经验及对失独家庭介入的启示［J］. 社会工作，2018（6）：32-41，110.

死亡与临终关怀心理抚慰是心理学与社会工作实务领域中的重要议题。美国学者威廉·沃尔登（William Worden）的《悲伤抚慰和悲伤疗法》被翻译成12种语言，是该领域中的代表作，成为悲伤研究和丧亲抚慰的重要工具。①

悲伤调适的过程也是自我调整的过程，有不同的理论观点阐述该调适过程，包括阶段论、任务论和双轨模式以及更为广泛的双轨历程模式。②

（一）从政策的角度上看，应构建完备的失独家庭政策支持体系

失独家庭群体是国家政策关照的焦点，近年来我国正逐步完善失独家庭政策支持体系，自2006年提出“探索建立独生子女死亡伤残家庭困难扶助制度”以来，截至2018年2月，国家层面共出台了44份政策文件，专门部署失独家庭扶助工作或对此项工作提出要求，如表9－1所示。

表9－1　2006—2018年2月国家层面对失独家庭支持性政策的基本情况

政策类型	中共中央、国务院联合发文（含规划、决定、意见）	国务院发文（含规划、意见、通知）	中共中央办公厅或国务院办公厅发文（含意见、通知等）	国家卫生和计划生育委员会等部门发文（含规划、意见、通知等）	部门办公厅发文（含通知、标准和规范等）
数量（部/件/个）	8	12	3	16	5

资料来源：孔祥利. 风险社会视角下失独家庭的政策支持机制：实践困境及范式转换[J]. 北京行政学院学报，2018（5）：101－109.

失独家庭已经纳入国家基本的社会保障体系，解读44份政策文件，可以发现这些保障更多的是从经济层面上给予帮助，例如，提供扶助金、

① 袁乐欣，周英，唐秋碧，等. 香港哀伤辅导的发展及对中国大陆的启示［J］. 医学与哲学（A），2016，37（2）：31－33.

② 许玉霜，苏完女，许莺珠. 丧手足女性成人的悲伤反应及调适历程之探究［J］. 生死学研究，2012（13）：134.

养老补贴、护理补贴等，不能满足失独家庭的多样化和差异性的需求，个别家庭的特殊诉求和个性化的要求仍然无力顾及。事实上，对于城市失独家庭面临的困难，经济问题不是最为迫切的，家庭的主要问题是养老照料、看病就医、精神关怀和监护人缺位等问题。另外，还存在以下问题：扶助主体单一，过于依赖政府的扶助责任，扶助覆盖面过于狭窄，扶助金的标准偏低、城乡差距大，对失独者隐私保护不力，医疗服务、养老机构等基础设施配套不足。因此，建议政府围绕上述问题，承担起扶助责任、补偿责任和优待责任，为该群体建立完备的政策支持体系，而不仅是经济层面的小额扶助，更好地构建该群体的医疗、养老、照顾以及精神层面的多类型、全方位的差异化的扶助政策体系。

在法律层面上，有学者探讨研究失独家庭的有限代孕权利的合法性，希望国家给予因为政策原因失去平衡、和谐的失独家庭以法律人文关怀，让每一位失独者感受到法律的温度，这对推进和谐家庭、和谐社会建设意义重大。① 哀伤辅导可以纳入健康中国的战略组成部分。2017 年 10 月 18 日，习近平总书记在党的十九大报告中提出，实施健康中国战略。因此，要完善国民健康政策，为人民群众提供全方位、全周期的健康服务。

（二）从社会组织的视角看，社会组织以及自助组织可以运用专业服务缓解丧子之痛

目前，在失独家庭的组织服务层面上，上海有专业社会组织提供服务。“上海星星港关爱服务中心”于 2005 年 9 月在上海市青浦区民政局注册登记，它发轫于草根，是全国最早为失独家庭或失独者提供精神援助和心理危机干预的公益组织。该组织在促进政府治理创新、改善失独人员的公共服务短缺上发挥了积极作用。另外，丧亲者组成的自助团体和互助团体也被证实是一种比较有效的疗愈组织。“失独老人自组织是指失独老人

① 郑英龙．失独家庭有限代孕权利的国家保障［J］．浙江大学学报（人文社会科学版），2019，49（4）：83．

为实现心理慰藉、互助支持、抱团取暖的目标而自发形成并组织起来的失独老人群体，其特征为自组织性、志愿性和心灵的共同体性。”① 丧亲者参与自助或者互助团体对个体精神具有较大影响，也利于形成互助团体，方便进行经验分享与相互鼓励和支持，让丧亲者能找到属于自己的新团体，在机构的带动下举办各种分享或怀念活动，提供亲友哀思的机会，抒发情感。但是该团体存在双重内卷化的倾向，社会交往和支持资源仅来自家庭内部和失独老人团体，该团体具有高度的单一性和同质性，实际上阻碍了失独家庭的社会融入，加大了社会隔离的倾向，这是该团体在发展过程中需要警惕的。

另外，在专业机构所提供的服务中，可以增设独立的哀伤辅导机构，例如，专业机构可以恰当地改变人员架构，构建以心理辅导人员为主，特聘精神科医生、健康管理师、社工团体为辅的人员架构。让不同专业背景的人员各自发挥其作用，并提供特别的援助方式，例如，提供义务辅导、联系热线、舒缓哀伤方法、介绍特别书刊阅读、带领丧亲者参与帮助孤寡老人或失独家庭等的关爱活动，帮助丧亲者重拾生命的意义，使他们逐渐走出哀伤，融入社会。

（三）加强生死教育

在中国的传统文化里，常常忌讳谈论死亡，另外，国人没有普遍的宗教信仰，因此，关于怎样认识死亡，如何面对死亡等议题都是很被动地接受，缺少主动的、预先的教育。并且，人们对于死亡更多的是从消极的、悲观的绝对负面意义上来认识。事实上，死亡在存在主义的理论中具有积极意义。国际精神医学大师、美国团体心理治疗权威欧文·亚隆（Irvin Yalom）就用存在主义心理学直视人类死亡之痛的宿命，并在直视过程中倡导人们对死亡的觉醒体验，继而战胜死亡恐惧。国人需要重新认识死亡

① 方曙光. 心灵共同体与双重内卷化：我国失独老人自组织的建构研究［J］. 人口与社会，2018，34（3）：91.

的意义和学习死亡文化。生死教育的目的是要让群众认识生存、临终、死亡和哀伤等事实，让人懂得生之有涯，从而思考生命，积极面对人生。通过举办不同的社区活动、公众推广活动、论坛，以及病友活动等，把正面的信息传播至社会各阶层。关于生死教育，可以邀请专家进行讲座培训，也可以在高校或者中小学开设“生命教育”类相关课程。据了解，上海政法学院已经在本科生的通识类选修课里开设了该课程，受到了学生们的欢迎。

（四）从个体层面上，可以采取一些具体的措施缓解悲痛

在实践中，悲伤的调适方式主要有面对或接受死亡的事实、重复回想以减缓痛苦、正向思考或重新解释事件、阅读死亡相关书籍、随着时间的流逝淡化悲伤、转移情绪、借助宗教信仰的力量、寻求协助、履行对逝者的承诺、哭泣、在网络上写文章以及压抑或逃避等12种方式。[①] 案例中的父母借助宗教，重新解读了女儿跳楼的事实，认为女儿是被佛祖接去了，女儿有个好的归宿，从而使悲痛有所缓解。

在这里值得一提的是，哀伤辅导是处理丧失类问题的重要途径，无论是丧子，还是下文要分析的丧偶后的疗愈过程，基本上都要经历接受丧失、经历痛苦、重新适应、重建关系的四个过程。哀伤辅导，就是协助人们在合理的时间内，引发正常的悲伤，并健康地完成悲伤任务，以增强重新开始正常生活的能力。[②] 威廉·沃尔登提出哀伤辅导的十项基本原则，即协助丧亲者体认失落；协助丧亲者表达情感；协助丧亲者在失去逝者的情况下活下去；将情感从逝者身上转移；允许一段时间去悲伤；解释丧亲者的行为是正当的；允许个别差异；提供持续的支持；检查丧亲者的防卫及其因应方式；界定病态行为并且进行辅导。当悲伤随着时间的流逝逐

---

① 许玉霜，苏完女，许莺珠．丧手足女性成人的悲伤反应及调适历程之探究［J］．生死学研究，2012（13）：134.

② 李妍．丧失哀伤辅导的个案工作模式探讨［J］．理论观察，2016（7）：92－93.

渐疗愈后，在个案社会工作层面上，社会工作者需要帮助案主重建与逝者之间的情感联结，提升生活的目的感，学习新的生活方式，发展新关系，重新定义自我。这样才能逐渐让案主的生活恢复常态，个人的社会功能得以恢复，社会发展能力得以提升。

第二节　丧偶的适应

这部分主要探讨丧偶的老年群体的生活状态和需求，丧偶的中年人问题，此处不做探讨。丧偶，是最严重也是最需要社会再适应的生活压力事件之一。进入老年阶段后，与退休、子女离家、疾病等失落性或者压力事件相比，丧偶对老年人的影响最大。随着老年人口规模的扩大，2010—2050年我国丧偶老年人口的总量将继续快速增长，预计到2050年全国丧偶老年人将达到11 840万人，是2010年的2.5倍。[①] 然而，在丧偶老人中女性的比例近30年来基本没有变化，一直保持在71%左右，女性丧偶老人的绝对人数是男性丧偶老人的2.4倍。从城乡分布看，女性丧偶老人近60%分布在乡村。女性丧偶老年人口收入较低，2/3的女性丧偶老人的经济来源以家庭其他成员供养为主，与子女同住的比例超过75%。[②] 以上统计数据显示，随着老龄化社会的来临，丧偶老人群体未来人口规模可观，由于女性的预期寿命长于男性，女性丧偶老人会远远多于男性。该群体的生活质量以及面临的问题，值得学术界更加关注，寻求该领域问题的解决方式。

每一对老年夫妻到人生的最后一个阶段，都不可避免地要经历从丧偶

---

① 王广州，戈艳霞．中国老年人口丧偶状况及未来发展趋势研究［J］．老龄科学研究，2013，1（1）：44－55.

② 张丽萍，朱海燕．中国女性丧偶老人基本状况及其主观幸福感研究［J］．黑龙江社会科学，2018（5）：88－97.

到独自生活的过程。无论夫妻感情有多么深厚和亲密，既不能“同生”也不能“共死”，都是要孤单地面对死亡，丧偶者还要面对对方去世后的孤寂生活。丧偶后的生活，对于有的老人来说，是人生中最艰难的阶段，家庭结构发生了改变，一个人孤独地面对生活，形单影只也容易顾影自怜，加之身体上逐渐衰老，这些叠加在一起，容易使老人失去精神支柱，有的老人甚至就此在精神上被击垮。老人在这个阶段成了弱势群体，需要照顾和服务。当然，从哀伤的程度、对人的打击程度来说，丧子之痛更为强烈。

一、人生孤寂期的家庭发展任务

从家庭生命周期来说，从一方死亡到另一方也离开人世，孤寂期通常有八年。在该阶段，老人所面对的家庭发展任务主要包括八个方面：（1）要处理痛苦情绪的冲击，从夫妻二人变成了孤独的个人，悲伤情绪如何化解，前文我们探讨了化解丧子之痛的各种不同层面的方法，在该领域中同样适用；（2）处理完情绪问题，面对的就是居住问题，是独自居住，还是与子女孙辈在一起，抑或是选择机构养老；（3）接受自己是个“老人”；（4）面对身体逐渐衰微的状况；（5）如果老人希望再婚，需要面对如何处理财产以及与子女的关系问题；（6）要评估经济状况，在农村丧偶女性老人还存在经济上入不敷出的情况，要寻求补足收入的可行方式；（7）在精神层面，老人要寻求且发现新的生活意义；（8）在教育层面，学习死亡文化并且要学会为死亡做准备。如果能将这八个方面合理地处理，也就适应了丧偶后的老年生活。

这里我们主要探讨居住状况以及老年人的再婚问题。丧偶老年人不同居住安排的背后是复杂的家庭内代际关系，使得老年人所接受的社会支持各异，从而影响老年人的心理健康。在现实生活中，有独居的、有子女来老人家陪住的、有老人居住在子女家的、有到几个子女家轮流住的、有住到老年公寓的等几种典型的情形。研究结果显示，选择独自居住且与子辈在同村/社区和只与孙辈居住的丧偶老年人的心理健康状况显著好于与子孙共同居住的丧偶老人；其他居住方式的老年人的心理健康状况无统计学意义上的差异。①

丧偶后再婚，也是排解悲伤、解决生活问题、恢复家庭社会功能的一种方法。下面我们来看一个案例。

在我妈的葬礼上，有人给我爸提亲，在我妈去世还不到三个月时，我爸就和阿姨生活在一起了。阿姨对我爸特别好，给我爸洗脚、洗袜子，把家里收拾得特别干净。我爸喜欢吸旱烟，阿姨就给卷烟，卷一盒子一盒子的；我爸喜欢吃带馅的，阿姨就给蒸包子，他们之间无话不说、无话不聊，比以前跟我妈在一起好多了。当初，他们结婚时谈的条件是：如果我爸先去世，我爸的老房子归阿姨，我家同意了。他们住了一段时间，阿姨是个干净人，嫌老房子是地房，冬天烧炉子有灰很脏，然后建议把老房子卖掉，由我家再添钱换个楼房，那时房子不贵，我妹添了 2 万元换了楼房。过了一段时间，阿姨提出让我爸立遗嘱，说清楼房房产的归属问题，说如果阿姨死在我爸前面，房子归我们家，如果阿姨死在我爸后面，房子归阿姨，当初我们添的 2 万元还给我们。我们兄弟姐妹几个商量了下，二姐坚决不同意，说大姐的婚姻不稳定，如果离婚回来没地方住，房子日后可以给大姐。还有一个方案，我爸即使去世了，阿姨可以在这个房子里住到死。阿姨也坚决不同意，说嫁给你爸了，你爸没了，到时你们撵我走，我没办法。我从儿子家出来了，就不能再回去，那很丢人的。你们家要是不同意，我夹包就走。结果阿姨真走了，看到阿姨离开后老爸失魂落魄的样子，我们心疼老爸，就又把阿姨请回来了。没办法，我爸去公证处按照阿姨的想法立了遗嘱。在此后不到六个月的时间，我爸得了食道癌去世了，在我爸住院治疗期间，阿姨精心伺候。我爸和阿姨在一起过

① 叶欣．中国丧偶老年人居住安排对心理健康的影响研究：基于 CHARLS2015 全国追踪调查数据的分析［J］．人口与发展，2018，24（5）：113．

了最开心的三年。最后，我们也都兑现了承诺，房子给了阿姨。她拿出2万元还给了我妹妹。

通常，男人丧偶的恢复期较短，女性丧偶的恢复期较长。男性丧偶后再婚的概率高于女性，只要男性身体尚可，只要再出现他认为可以接受的对象，子女不反对，合理处理财产问题，男人还是愿意进入婚姻状态，继续享受婚姻中的福利。在该案中，老人很快再婚了，再婚的确可以帮助老人更快地走出悲痛，开始新生活，有了伴侣，彼此生活上有照顾，有人陪伴，也就更快地恢复家庭功能。两位老人及其家庭也有在经济房产上的矛盾和分歧，但是通过协商总算解决了，老人度过了比较舒畅的晚年生活。目前，不会选择再婚的原因主要是财产问题、前任伴侣的感情犹在以及子女的反对。如果没有财产问题，多数单身老人会选择搭伴养老，身体好的时候两人分工合作一起生活，当然，生病时会选择回到自己的子女身边，期望对方或对方的子女出钱出力照顾通常不大现实，搭伴养老的关系也就中止了。

二、丧偶老人的适应性干预

苏格兰圣安德鲁斯大学研究人员在1991—2005年随访大约5.8万对夫妻。在这15年间，8.5%的男性和16.5%的女性丧偶。调查结果显示，40%的男性和26%的女性在配偶去世后三年内辞世，这就是“鳏寡效应”。研究人员还发现，男性比女性更容易受到“鳏寡效应”影响。与女性相比，他们更可能难以承受丧偶之痛。[①] 哈佛大学的社会学家认为，22%的男性容易在配偶去世后较短时间内去世，而女性的比例则为17%。丧偶对老年人的影响，与性别、婚姻关系质量以及代际关系、老人的个人

---

① DAILYMAIL REPORTER. Why it really is possible to die of abroken heart[N/OL].[2010－11－15]. http//www. dailymail. co. uk/news/article129621/Heartachepainlosinglovedshortenslifeexpectancyresearchersfind. html.

支持网络的结构和质量高度相关。① 如何帮助这些丧偶老人免受“鳏寡效应”危机的影响，更快地走出悲伤情绪，让生活恢复常态，社会工作者需要寻求更适当的干预策略和方法。下面我们来看一个案例。

一对老年夫妻，男，83 岁，女，88 岁，相依相伴共同生活 65 年，并且夫妻感情特别融洽，从未分房和分床睡过。2019 年 7 月末，老太太突发心梗去世，对于老伴儿来说，这是个巨大的打击，他无法接受老太太去世的现实，认为送医院很及时，第二天老太太就能醒过来。但是，老太太再也没醒来。老先生感觉天塌下来了。老人自己也讲，其实每天的生活，他和老太太也没有几句话，只是有老太太在，出门时有人问候，去哪啊，早点回来呀！回来后有人随手接过自己买的菜，这成了生活的惯性和情感依赖。

据老先生介绍，他们在他 14 岁订婚，17 岁结婚，老太太比他大 5 岁，生活上处处让着他、照顾他。这一生，两人共同养育了六个女儿，经历了风风雨雨，携手走了 65 年。并且，老伴儿还帮助亲友带过七个孩子。老伴儿给了他内心安定和一辈子的情感归属、家庭温暖。老太太去世后，老先生逢人就讲“我的天塌了”，吃不下睡不着，以酒消愁，消解思念之苦。女儿给买了安眠药，老先生依靠药物才能勉强入睡。有一天，老人早晨出去遛弯，心脏病突发，打电话给女儿，女儿赶紧送药，并把老人接回家，女儿们希望老人住院调养身体，老人坚决拒绝。在老太太“五七”的那一天，老先生与女儿们一起去了，看见老伴的骨灰盒，就老泪纵横，想打开骨灰盒，摸摸老伴的骨灰，女儿们说，那不可以呀，打开盖子就是动灵了，你要让我妈的在天之灵得到安歇，老先生这才作罢。后来，老人要求将老伴生前的不同时期的照片做成相册，让他可以随时翻看怀念，女儿们也都照做。之后，女儿们排班轮流给老父亲做饭，晚上陪老父亲住。

---

① THE SEATTLE TIME SREPORTER. The widow hood effect: As pousedies, then soon, the grieving mate [N/OL]. [2011 - 02 - 07]. http://seattletimes.com/html/health/2014154_widow08.html.

这样，老人的生活照料方面没有问题。但是老人依然很悲伤，认为自己和那些平时遛弯时聊天的孤老头子一样了。

我们以该案为基础，分析不同层面的适应性方法。该案例中老伴突然离世，老人没有做好心理准备，对老人而言，这是一个突发的危机性事件，原来的生活和生理的平衡状态都被打破，影响老人处理生活的方法。社会工作者需要帮助老人再次回到一个相对稳定的状态，在此过程中，社会工作者要协助老人完成处理悲伤的四个任务：协助老人完成“接受失落的事实”的任务，协助完成“经历悲伤的痛苦”的任务，协助完成“适应逝者不存在而适应一个新的环境”的任务，协助完成“将情绪活力重新投注在其他关系上”的任务。如何完成这四个任务，有不同层面的社会工作方法和技巧可以应用。

首先，从微观的个体层面上，在该案例中，老人自己实际上运用了“人生回顾法”来进行自我疗愈。布特勒（Butler）于1963年首次提出人生回顾理论，该方法的功用在于帮助案主接受丧失的过程。通过与案主回顾逝者的人生故事，使案主可以客观地对逝者建立起新的认识，跳出父母子女夫妻关系，从第三者的角度对逝者形象进行建构，以此达到从内心深处接受丧失亲属的事实。① 这同时可以引导老人更深入地认识自己的人生，并在回顾过程中获得新的体会与感受。这里需要注意的是，人生回顾法的主体还是案主本人，伴侣去世是案主生命中的一个特殊事件，要将未逝者作为个案服务中的主体。该案中，案主在回顾的过程中，感觉到老伴的一生是圆满的，帮助了数个亲朋好友带孩子，人生没有什么遗憾和心结，坦然地告别了这个世界。另外，老人提出的制作人生纪念册，帮助自己更好地缅怀老伴，也是一个悲伤调适的个体层面的有效的方法。

另外，在哀伤辅导中，有一种个案工作实务的具体技术方法，即空椅子技术。该技术是格式塔流派（又称完形心理学派）的一种整合身心技

---

① 龙格尔．人生回顾方法在哀伤辅导中的应用［D］．呼和浩特：内蒙古大学，2019.

术，是使当事人内射外显的方式之一。此技术运用两张椅子，要求当事人坐在其中的一张上，扮演内心冲突情境的一方（例如内心的“胜利者”），然后再换坐到另一张椅子上，扮演内心冲突情境的另一方（例如内心的“失败者”），让当事人所扮演的两方持续对话，协助其接触潜藏内心深处的情感，将此情感外显化，使当事人充分体验内在冲突，接纳和整合内心的不同方面。空椅子技术包括倾诉宣泄式、自我对话式、他人对话式三种形式。倾诉宣泄式是当事人把自己想对某人说却没机会或没来得及说的话表达出来，从而使内心趋向平和的方式，经常被运用在哀伤辅导中。自我对话式，就是自我存在冲突的两个部分展开对话，坐在一张椅子上，就扮演自己的某一部分，坐在另外一张椅子上，就扮演自己的另一部分，依次进行对话，从而达到内心的整合。自我对话式，是增进自我觉知的方法。他人对话式，用于自己与他人之间的对话，操作时可放两张椅子在来访者面前，坐在一张椅子上面时，就扮演自己；坐在另一张椅子上时，就扮演别人，两者展开对话，从而可以站在别人的角度考虑问题，然后去理解别人。他人对话式也是增进同感的一种方法。①在该案中，老人的人生回顾法实际上也是空椅子技术中的一种情感的宣泄和释放。自我对话，可以让老人试着分析自己要过什么样的晚年生活，如何度过人生中最艰难的阶段，与老伴儿对话，老伴儿在天之灵是希望老先生每天期期艾艾，还是安详快乐地度过余生。由此，帮助老人提升自我意识和自我觉醒，用理性客观的视角看待老伴去世的事情。

当然，个体层面上安慰悲伤情绪的方法不止于此，包括前文丧子之痛中分析的方法同样适用于丧偶老人的安抚。再如，正念减压法等，“正”意味着要保持心不受邪妄影响，引导人们以正确方式做正确的事；“念”

---

① 百度百科. 空椅子技术［EB/OL］.［2020-03-30］. https://baike.baidu.com/item/%E7%A9%BA%E6%A4%85%E5%AD%90%E6%8A%80%E6%9C%AF.

原意有觉察、专注及记得三重意思，意指随时记得关照自己现前的身心经验及所接触的事物。正念是佛教禅修的重要部分，在上座部佛教中，正念被视为观禅的基础，同时也是修行的核心。正念减压法是由卡巴金（Jon Kabat-Zinn）博士于1979年创立的，意思是“有意识地，不加评价地留心当下此刻而升起的觉察，借以了解自己，培育智慧与慈爱”。正念，一方面是完整、如实地接纳当下的一切经验，另一方面引导着个体朝向生命转化。① 那么，正念减压法如何帮助丧偶老人接受伴侣去世的事实，并且能够正视未来自己的死亡，帮助老人战胜对死亡的恐惧和焦虑呢？社会工作者或心理咨询师要带着老人一起从练习呼吸开始，循序渐进地专注而深入，专注于当下，没有任何评判和主观性，如果老人不能专注于呼吸，可以让老人将忧虑和烦恼都讲出来，等到那些念头、想法、情绪、感受都说完后，再请老人去觉察此时此刻不同部分的身体的知觉，有什么变化。如果老人在评判自己，也不用阻挡，尽可能地去觉察正在发生的一切变化，包括各种惯性的反应。当老人的各种感受、想法有机会表达出来，可以完全被看见、被听到、被理解，老人可以完全地接纳自己，就会尝试着与自己内在真实的感受和想法同频与自我慈悲。这样，社会工作者与老人之间的关系就会融洽，老人的情绪稳定而平和，然后再专注于呼吸练习，进而帮助老人专注于当下的生活，从容面对伴侣的离开，正视自己未来的晚年生活。

其次，在家庭层面，亲友的支持、关怀与陪伴是丧偶老人度过哀伤期的重要资源。值得注意的是，亲友常常在老人丧偶初期给予更多的关心，随着时间的流逝，后期关心会慢慢减少，但是对于老人来说，陪伴关心以及情感慰藉的需求并没有减少；因此，社会工作者需要督促家庭成员协助

① 林昀芊，郭璨滟．运用正念取向心理咨商陪伴男性高龄者经历丧偶哀痛历程之个案报告［J］．咨商与辅导，2018，10（394）：11－15.

老人面对各种丧偶后的生活挑战，鼓励其参加亲友聚会，以及各种社区活动，提升其自信心，协助其处理生活以及自我照顾方面的问题。

最后，在社区层面，需要特别关注独居丧偶老人，可以通过社区的互助团体给予老人更多的关心。例如，每天电话联络，派人上门查看，降低老人在家中发生危险的概率。对身体健康的丧偶老人，可以邀请其定期参加民间团体的活动，增加老人与年轻人的互动，防止其社会功能的退化以及自我封闭，达到与社会和谐的状态。

丧偶，是生命历程中非常自然的阶段，因此，无论从何种层面去介入，该压力性事件最后都要回归到个体层面，个人要以平和的心态调整生活，适应一个人或者选择再婚或者与儿女们生活在一起，多元化选择的背后，都要接受现实并且在主观层面上积极面对生活，开辟新生活。

第三节　空巢的适应

在本章所探讨的四个“丧失类”议题中，空巢是家庭生命周期演化中的一个自然的过程，子女因成年或者外出求学、工作等原因离开父母，这是一个家庭成长和个体成长的必经的正常阶段，虽然会给人带来适应性问题，但是不是压力性事件，更不是创伤性事件。

据统计，2010 年我国 60 岁及以上人口为 1.78 亿人，占总人口的 13.26%。[①] 截至 2016 年该数字已飙升至 2.31 亿人，占比 16.70%。[②] 截至 2019 年该

① 中国 60 岁以上老年人口近 1.78 亿，占总人口 13.26%［EB/OL］.［2019－10－10］. https://news.ifeng.com/c/7faAmJvkUba.

② 国家统计局. 中华人民共和国 2016 年国民经济和社会发展统计公报［R/OL］.［2019－10－10］. http://www.stats.gov.cn/tjsj/zxfb/201702/t20170228_1467424.html.

数字升为2.54亿人，占比18.10%。[①] 平均每年增加老年人口超过760万人。其中，接近一半（47.53%）的老年人为独居或与配偶一起居住。[②] 地区差异、城乡差异巨大。城乡空巢家庭超过50%，部分大中城市达到70%，农村空巢家庭占37%。[③] 上述统计数据显示，空巢父母的人数比例逐年增大。

目前，出现了“双向空巢”现象。除“空巢父母”，有一个新的群体被称为“空巢青年”，即生活在一线城市（国家中心城市）、二线城市（省会和核心城市），年龄在20～35岁，一般工作较稳定，文化教育程度较高，自尊自信、独立自主意识较强，离开父母亲人，未婚独自居住的青年人。[④] 子女是空巢的，父母也是空巢的，本章所探讨的空巢的适应，不涉及空巢青年，主要指空巢父母。空巢父母如何适应渐渐空去的家，是当下学术界和实务界应该关注和回应的重要议题。

一、空巢的困境

空巢期在学术界常常被称为“后父母时期”，同时因为空巢期对母亲的角色影响比较大，也被称为“后母亲时期”。目前，越来越多的家长在孩子读初中时就把孩子送到国外去留学，因此，有的父母在不到40岁时，就提前进入了空巢阶段。另外，随着独生子女政策的施行，家中唯一的子女因外出求学、就业等离开家庭。与非独生子女家庭相比，独生子女家庭空巢期的到来没有缓冲和铺垫，往往提早到来，同时这部分家庭将度过漫长的空巢阶段。

---

① 国家统计局. 中华人民共和国2019年国民经济和社会发展统计公报［R/OL］.［2020－03－10］. http://www.stats.gov.cn/tjsj/zxfb/202002/t20200228_1728913.html.

② 高欣然.《中国老年社会追踪调查（CLASS）》报告发布［R/OL］.［2020－03－10］. http://www.cssn.cn/dybg/gqdy_gqcj/201603/t201603072900363.shtml.

③ 陈湘威，古宏文. 我国空巢老人生活质量的研究进展［J］. 全科护理，2013，11（1）：72－74.

④ 豆小红. “空巢青年”群像的社会心理诊断与支持［J］. 甘肃社会科学，2018（1）：179－185.

（一）年轻的空巢家庭的困境

年轻的空巢与年老的空巢存在的困境有很大不同。在独生子女家庭中，父母的空巢期主要落在中年阶段。该阶段，父母身体健康状况逐渐下降，开始走向衰老，生理上处于更年期阶段。按照埃里克森（Erikson）的人格发展八阶段理论的阐述，该阶段处于成年中期，其面临的危机与任务是创造与停滞，创造与生产力主要体现在职场上成功的个人事业和家庭领域中悉心关怀与培养下一代，工作的焦点在于家庭、工作与社会，中年期在人的一生中是个很特别的转换时期，该时期过渡得好，会有助于迎接老年阶段的到来。

由于女性的情感和生活重心更多地在家庭和孩子身上，因此，空巢期的到来对女性的挑战大于男性。女性在子女离开后，不是失去了“人”，而是失去了掌控感，失去了被依赖和被需要的感觉，会产生各种不适应，感觉自己失去了在家庭中的价值和存在感，感觉生活没有着落，茫然、怅然若失，悲伤、哭泣，这些都是家庭结构从核心家庭进入空巢家庭的转折给人带来的各种适应不良的情绪反应。从以下两种不同的家庭结构来看，多子女家庭的“空巢老人”会有缓冲期来适应单独面对空巢家庭的生活；而独生子女家庭的“空巢老人”则必须直接面对子女不在的生活，与多子女家庭相比，少了缓冲期，其间的心理落差也是巨大的。

（二）年老的空巢家庭的困境

对于已经从职场退休的空巢老人来说，其活动区域仅限于家庭，其身体、心理、情绪、生活质量等方面与非空巢老人存在显著差异，整体上低于非空巢老人。同时，其所遇到的问题也更多，甚至有人会出现“空巢综合征”，具体变现为各种适应不良的现象。就老人自身而言，对家人的归属、依恋与日俱增，表现出痛苦、悲伤、烦躁不安以及抑郁等情绪。空巢老人与子女分离，家庭结构改变，亲子间的交流减少，使得老人对归属和爱的需求得不到满足，生活满意度降低，感到孤独与悲观，整体心理状态欠佳。此外，工作与退休间的落差难以弥合。

二、影响空巢期适应的相关因素

（一）职业状态

有学者研究了职业状态与空巢期适应的关系。劳普（Raup）和迈尔斯（Myers）认为，全职妇女在空巢期阶段所受到的冲击是最小的，兼职妇女次之，而非职业妇女的家庭主妇则是在此阶段中受到冲击最大的。奥利弗（Oliver）持不同的观点，认为职业女性看似因为生活重心与注意力被分散到工作上，可能受到的冲击会较小，但他的研究表明，冲击的程度大小取决于妇女自尊的来源，如果其自尊来自对孩子的掌控，则易感到失落、忧虑，并不因其身为职业女性而受影响较小。①

（二）夫妻关系

在子女因成年、求学、就业、结婚等离开父母时，家庭结构发生了变化，亲子互动状态和形式也发生了变化，相应地会带来夫妻关系的变化，家庭中剩下夫妻二人，需要重新评估个体生命的意义以及对关系的承诺，从个体的角度而不是从家庭的视角重新审视彼此的关系状态。有的夫妻感情靠子女维系，一旦子女离开了，以往为了子女的各种忍耐失去了基础，夫妻之间的问题就开始浮现，夫妻关系进入重大考验期，甚至会走向婚姻的解体。此时，面临的任务不仅是如何应对人生的空巢期，还多了如何适应夫妻单独相处和疗愈婚姻的创伤。很显然，夫妻感情程度如何，对空巢期的适应有很大影响，夫妻感情融洽，会更快地适应空巢期，甚至是怀着欣喜、憧憬盼望着空巢期早日到来，当没有子女以及各种家务劳动牵绊时，夫妻会进入第二个蜜月期，重温二人世界的美好时光。

---

① 邓筑霞. 父母自我分化程度与家庭空巢期适应［J］. 咨商与辅导，2017（5）：35－38.

（三）父母的自我分化程度

自我分化，是家庭系统理论八个核心概念之一。父母自我分化程度高，意味着家庭成员间互动的界限比较清晰，在关系上既亲密又独立自主，在压力承受度、生活满意度以及婚姻关系的品质等方面也会有良好的展现，焦虑水平较低，自然健康问题的困扰也较少出现。当空巢期来临，即使生活形态发生了波动，但还是能保持良好的情感联结，能够允许孩子发展独立的自我。父母的自我分化程度低，则较易因自我价值感与角色认同的来源来自子女，对家庭成员的掌控企图较大，而产生共依附的现象。当子女有一天离开时，父母会产生适应不良的状况，将子女的独立看成一种威胁，没有办法允许和信任子女发展其自主性。父母因此陷入无力感、失落感和空虚感，处于高焦虑状态。

当然，除了上述因素外，影响空巢期适应的因素还包括子女的数目，多子女家庭中，空巢期的到来比较晚，有一个逐渐适应的过程。从不同的生态系统上分析，父母的人际交往圈子、休闲活动的种类与质量、生活的中心点的多寡等因素，也与是否适应空巢期有关。微观系统中个体的生理、心理等各种状况与中观、宏观系统的运作息息相关。中观系统层面，子女与父母的关系、子女对“孝顺”的理解与实践、邻里关系等社会支持能力，以及宏观的社会制度层面，专门针对老年人的支持监护系统是否健全和完善，都会影响到空巢期的适应。

三、空巢期的适应策略

空巢期意味着父母照顾子女的责任告一段落，父母的角色内涵也发生了变化。空巢期来临，老人面对子女不在身边的全新生活时，需要一个适应的过程，而在这个过程中，每个个体、家庭选择的应对转变路径各不相同。下面我们来看一个案例。

丈夫63岁，妻子53岁，丈夫是再婚，妻子是初婚。两人1998年结婚。妻子一直很优秀，当年高考时是学霸，婚后还考上了知名学府的博士，博士毕业选择工作时，“985”高校的教学和科研岗位要求比较高，没能进去，后来丈夫鼓励妻子，家里经济状况足够好，就是不工作都没有问题，高校的实验室博士毕业进去很容易，你就进吧！但这等于“大马拉小车”，没有工作压力。妻子采纳了丈夫的建议，博士毕业就在实验室工作。两人结婚后生了一个儿子，儿子很优秀，2017年考到清华大学计算机系。丈夫与前妻有个女儿，目前，女儿已经在美国博士毕业并在美国工作。孩子上大学，离开了家，对妻子来说一边是为儿子的未来感到欣慰，一边却感觉很失落，特别难过。一个50多岁的女人竟然哭了，哭着对丈夫说，我以后的生活怎么办呀，没有儿子需要我照顾了，不行的话，我管你吧，你让我管和照顾吧！后来，妻子自己花了几万元办了张10年的瑜伽卡，每天下班后去练瑜伽，让生活更加充实。

目前，关于空巢的适应，人们基本都是从个体层面入手，中观和宏观层面的适应性策略相对较少。从该案中看出，空巢对女性的影响大于男性，孩子离开了父母，对父亲而言，很快就适应了夫妻独自生活的状态；但是对于母亲而言，原有的生活中，没有职业的压力和挑战，每天按部就班地生活，其全部情感和关注点都在孩子身上，其最认真扮演的角色就是母亲这一社会身份，孩子上大学“飞走了”，在未来日常生活中形成诸多生活空隙，突然间角色缺失了，找不到自己的价值和存在感了，经历彻底的痛苦、悲伤、烦躁不安以及抑郁。角色缺失是引发空巢综合征的重要原因。因此，在个体层面，需要思考如何配合子女调整自己作为父母的角色，从而适应变化。

该案中，调整空巢期适应不良的方法是，主动积极向外，寻求家庭之外的活动，安排好自己的休闲时间，寻找自己的人生乐趣，发展自己的兴趣爱好，拓宽人际交往范围，充实自己的生活，将关注点从家庭和孩子身上转移到个体身上，拓宽个人的角色认同，不仅是母亲、妻子、学校的公职人员，同时也是自我的独立的个体。从另外一个角度看，空巢期也使个体有机会重塑其参与社会生活的形态，提供个体享受自由和享受生活的机会。

在空巢期的适应中，需要抽离转移，调整亲子关系。当子女离开后，父母与子女的关系保持亲密有间，降低父母对子女的情感依恋，对子女的感情投入适当，降低对子女回报父母的期望水平，加强夫妻之间的情感联结，关注夫妻之间彼此的需求和感受。

在家庭层面，子女不应以地缘阻隔为由切断与父母的联系，在情感和物质上要给予父母关爱。节假日的问候和探望都是很有必要的。提倡父母与子女保持宽松、平等、民主的关系，培养子女理智体贴父母的习惯，使得父母更好地适应空巢期。

提供空巢期到来前的预备教育讲座，其教育的内容可以有两类：一类是如何预备正向心态迎接空巢期，一类是针对女性空巢适应中的困境，开展性别教育相关内容。该讲座可以在不同层面的机构内进行，例如，在子女的高中阶段的家长会中，安排“子女离家心态预备讲座”，也可以在社区层面进行，介绍子女送出阶段的家庭状况，要求家庭生活教育专业人员提供理论与实务上的经验分享，使得高中家长提早意识到子女长大离家之后需要因应的议题，事先预备好正向的心态迎接空巢期的到来。学校和社区可以帮助家庭使用家庭发展阶段概念制定家庭生活教育方案规划。

有研究结果显示，空巢老人心理健康程度比非空巢老人低，女性空巢老人心理健康程度又比男性空巢老人低。因此，在社区教育的层面，增加性别教育的相关内容，从而改变传统性别分工的框架，让女性学会肯定自己，而不是依赖子女来肯定自己。对女性空巢老人提供心理咨询和服务时，可以特别强化如何改变其角色认同与依赖，让女性有自己的一片天地，活出主体性，而不是依附性。

在社区层面鼓励志愿者以及社会工作者服务于空巢老人，关怀空巢老人，利用社区民间照顾资源，鼓励相关老人照顾机构的专业人员，提供空巢老人所需的心理支持，帮助女性空巢老人学习利用生活支持来取代来自子女的非正式支持。完善社区活动中心中空巢老人使用的各种活动设施，同时可以安排活动，积极鼓励该群体学习新知识，参与社会活动，防止出现社会隔离。社区志愿者或者空巢家庭子女要努力教会父母使用电脑、手机等的视频、语音通话等功能，开拓老年人与子女或者外部世界的联系途径。

在宏观层面，扩大空巢家庭特别是空巢老人的生活支持系统。目前，在空巢的适应以及养老等问题上，来自邻里支持的社区照顾资源利用不足。社区照顾有三种形式：在社区内照顾、为社区照顾、被社区照顾。运用社区自身资源，注重衔接正式照顾与非正式照顾两个维度的支持网络，使老人得以在熟悉的环境中受到有尊严的照顾；同时这种开放式的照顾模式可以最大限度地避免院舍照顾带来的非个性化和社会分隔，促进老年人融入社会。作为除亲属、朋友之外最重要的非正式支持系统，邻里被视为不可或缺的福利提供者。① 目前，社区还是个陌生人社会，维克多·布拉斯（Victor Brass）在《环境与性格》一书中指出，当今住宅建筑的基本特点是封闭性、单元式、各家各户与邻居间互不相干。如何使人们日常生活的社区变成熟人社会，邻里之间如何改变鸡犬相闻，但老死不相往来的状况，是社区工作人员以及社会工作者需要思考、面对和解决的问题。否则，在理论上人们可以阐述构建一个相互支持、互助互爱、温暖关怀的社区，以回应社区中人们的各种问题，但在实践中却无法实现。实现社区照顾资源的整合，也需要一些具体的制度建设相配合，例如，广泛流行于美国、比利时、意大利、日本等数十个国家的“时间银行”制度，有助于

① Evers A, Wintersberger H. Shifts in the welfare mix: Their impact on work, social services and welfare policies[J]. Vienna: Eurosocial, 1998.

发挥志愿者精神，提升社区事务的参与度和社区融合，有助于社区自助和互助体系的构建。国家应构建完备的老人照顾关怀系统，给空巢老人提供各项社会支持，鼓励社会组织志愿者提供空巢老人的探访、电话访问、送餐、咨询等服务，也可以筹组老人团体，建立空巢老人的人际网络，从而弥补家人缺失的不足。

第四节 离婚的适应

私生活领域中的民主化，使婚姻中的人们自我选择性增强，同时人们在婚姻中的自由度也在增强。离婚和分居的可能性成为个人关系民主化的一项核心原则。但同时，这种民主化带来的选择性的增强同样具有危机。目前，随着社会流动的加快、熟人社会向陌生人社会的转变、对浪漫爱情的追求、从“家本位”向“个体本位”的过渡、女性整体的就业水平的提高以及个体化社会的逐渐确立，部分家庭的功能外移和弱化，离婚率整体上呈现上升的趋势。在家庭中，如果有孩子，只有孩子以其强烈的先天连接能力成为唯一一个离不开家庭的成员，父母中的任何一方都可能会因婚姻的解体而随时离开。因此，相当一部分人失去婚姻。那么，失去婚姻对个体和社会而言，会带来什么影响，人们如何适应离婚后的生活，如何走出离婚带来的负面影响？这是社会工作的一个新议题。

一、离婚产生的风险效应

自20世纪60年代以来所有西方国家离婚率迅速增高。越是发达国家，离婚率越高。在中国，越是大城市，离婚率越高。人们需要反思，社会越进步，城市越发达，文明程度越高，为何人和人之间越难以融于婚姻中？城市发达程度与离婚率两者为何呈现了一种正相关关系？为什么传统的农耕的保守的农业社会，反倒婚姻关系的稳固度更高？

20 世纪 70 年代，很多国家将离婚的原则从“过错原则”调整为“破裂原则”，这使得离婚的标准降低了，前置条件减少了，离婚变得更加容易了。在美国，“19 世纪中期，离婚率才达到 10%，到了 20 世纪 80 年代中期，差不多一半的首次结婚的婚姻、61% 的再婚婚姻会以离婚告终。离婚率在 1980 年之后趋于平稳。事实上，1/4 的婚姻持续的时间不到 7 年，有一半的婚姻不到 20 年就会结束。”① 在国内，2019 年，全年依法办理结婚登记 927.3 万对，比上年下降 8.5%，其中涉外及华侨、港澳台居民登记结婚 4.9 万对。结婚率为 6.6‰，比上年降低 0.7‰。依法办理离婚手续 470.1 万对，比上年增长 5.4%，其中，民政部门登记离婚 404.7 万对，法院判决、调解离婚 65.3 万对。离婚率为 3.4‰，比上年增长 0.2‰。②

失去婚姻，对于任何人来说都是一个难以忘怀的生活创伤事件和情感性压力事件。无论是对离婚的主动方还是对离婚的被动方来说，离婚都是痛苦的，是需要适应甚至需要疗愈的。当然，我们也不否认有一部分人如阿尔文·托夫勒的预言所讲，“离婚既不惊恐，也不尴尬，或许连时下离婚的人那种悲愁之情也没有。过后不久，他们各自又找到了另一个新对象，他们将再度结婚，如此一次又一次，反复不已。这种连续婚姻是一种接二连三的暂时性婚姻形式”③。对于有的人来说，失去婚姻就像换一件衣服一样，心里没有对婚姻的神圣感，更谈不上悲怆，自然也无须适应。但是，从更多的人的体验上看，离婚仍然是生活中的负面事件，与丧子、丧偶很大的不同在于，它不是一个自然的过程，有人的主观意志和决定参与其中。并且，在相当长的时间内，人们对离婚持有“凡是离婚的人性格多少都有

① 唐纳德·柯林斯，凯瑟琳·乔登，希瑟·科尔曼．家庭社会工作［M］．刘梦，译．北京：中国人民大学出版社，2018：133.

② 民政部．2019 年民政事业发展统计公报［R/OL］．［2021-04-24］．http://images3.mca.gov.cn/www2017/file/202009/1601261242921.pdf.

③ 阿尔文·托夫勒．未来的冲击［M］．蔡伸章，译．北京：中信出版社，2006：137.

点问题”“离婚的人不是好人，好人不离婚”等观念，因此，离婚的人仿佛有了道德上的瑕疵，往往要承受他人道德评价上的压力。

（一）不对等效应

不对等效应主要是针对在单亲家庭中成长的孩子的养育条件而言的。与双亲家庭相比，离婚式单亲家庭中的青少年，家庭经济条件变差，尤其是带着孩子的没有工作的女性，没有固定的收入来源，生活质量下降，家庭照顾和家庭管教能力以及孩子的养育质量也随之下降。在这里需要区分离婚家庭与单亲家庭。离婚是单亲家庭产生的一种原因，单亲家庭分为离婚式单亲、丧偶式单亲、未婚式单亲、分居式单亲。离婚提高了生活及养育的私人成本与社会成本，私人成本指离婚后的成人和孩子的身体、心理、情绪和经济状况。社会成本包括医疗卫生系统的压力、增加的福利成本，以及可能出现的高犯罪率、低毕业率和增加的惩罚犯罪的司法费用。[①] 西方学者认为，离婚对子女的影响程度取决于子女的性别、子女的年龄、父母离婚后的年数以及所处的年代与国家所代表的社会文化大环境。研究结果显示，离婚对男孩的负面影响相对严重，父母离婚两年内对孩子的影响较大，此外，父母离婚对中小学年龄组的孩子冲击较大，对大学阶段的子女影响较小。在单亲家庭中成长的孩子，有的会出现低自尊和易怒。对于有的孩子来说，父母离婚所带来的痛苦不亚于因死亡失去父母。

（二）双向排斥效应

双向排斥效应体现在社会对离婚者的排斥和离婚者自我与社会的隔离。尽管离婚发生的概率在不断提高，但是从整体上看，离婚仍然是个负面事件，社会对其存在歧视和排斥的现象。例如，在住房政策层面，单身人士在上海只能购买一套房，而一个家庭可以购买两套住宅。在消费领域中，双人套餐以及第二杯半价等促销活动，也让单身人士感觉到消费环境的不

---

① 夏昤兰．对离婚率上升的社会成本分析［J］．甘肃社会科学，2008（1）：23-27.

友好。在婚嫁领域中，通常家长们不愿意选择在单亲家庭中成长的孩子作为自己孩子的伴侣。在交友领域中，有人也会排斥来自单亲家庭的人。

对个体而言，在社会交往上，有人会因为缺失婚姻的社会身份而感觉羞愧。离婚容易给人带来道德压力，会使一部分人陷入自我封闭的社会隔离状态，他们担心别人知道自己离婚，不敢与人交往，担心被问及婚姻孩子等问题，于是干脆放弃社交，生活在一个自我隔离的社会关系状态中。这类人无论在事业上的成就如何，都会觉得被婚姻抛弃，感到自卑，自尊水平下降。从心理层面而言，离婚尤其对被动离婚的人来说，会感觉自己被生活抛弃了，有的人会引发心理疾病和精神疾病，严重的甚至会自杀，或者发生报复前任伴侣的恶劣事件。

（三）同化效应

同化效应最明显的一个表现就是寻求有类似经历或共同旨趣的同伴以获得安慰，有的甚至选择在网络世界中寻找安慰和认同。社会越是对离婚持负面态度，从婚姻中出走的人越是倾向于寻找同类型的人交往，无论是成人，还是青少年都是如此，单身人士找单身人士做朋友，单亲家庭中的孩子也寻找同类人作为自己的同伴群体，类似怀特的《街角社会》一书中阐述的街角青年，在自我的小群体中获得彼此的认同。当然，这种寻觅精神上的安慰可以帮助人缓解精神压力，收获抗逆力或者复原的能力。如果从社会支持网络体系的构建而言，这样的支持网是高度同质性的，所提供的支持也只能是局部的，而且，如果依赖于该群体的安慰，会给他人带来反感和压力；交友高度同质，使得个体的开放度和性格方面的弹性不能得到锻炼，不利于个体的自我成长。对于青少年而言，向同伴分享自己不愉快经历与悲伤之后，反而可能会受到朋友的伤害，例如，有些同伴会将这些私隐、经历大肆宣传，这往往会给遭遇逆境的青少年带来二次伤害。

当然，离婚不总是消极的，有人摆脱了痛苦的婚姻，过自由的单身生活，没有家庭婚姻的捆绑，自由地追求自己喜欢的生活。有男性朋友表述离婚后的心情，“仿佛空气都是甜滋滋的，可以张开双臂拥抱自由的天空啦!”孩子不再生活在有冲突的家庭氛围中，家庭平静了。徐安琪、叶文振对上海500名父母离异的孩子及其家长、班主任定量研究的分析结果显示：不少孩子在家庭变故的挫折经历中成长、成熟。[①] 对于社会而言，离婚的积极意义在于拉动了消费，例如，原本三个人住在一套房子里，离婚后就得住在两套房子里，这就增加了购房需求和家庭生活用品的消费。下面我们来看一个案例。

离婚带给我很大的伤害，有相当长的时间，感觉自己就像行尸走肉，别人可能看不出来，但是我知道自己失去了感受快乐的能力。有时自己跑到商场里，想感受下热闹的气氛，希望用外在的热闹来驱走内心的孤独，希望用与他人的融合带走被抛弃和被排斥的感觉。可到了之后，觉得热闹是别人的，与我无关。有时看到美好的事物，春天草长莺飞，鲜花盛开，夏天各种瓜果，会不禁流下泪水。感慨于生活的美好，而我自己却与美好绝缘。离婚后，我不敢社交，害怕同事间聊天问各自家里的情况，我不敢面对离婚，怕别人认为是我性格不好，有个人过错。所以，我努力避开各种社会交往，不和人聊天。家人说我离婚后，变得不会笑了。其实我自己确实感到自卑，没有自信。做什么事情，都提不起精神，缺少内在的动力。大家聊天，我都默默地听，基本不插嘴。后来大家都发现了我的这些变化。没办法，也只能慢慢疗愈，走出离婚的痛，我用了三年时间。我鼓励自己，为了在不同时节能够吃到不同的瓜果，也要坚持活着，生活多美好呀。看着小区里那些独自生活的丧偶的老人，我就鼓励自己，一个人为什么不能活，那些老人年龄大了，生活各种不便，身体上不是这里不舒服就是那里疼，人家一个人都能生活，我有手有脚有亲人，身体健康，年

① 徐安琪，叶文振．父母离婚对子女的影响及其制约因素：来自上海的调查［J］．中国社会科学，2001（6）：137－149，207．

龄不大，有别人看起来体面的工作，为什么不能生活呢？我还鼓励自己，在没有恋爱成家之前，跟父母在一起，或者一个人独自求学在外，不是也活得好好的嘛！所以，当自己情绪低落的时候，就想想这些，心里就会平复。此外，有次自己一个人在家，我给自己炖了一锅鸡汤，很安静地享受，我告诉自己要记住和强化这一段美好，当自己悲伤的时候，告诫自己，能过去，想想自己炖鸡汤享受生活的那个时刻的心情。就是这样，慢慢地自我疗愈、自我告诫和开导。

从上述案例中，我们看到离婚对个体的确是人生中的重大事件，此时的单身与结婚前的单身心态完全不同，一个是充满憧憬的单身，一个是带着满身伤痕的无奈的单身。从总体上看，离婚影响到个体的心理状态，有的人对外部世界产生排斥，出现了社会退缩行为，影响到对未来生活的信心，需要不断地调整心态，才能开启新生活。

二、离婚后的适应历程与转化

社会学更多的是探讨离婚的宏观与微观层面的原因，而社会工作则是在寻求如何解决离婚后产生的一系列问题。例如，人们因离婚受到的伤害如何面对，包括如何积极应对、解决离婚的耻辱化和污名化。再如，人们如何适应单身生活，离婚家庭中的孩子如何面对家庭生活格局的改变和接受新加入的家庭成员。

（一）离婚个体的适应历程

一般来说，离婚后个体会经历煎熬期、重建期、展翅期三个不同的阶段。每个阶段个体的情绪心理、亲子关系、社会人际适应历程等三个方面的反应是不同的。

首先，在情绪心理方面的适应上，从承受离婚的巨大打击，情绪在崩溃的边缘，到意识到必须重新适应单身的身份，沉淀一段时间思量如何使用多种方式排解情绪。上面案例中的当事人的情绪心理处于重建这个阶段，采取了对比单身老人的生活、回顾婚姻前单身的状态，以及梳理个体所拥有的资源来告诫自己要振作，通过多种方式来疏导离婚导致的压抑感。在展翅期，不后悔离婚的决定，并且乐于享受目前的生活。离异当事人的情绪心理的适应历程，如果能够健康发展，基本上都会经历从崩溃、平静到享受当下生活的过程。

其次，在亲子关系适应历程上，最初孩子是离婚当事人情绪溃堤下的受害者；离婚当事人往往尚未准备好告诉孩子离婚的事实，也不知道如何向孩子讲述该事。等情绪进入了平静期，在孩子面前需要扮演多重角色，一个人照顾孩子时间尤显不够，同时，获得监护权的父母一方得到的支持和关怀往往很少，因此与孩子的关系与离婚前相比显得焦虑。同时由于对孩子怀着愧疚与补偿的心理，会对孩子有更高的要求，希望孩子能够出人头地，用过高的成就动机来弥补自己在情感上的缺失。进入展翅期，亲子关系还是朝着正确的/健康的方向发展，孩子是丰富生命历程的泉源，父母往往会据实告知孩子离婚的事实。当然，亲子关系的质量与离异后与前伴侣的关系有关，如果父母之间的关系趋向支持性，能够对孩子的感受保持敏感性，并能让孩子与父母双方都保持正常交往，那么孩子也会从中受益颇多。

最后，在社会关系的适应历程上，最初，家人提供实质的帮助但也让当事人感觉是一种负担，朋友的陪伴会让人感觉很温暖但是容易让人依赖，被离婚者往往对前任怀有无比怨恨的心情。到了重建期，与家人保持着亲密有间的关系，能够重新整理自己的人际交往圈子中的亲疏关系，对前任的怨恨少了，可能还有一份情谊在。到了展翅期，更能体会到家人的关爱，与家人的关系更为紧密，互动更为频繁，在原有的人际交往范围外，能够开拓新的人际圈，与前任保持一种平淡的关系。

那么，社会工作者如何帮助当事人实现从煎熬期到展翅期的转化呢？在自我观念上，帮助当事人从自卑与无奈转变为学会适应单身的社会角色，直到用豁达的人生态度拥抱新生活；在婚姻观念上，帮助当事人从能够正视婚姻的解体到能够以随缘的态度面对新感情，追求没有包袱的情感，最后能够从容面对新感情，同时也学会保护自己；在亲子关系方面，帮助当事人从学习调整与孩子相处的方式与态度，学会彼此体谅，到努力培养孩子健康快乐的人格与生活方式。

本章所讨论的“丧失类”问题，都可以采用“抗逆力”理论和优势视角来认识和回应。本书重点从抗逆力视角分析离婚后当事人和孩子的适应问题。抗逆力包括“那些能够帮助家庭在面对变革时抵制破坏、应对危机的特点。不屈不挠是家庭系统对压力的回应方式，它指的是家庭问题的解决与应付、家庭抵抗性资源、社会支持和家庭凝聚力”①。自动复原力包含抗逆力的基本含义。复原力有助于离婚后个人适应。面对离婚事件带来的混乱与情绪波动，复原力具有加速离婚者适应生活与重新获得生活掌控感的功能，此外，具有复原力的离婚者在经历离婚事件后，自我认知更加清晰且珍惜目前生活。有助于离婚后个人适应的复原力因子包括：个人特质、社会支持网络、正向认知、社会因应技巧、原生家庭的支持、处理情绪的能力、宗教等七大类。具体而言，包括外向开放的个人特质；社会支持网络结构合理，如上述案例中的当事人一样能够有正向的认知，而不是执拗于各种非理性信念；能够有效地管理和控制自己的情绪；有宗教信仰可以找到寄托情感的人；与原生家庭保持较好的互动，彼此能够提供各种支持；处理各种问题有弹性。如此，在离婚后的适应上会比较快地朝着健康方向发展。

（二）离婚家庭的孩子的适应任务

离婚家庭的孩子往往会感到焦虑或者被抛弃和否定，父母的支持是帮助孩子克服负面情绪的非常重要的因素。父母应坦诚地告诉孩子发生了什

---

① 唐纳德·柯林斯，凯瑟琳·乔登，希瑟·科尔曼. 家庭社会工作［M］. 刘梦，译. 北京：中国人民大学出版社，2018：151.

么事情，但是不要指责对方；离婚不应该侵蚀孩子熟悉的日常生活；孩子可能感到悲伤，不仅因为失去了生活中非常重要的一个人，而且因为失去了生活中的重要内容，如熟悉的环境和邻居朋友。孩子在父母离婚后，要成功地完成下列任务，才能开始新生活：他们需要对很多失落达成共识，包括依恋感的丧失；处理愤怒与自责，孩子可能觉得是因为自己父母才离婚的，父母需要帮助他们消除这个顾虑；努力接纳永久性的离婚，孩子常常觉得离婚不是不可以改变的，在父母离婚后很久，孩子还会期盼父母能够破镜重圆，有些孩子甚至会制订计划让父母重归于好，或者为了让父母重归于好而故意惹是生非，作出某些需要父母共同出面解决的事情；重新界定和调整对父母的期待，正确看待婚姻和婚姻失败，不要把父母的离婚扩大到任何亲密关系中。①

通常离异家庭孩子的适应会比父母的适应期短，但是后续的影响会更加深远。如果将父母离异视为孩子面对的危机或挑战，很多孩子表现出平静面对、参与调和、主动适应、独立自主、维护亲情、勤俭节约、奋发学习、开放接纳、灵活通融等诸多健康素质。不但没有出现问题，反而表现出与完整家庭的孩子一样的积极成长态势。近年来，健康适应研究逐步走向深入，除了呈现孩子们的健康适应表现，研究重点已延伸到达成健康适应的相关因素分析、内在因素与外在因素的关系、多因素的作用机制以及社会文化因素的作用方式等。

（三）离婚适应的社会支持

在文化上，树立离婚的正当性和正常化观念，要给离婚去污名化，在道德上要给离婚去耻辱化。事实上，婚姻的历史有多长，离婚的历史就有多长。离婚本是中性事件，没必要进行文化审视和道德评判。离婚有正向和积极的意义，如果父母一直让孩子处于冲突的成长环境中，既不好好过

① 唐纳德·柯林斯，凯瑟琳·乔登，希瑟·科尔曼. 家庭社会工作［M］. 刘梦，译. 北京：中国人民大学出版社，2018：137.

日子也不离婚，对孩子的影响更是毁灭性的。离婚后，孩子和成人都在一个安静的、稳定的环境中生活，有助于提升家庭生活质量。因此，社会应摒弃在观念层面的“离婚率上升 = 社会不稳定、离婚者 = 低素质人口 = 失职父母”以及“单亲家庭子女 = 问题儿童”的因袭思维模式及刻板印象的影响。

我国可以借鉴美国的经验，在社区层面增加离婚教育的内容。工作重点由“大人中心”转移到“孩子中心”，不再是夫妻双方利益的分割与调节，而是孩子利益的保全与维护。谁抚养孩子、双方如何分担责任、非抚养方的探望方式、孩子跟谁居住、两边居住的轮换、抚养人的情绪调整、非抚养人的亲子关系、离婚双方的恩怨化解、双方亲属的协助抚养、祖孙关系的妥善维护，等等，都可以纳入离婚教育。除夫妻以外，孩子、重要亲属也要参加。教育方式有谈话、听课、心理辅导、法律调解、法官训诫等。法官、调解员、心理专家、教育专家都有可能担任教师。①

总体上，本章探讨的是“失去”议题。人生在不断的得到和失去的循环中，得到爱情、家庭、孩子。有“得到”就必然有“失去”，得到中有欣喜需要适应，失去中有悲痛更需要适应和面对。失去主要包括失去爱情、婚姻、健康、工作、金钱、自由、朋友、尊重、自信、尊严、至亲等。本章主要探讨失去中的适应。社会工作者可在个别治疗中协助当事人在合理时间内克服悲伤，以增强其重新开始正常生活的能力，协助其处理因“失去”而引发的各种情绪困扰。丧子，在所有的失去类型中是最为惨烈的悲伤体验。离婚和空巢，虽然不像丧子对个体的挑战和伤害大，但依然是人生命历程中的重大事件。对于有的人而言，可以承受癌症给身体带来的巨大痛苦，却很难面对失去婚姻对自己的伤害。离婚后，不仅要面对生活情境的改变，还面临着从在婚姻中形成的“扩充的自我”重新回

---

① 田国秀. 父母离婚对孩子的影响：20 世纪 50 年代以来美国学界研究的五个阶段［J］. 北京社会科学，2014（9）：110－117.

到恋爱前的“独立的自我”状态，如何实现这种状态的顺利转换，这对每个人都是重大挑战。对于空巢家庭来说，从有子女陪伴到父母独自面对生活，随着家庭成员的减少，家庭关系的萎缩以及父母身体机能的退化，空巢的父母要学会面对和接受这种种生理上和心理上的变化。如何帮助当事人适应这两类角色的变化，是社会工作者的重要任务。前文也从微观、中观和宏观等各种不同的层面上寻求解决问题的对策，希望上述探索能够帮助当事人激发个体潜能，尽快适应角色变化，适应新的生活，积极利用各种内在和外在资源，让个人的生活在新的起点能够顺利启程。

第十章

伤害类事件与社会工作介入

CHAPTER 10

在地理学中，家是充盈着意义、情感、经历和社会关系的生活空间。[①] 20世纪70年代，人文地理学者理解的家总是与理想空间、私密、亲密和舒适等相关，家是一个温暖、愉悦和安全的场所。[②] 在日常生活中，人们认为，家庭是慰藉、爱和友情的来源；但是也有人认为，家庭也可能存在各种人身伤害，是剥削、羞辱、孤寂、极度不平等的渊薮。在有的家庭中，确实存在各种各样的伤害类事件，给人带来苦难的记忆。例如，家庭暴力、遗弃、非婚生子、自杀、强奸等伤害类的家庭事件，有些事件例如强奸、拐卖等行为不一定发生在家庭内部，但是对家庭有着巨大的和持续的影响。伤害类事件与其他家庭问题不同的是，过错方存在主观故意，因此，除了自杀，其他行为都属于违法行为，需要承担法律责任和后果。社会工作如何预防和处理该类事件对个体、群体和社会的影响，如何修复这些痛苦的记忆给个体带来的创伤？本章将围绕上述问题展开论述。

第一节 家庭暴力

家庭暴力作为一个世界性的社会问题，在现代世界各国仍然普遍存在。家庭暴力是家庭伤害类事件中发生概率较高的家庭现象，同时该领域的研究成果也很丰富。该问题涉及社会学、心理学、犯罪学、法学、社会工作等不同的学科领域。家庭成员本是有着各种情感联结、血缘、姻缘联结的最亲密的人，暴力为何会发生在家庭领域，其本质原因在于权力，权力是弥散的，有着毛细血管的细微的分支，充斥在社会生活的每一个角落，暴力无论是以何种形式出现，本质上都表达出施暴方比受暴方更有权

---

① BLUNT A，VARLEY A. Geographies of home［J］. Cultural Geographies，2004，11（1）：3 -6.

② 封丹，李鹏，朱竑. 国外“家”的地理学研究进展及启示［J］. 地理科学进展，2015，34（7）：809 -817.

力。“从权力的角度看，配偶暴力是权力形态的一种表现、权力关系的一种反映、权力机制的一种运作：配偶暴力是以权力为基础的，是权力的一种功能性运作，是强权的一种实践和实现。这一权力机制可以分解为社会性别机制、阶级/阶层机制、社会－个人互动机制，配偶的施暴和受虐往往是这三种机制合力作用的结果。”① 有权力就意味着不平等，存在家庭暴力的环境一定也充斥着不平等。

一、家庭暴力的概念和类型

家庭暴力有狭义和广义之分，狭义的家庭暴力是指家庭成员之间以殴打、捆绑、残害、限制人身自由以及经常性谩骂、恐吓等方式实施的身体、精神等侵害行为。广义的家庭暴力还包括对家庭成员以外共同生活的人实施的上述侵害行为，其核心点在于是否共同生活，因此广义的家庭暴力包含“去家庭化”的要素，包括同居者、事实婚姻中的配偶、前配偶、恋爱关系中的情侣。该定义与以往学术界和实务界关注的“消除针对妇女的暴力”不同之处在于去性别化，家庭暴力不仅包括针对女性的暴力，也包括针对男性的暴力。家庭暴力从形式而言，不仅包括作为，主动实施了暴力行为；也包括不作为，因为选择漠视给家庭成员带来了伤害性后果，例如，目睹家庭成员喝农药而不施救，也属于家庭暴力行为。

1960 年 11 月 25 日，三位多米尼加女性——米拉贝尔三姐妹被杀害。为了纪念这一事件，1981 年 7 月，第一届拉丁美洲女权主义大会宣布把每年的 11 月 25 日作为反暴力日。1993 年的这一天，联合国发表了《消除针对妇女的暴力宣言》。目前，从消除针对妇女的暴力转变为反对家庭暴力，这种“去性别化”的转变实际上不再特别强调对妇女的保护，弱化了对性别不平等的关注，弱化了从性别视角对家庭暴力问题的分析和救

① 王燕，张晋．家庭暴力受虐女性服刑人员犯罪被害化问题研究［J］．江苏警官学院学报，2017，32（6）：42－48．

助。事实上，截至2019年，中国2.7亿个家庭中，大约有30%的家庭存在家庭暴力，有16%的女性承认遭受过配偶的暴力，14.4%的男性承认打过自己的配偶。[①]

家庭暴力的类型主要有四种：身体暴力、精神暴力、经济控制、性暴力。这四种暴力之间相互联系，身体暴力通常伴随性暴力。基本上每一个受暴女性也都遭受性虐待，施暴者通过身体暴力，对受暴者实施人格上的侮辱，打击人的自尊自信，让受暴者感觉被击垮，无助绝望。2016年3月1日《中华人民共和国反家庭暴力法》（以下简称《反家庭暴力法》）正式施行。值得强调的是，婚内强奸也属于《反家庭暴力法》调整的行为。婚内强奸具有极强的私密性，同时带有极大的羞辱性，使得报案率较低。

二、家庭暴力的状况

（一）任何人都可能成为家庭暴力的施暴人和受暴人

人们常常对施暴人和受暴人有刻板认知，认为只有性格暴躁的、酗酒的、经历过童年创伤的、生活在暴力家庭环境的、生活在农村的，贫穷的、学历低的、偏远地区的男人才会有家庭暴力行为；认为愚昧的、性格懦弱的、经济不独立的、家庭地位低的、不懂得妥协和包容的女人才会遭受家庭暴力；认为家庭暴力的受害者只有女人，没有男人。事实上，任何人都可能成为家庭暴力的施暴人和受暴人，女性也能成为施暴人，男性一样也可能成为受暴人。当下表现得比较突出的是，妻子对丈夫的严苛的经济控制，这也属于家庭暴力。高学历的白领女性同样也会成为家庭冷暴力或暴力行为的受暴者。在家庭暴力中，受害者多半为妇女，而老人、儿童和男性的比例也有所上升。

---

① 中国2.7亿家庭中约30%存家暴25%家庭因此解体［EB/OL］．［2020-03-10］．http://news.youth.cn/gn/201503/t20150325_6544861.htm.

（二）家庭暴力普遍存在，并且后果严重

世界卫生组织2017年的数据显示，全球1/3的女性遭受过身体或性暴力，其中仅有不到10%的女性报过警。2018年，我国法院接到的离婚申请中，有77.51%的夫妻因感情不和，其中因为家庭暴力而申请离婚的占比14.86%，居第二位。[①] 可见，暴力侵害了受害家庭成员的合法权利，导致了家庭危机和社会不和谐。

（三）家庭暴力呈现周期性

家庭暴力的过程呈现周期性和循环性的特点，具体而言，施暴人和受暴人的关系常经历蜜月期—愤怒积聚期—暴力发生期—道歉原谅期—蜜月期的过程。一次家庭暴力结束，经过道歉原谅后进入蜜月期，再进入愤怒积聚期，之后又进入新一轮的暴力发生期，家庭暴力行为具有反复性。正因为暴力与安抚交替使用，使得家庭暴力反复出现，并使得受暴者一直持有某种施暴人会改正的幻想和期待。家庭暴力只有零次和无数次之分。从心理学意义而言，哪怕是一次家庭暴力，至少说明施暴者不太会合理控制和处理情绪，是具有家庭暴力倾向的。

（四）反家庭暴力的积极后果与消极后果

从积极后果看有两种情况：一种是受害人能够全身而退，通过离婚远离家庭暴力；另一种是首次家庭暴力就报警，通过心理辅导和家庭关系的调解，有效地预防和控制家庭暴力。消极后果也有两种情况：一种是被周期性家暴，受暴者持续地忍耐，容易导致缺陷性人格，如攻击性人格障碍、反社会人格障碍和分裂性人格障碍，使受暴人生活在无助和恐惧的环境中；另一种是从“受暴人”蜕变为“施暴人”，受暴者承受家庭暴力时间比较长、经历的挫折感无法释放，以暴制暴，促发犯罪，冷暴力诱发婚

---

① 陈银．2018年我国离婚登记大数据分析，77.51%的夫妻因感情不和离婚，女性提出离婚居多，80和90后离婚率高［EB/OL］．（2019－05－01）［2020－03－26］．https://www.huaon.com/story/424003.

外情犯罪占其中很大比例。数据显示，40% 的女性杀人案件与家庭暴力有关，犯罪类型以激情犯罪为主。2011 年 11 月，四川女性李某在经历了 20 个月的家庭暴力后，曾向公安机关、妇联、邻里亲友、街道等求助，在各种求助无效的情况下，杀死了丈夫并分尸烹尸。陕西省女子监狱对家庭暴力犯罪进行的调查显示，杀夫型犯罪占 63%，而其中有一半的人曾遭受家庭暴力。一部分受暴女性除实施暴力犯罪外，往往会从家庭转移到社会环境中谋生，误入歧途实施其他犯罪行为，如涉毒、涉骗、涉黄等。

（五）受暴者形成“习得性无助感”①，导致患受暴妇女综合征

在长期受尽折磨与虐待后，受暴者无力反抗，产生极度的绝望感，最后丧失了反抗的意愿。受暴妇女综合征是 20 世纪 70 年代末 80 年代初由临床法医心理学家雷诺尔·沃柯（Lenore Walker）对 400 名受暴妇女进行调查研究后提出的社会心理学理论，受暴妇女综合征“表明那些在暴力关系存续中遭受虐待的妇女所面临的特定情形，以及这种情形对妇女所产生的心理影响”②。受暴妇女往往在长期遭受家庭暴力后，认为自己无力改变现状，因此不再抵抗，转而默默忍受，直到家庭暴力的严重程度超过其忍耐极限，不得不选择用以暴制暴的方式结束家庭暴力，这在一定程度上解释了“受暴妇女进行正当防卫的情境”③，同时该理论在一定程度上解释了家庭暴力受暴者不离开家庭的原因。

---

① 习得性无助感，又称后天无助感。这一提法来源于心理学家马丁·沙利格文（Martin Seligman）的一次试验。他将几只狗用绳子拴住，放在一只铁笼里，每天不定时电击铁笼子。这些狗开始还不断跳跃试图躲避电击，但发现徒劳无益后，这些狗停止了主动躲避而采取减少痛苦的方式应对电击，如趴在铁笼里一动不动。当试验人员停止电击解开绳子并打开笼门后，狗已经不知道逃跑了。雷诺尔·沃柯认为，长期遭受家庭暴力的女性，与沙利格文试验中的狗所反映的情形是相似的。参见陈敏．受虐妇女综合征专家证据在司法实践中的运用［M］//诉讼法论丛：第 9 卷，北京：法律出版社，2004.

② 黄晓文，叶衍艳．受虐妇女综合征专家证据在澳大利亚司法实践中的运用［J］．法学杂志，2005（6）：106.

③ MAGUIGAN H. Battered women and self-defense: Myths and misconceptions in current reform proposals[J]. The American Law Register, 1991, 140(2): 379－486.

三、家庭暴力的预防和处理

目前，在家庭暴力的预防中，更多地强调个体的责任，尤其是受暴者的责任，同时也常常有社会工作者、街道工作人员不恰当的提问，例如，“他为什么打你”“他为什么不打别人”“你为什么不离开”，这些提问无疑对受暴者是二次伤害，充满了对受害者的偏见和误解，同时也忽视了社会、文化和制度等层面在家庭暴力的预防和处理中的责任。

（一）家庭暴力的预防

为什么家庭暴力受暴者不离开家庭？除了上文阐述的受暴妇女综合征理论外，“幸存者理论”在心理学视角外，从个体和社会支持网络的回应中，进一步阐述了受暴妇女不离开的原因。高道夫（Edward W. Gondolf）于1988年提出了“幸存者理论”，他认为伴随暴力升级，受暴妇女经常会向其他家庭成员和正式社会系统求助，而不是唯唯诺诺在暴力中忍耐，实际上她们是积极向外界求助的暴力幸存者，众多受暴妇女多年来都在努力抗争，最终从暴力中生存成长。该理论核心内容包括以下三个方面：首先，受暴妇女在遭遇暴力过程中一直积极寻求帮助，暴力的周期性促使她们采取应对措施，不断寻求有效资源的支持，“想方设法”减少受暴，而非受暴妇女综合征所认为的“习得无助”。其次，从自身而言，她们通常没有足够的经济资源，缺失离开暴力的资本，也难以支付摆脱暴力的“成本”，这些严重阻碍了她们离开暴力的步伐。最后，从外界而言，在通过正式或非正式系统求助过程中，她们常常面对低效的官僚机构、支持资源缺失和公众的冷漠，所获得的帮助是有限的、支离破碎的，因此通过求助摆脱暴力困难重重。① 这种“内外受阻”的状况最终导致她们不得不停留在暴力关系中。

---

① 王曦影，董晓珺，夏天，等. 性别、代际与家庭暴力的幸存者：一项基于两代受暴妇女的生命史研究［J］. 上海大学学报（社会科学版），2019：36（4）：14－27.

“幸存者理论”从侧面阐述了受暴者作出的各种努力和尝试，但是在家庭暴力的预防和处理中，仅有受暴者的努力是不足的。目前，在个体层面，更多地处理和解决受暴人的生理、心理的伤害；在社会系统的支持层面，强调法律、妇联、工会、居委会等多部门多机构的多种途径的维权，这些也仅是处理家庭暴力的后果，没有真正解决暴力的源头，在家庭暴力的预防和处理中，忽略了对施暴者的教育和服务；在文化层面上，对人权理论和社会性别理论的反思是不足的。

对施暴者的服务，在家庭暴力的预防上至关重要。在家庭中，为何有的人要用暴力来表达感受和解决矛盾？一个人成为施暴者，受诸多因素的影响。心理学研究表明，在研究那些殴打妻子最残暴的丈夫的案例中，偶然发现了另一种原因即施暴人缺乏移情的能力。移情，即共情、同感，感受他人的能力，换位思考的能力。从依恋类型和家庭教养环境而言，前文提到的张明案，回避型依恋类型与严厉型家庭教养结合在一起，培养了带有成功者标签的家庭施暴者。从自我分化水平来看，自我和他人、感性和理性不能较好分化的人，一个人的内外不一致，内在自卑、内向，外在却表现强悍，强悍是因为痛恨自己懦弱，缺少较好的沟通能力、情绪控制能力不足，这些特质都会成为施暴者的相关内在因素和家庭环境因素。从这一点看，施暴者也是受害者。因此，关于施暴者的救助不容忽视，需要必要的心理辅导，进行情绪管理方面的训练，使其做到在冲突中冷静，离开争吵现场，而不是让局面更加恶化。

家庭暴力的预防，不能单纯从事件本身和家庭成员关系来分析。特定空间的暴力经历与空间的社会关系特征密不可分。[①] 在家庭空间中，对家庭成员的身体和精神上的控制，“家庭暴力几乎始终表现为一种针对性别

① SPRINGER S. Violence sits in places? Cultural practice, neoliberal rationalism, and virulent imaginative geographies [J]. Political Geography, 2011, 30(2): 90－98.

的犯罪，且受害者多数为女性，施暴者绝大多数为男性”①。实际上是整个社会文化层面上对弱者人权的蔑视和性别不平等在家庭空间中的再现。

家庭暴力问题实质上是人权问题。人权是指“人，因其为人而应享有的基本权利或者天然权利，每个人都应该受到合乎人权的对待”②。家庭暴力的受害者大多是女性，女性作为人权主体资格的确定经历了漫长的历史过程，一直到1993年在维也纳人权领域的第二次世界性会议通过的《维也纳宣言和行动纲领》，才以国际人权文件的形式首次明确承认“妇女的权利是人权。人权在个体层面依法享有的生命、财产、人身自由的权利和政治、经济、社会、文化等各方面的自由平等权利”③。生命权是最基本、最重要的人权，如果无法充分保障人的生命权，那么一切其他权利都是空中楼阁。无端剥夺人的生命，或者肆意对人施加恐吓、虐待和折磨，就是一种非人权的待人方式。自由权是法律规定或者认可并保障公民按照自己的意愿进行活动的权利。在家庭暴力行为中，施暴者通过暴力行为控制受暴人，轻者限制其社会交往的范围（如限制与异性交往），重者直接将受暴人禁闭一室之内，不许离开，这是典型的对人身自由权的侵犯。财产权和尊严权是生命权和自由权的延伸，如果一个人的尊严权被否认，就意味着人们可以肆无忌惮地羞辱、威胁、骚扰、中伤他，那显然他就失去了“作为人类”的资格，这无疑是人权所不容的。人权还包括遭受天灾人祸之后的获助权和公正权，其进阶内容包括发展权和民族自治权。家庭暴力对人权的侵犯主要表现在侵犯人的生命权、财产权、自由权和尊严权。

家庭作为性别化的社会空间，阶级和性别范畴同样成为我们认识家庭内部准公共空间的分析工具。女性主义者认为，构成社会结构基础的性别

---

① 黄列．家庭暴力：从国际到国内的应对：上［J］．环球法律评论，2002（1）：104－114．

②③ 欧阳艳文．人权视角下的家庭暴力研究［J］．湖南警察学院学报，2014，26（4）：40．

主义或父权制内在地忽略与排斥女性，性别不平等的根源就在于此。[①] 一方面，性别是身体的基本特征，身体在特定社会空间承载的行为、情感经历不能脱离性别来诠释。[②] 性别不平等是基本的社会事实和社会文化，该文化对职场、社会、家庭每一个场域都发生作用，无论是私领域还是公领域。在家庭空间中，暴力更多地表现为男人打女人，这是基于性别文化权力模式决定的，文化赋予男性更多的家庭和社会中的主导性，女性附属性，同时文化也赋予不同性别在家庭中不同的角色和分工。有学者认为，这仅是依据男女两性不同的生理特征的分工不同而已，只是“不同”，不是“不平等”。女性主义者不认同该观点，当男性占据了公领域中的主要的领导和管理的社会位置时，女性也未能在家庭这个私领域中占据主要位置，发挥主导作用，家庭领域一样存在性别权力的不平等，这种社会性别文化平等的观念和实践是家庭暴力预防中容易被忽略的。可以说，没有性别平等，没有对弱势群体的个体的人权的尊重和维护，家庭暴力在源头层面的预防也只是空谈。因此，反对家庭暴力，要重视男性的参与。让人们认识到男性在家庭与社会的责任，激励世界各地的男士和男孩们站出来反对针对妇女的暴力行为。“在性别主流化战略下，男性的双重身份，作为保护对象的暴力受害者和作为反暴力主体，得到重视。”[③]

另一方面，暴力文化和暴力的习得与家庭环境有着直接的联系。在暴力的环境中成长的子女较易习得该行为方式，未来会采取相同的方式对待伴侣。因此，从家庭环境而言，夫妻之间彼此相爱，让子女在温暖有爱的滋养性环境中成长，采用民主式的家庭教养模式，是预防家庭暴力的重要环境要素。

---

① 吴小英．女性主义的知识范式［J］．国外社会科学，2005（3）：34－43.

② 肖鸿元，汪明峰．基于女性主义地理学视角的家庭暴力研究进展：超越公私二分法［J］．地理科学进展，2020，39（1）：143－152.

③ 郭夏娟，郑熹．性别平权发展与反家庭暴力政策框架变迁：联合国经验的启示［J］．国外社会科学，2017（4）：64－73.

在社区和社会组织层面，设立宣传教育中心和家庭辅导中心，定期开展心理健康咨询、家庭关系辅导、父母学校和婚姻指导等相关的服务和培训活动，可以从相对宏观的层面上，预防家庭暴力的发生。

家庭暴力的预防，在不同层面上的工作内容，如图 10－1 所示：

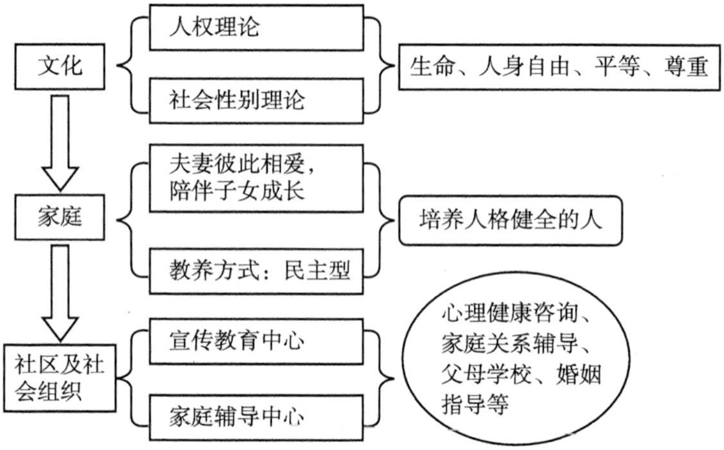

图 10－1　不同层面预防家庭暴力的工作内容

（二）家庭暴力的处理

2016 年以前，国家不情愿将权力的触角延伸入家庭私领域，担心破坏家庭自治的社会传统。然而，家庭不仅是社会成员生活的私人领域，同时也具有准公共领域特征，国家介入家庭暴力案件保护受暴者的身体健康权应当优先于施暴者所奉行的家庭隐私权。[①] 也正是基于该理念，我国出台了《反家庭暴力法》，2016 年 3 月 1 日开始实施。该法第 13 条规定，家庭暴力受害人及其法定代理人、近亲属可以向加害人或者受害人所在单位、居民委员会、村民委员会、妇女联合会等单位投诉、反映或者求助。有关单位接到家庭暴力投诉、反映或者求助后，应当给予帮助、处理。家庭暴力受害人及其法定代理人、近亲属也可以向公安机关报案或者依法向

① 王燕，张晋．家庭暴力受虐女性服刑人员犯罪被害化问题研究［J］．江苏警官学院学报，2017，32（6）：42－48．

人民法院起诉。单位、个人发现正在发生的家庭暴力行为，有权及时劝阻。

事实上，对于家庭暴力情节较轻的行政处罚有罚款、告诫书，但很难起到威慑作用，“人身保护令”也仅发挥阶段性的保护作用，经济宽裕的施暴者根本不在乎1000元的顶格罚款。甚至有的施暴者会在处罚现场对受害者扬言，“看我6个月后不打死你”。可见，目前的处罚措施使得家庭暴力的代价和成本不高，依然无法起到威慑作用。因此，基层执法者应反思，除训诫、拘留、罚款，是否可以更严厉？是否可以针对不同的人，采用不同的处罚方式？当然，这些观点需要进一步商榷。另外，《反家庭暴力法》与《民法典》婚姻编在执法中也会遇到尴尬，例如，丈夫为了离婚打妻子，妻子死活不离婚。按照《反家庭暴力法》，要尊重受害者的意愿不离婚，按照《民法典》婚姻编，家庭暴力又是允许离婚的一个条件。当然，我们可以理解《民法典》婚姻编中的条款，主要是从法律上支持受害人的离婚请求。

家庭暴力问题的处理，从社会工作的学科视野出发，可以采用各种微观和宏观的社会工作方法，具体服务内容如下：

首先，从个案工作视角，受暴人和施暴人及其家庭都是个案工作的服务对象，容易被忽视的是对施暴者和家庭的服务。如前文所述，施暴人在某种程度上也是受害人，不改变其施暴心理、性格、成长环境对其的负面影响、性别观念以及其行为反应方式，仅提供对受害人的个案服务，是无法消除家庭暴力的。社会工作必须以整个家庭作为服务对象，将工作的重点放在协助服务对象认识和澄清相互之间的家庭角色上。通过个案工作提高服务对象的自我意识，让案主认识到夫妻二人在婚姻关系中处于平等地位，恢复服务对象的家庭责任感。如果施暴者的家暴思想长期以来得不到纠正，当受暴妇女回到原来的家庭时，会继续受到施暴者的拳打脚踢，那么受暴妇女的状况在病态的家庭中难以得到改善。对于受暴人而言，社会工作要努力改变“家庭暴力是私事”的观念和忍辱负重的做法，要鼓励其有反抗意识和勇气，要培养其求救的意识和行动，将各种正式系统和非正式系统的家族、同事、朋友、邻里的资源有效地应用在家庭暴力的处理中。协助受暴妇女充分认识到自己具备的潜能，从而促进受暴妇女自身的成长与改变，最终解决家庭暴力问题。

其次，从团体工作层面，可以组建受暴女性支持小组。在小组中，通过带领者和组员的合作，开展各项小组活动，实现以下小组目标：（1）提升受暴女性的自我认知，激发其潜能，重塑自信，改变错误的归因方式；（2）鼓励小组成员之间分享彼此曾经遭受暴力的经历，产生一种情感的共鸣，建立情感上的互相支持，有助于情绪的宣泄；（3）建立妇女社会支持网络，减少成员自卑感和孤独感，从而提升性别意识，促进自省；（4）学习家庭生活中的沟通技巧，掌握正确的家庭角色分工，并学习引导家庭生活的和谐氛围的营建；（5）提升受暴者的自我保护意识，重视婚后第一次暴力事件，学习正确的家庭暴力的处理、求助和反应方式。例如，留证据，找警察，寻求妇联、司法行政部门、民政部门、社区干部的帮助，申请人身保护令等。在每次的小组活动结束之后，社会工作者需要给受暴妇女布置家庭作业，鼓励她们把在小组活动中习得的正确行为运用到平时的家庭生活中去。

再其次，在社区工作层面，将社区居民、社区内的社会组织的力量聚集起来，鼓励社区、社会组织、专业社工“三社”联动，多方参与开展《反家庭暴力法》的宣传，开展性别平等以及人权文化的宣传。在社区内，推广设立地点保密的安全屋，保护受暴者与暴力的有效隔离。

最后，在社会工作行政层面，社会工作者作为倡导者，需要不断地总结和反思《反家庭暴力法》在执行层面的困境，思索如何提升执行效果，使立法和执法更加完善。在反家庭暴力处理中，大力倡导多机构联动合作干预。建议政府加大对反家庭暴力相关项目的财政投入。建议公安机关在

110 接警系统外，设立家庭暴力应急中心。建议在妇联或民政部门，设立施暴者治疗中心、受暴者庇护中心、受暴者援助中心、家庭暴力投诉站（点）、妇女维权合议庭。除了这些组织建设外，妇联系统可以做的事还包括主题宣传活动、心理讲座、外展宣传活动、妇女热线、志愿者律师团队的法律咨询和服务等。

第二节　非婚生子女

非婚生子女，又被称为“非法生子”，俗称“私生子女”，即于合法婚姻关系之外出生的孩子。包括未婚和婚外生下的孩子，也包括婚内非婚生子，即女性在婚姻内与伴侣以外的男士生下的孩子。非婚生子女在国内到底有多少人，没有明确的统计数字。2014 年的一项田野调查结果显示，中国非婚生子女人数量超过百万人。第六次全国人口普查数据显示，未入户的人口比例占总人口的 7.1%，其中就包含了非婚生子女不能办理户口的情形。根据我国台湾地区有关部门发布的 2005 年婴儿出生状况显示，非婚生婴儿占 4.04%；在 2016 年，美国、英国、法国和德国非婚生子女的比例分别为 40%、48%、60% 和 36%；而日本的非婚生子女比例不到 2%。[①] 可见，非婚生子女在全球范围是个庞大的群体，在我国“未婚妈妈”有上升的趋势。在相当长的时期内，私生子是没有合法身份的人，是家庭中的羞耻性事件，是受人侧目和非议的。非婚生子涉及性、道德、婚姻、财产继承和法律权利等诸多方面的问题。

---

① 黄文政. 消除对非婚生子女政策性歧视是进步之举［N］. 21 世纪经济报道（地方报），2019-02-18（004）. 日本的非婚生子女比例低，主要是因为日本的结婚率也相对低，日本 50 岁的人口中，有 23.4% 的男性和 14.1% 的女性从未踏入过婚姻。

一、非婚生子女群体的产生与伤害性

虽然中国社会对非婚生育的接受程度远低于西方国家，但催生非婚生育的因素却在不断积累。该群体的产生，与当下国人性观念和性道德的变革紧密相连，同居、婚前性行为不再被视为有违道德，人们更加强调个人的感受，性与婚姻的稳固的一体关系正在被破坏。非婚生育的形成有以下五种情况：第一种情况，婚前生子，因各种原因恋爱关系破裂没有成功地进入婚姻。第二种情况，已婚人士出轨，或者配偶因身体原因生育风险大，而在多子多福、爱情的结晶、感情的纽带、基因的传递、重男轻女等观念影响下，在非法状态下生育子女。第三种情况，一部分女性因为受婚姻的社会交换功能的影响，无法从对方那里收获更高的社会地位，但社会中已形成男高女低的择偶梯队，因此城市中一部分条件相对优越的女性无法如愿成婚，于是选择采用辅助生殖技术生育子女。吉林省于 2002 年 9 月 27 日通过的《吉林省人口与计划生育条例》第 28 条规定："达到法定婚龄决定不再结婚并无子女的妇女，可以采取合法的医学辅助生育技术手段生育一个子女。"这种情况属于合法的非婚生子女。第四种情况，同居中的男女不愿意受婚姻的束缚，主动选择在非婚状态下生育。这种情况孩子虽然出生在婚姻以外，但是成长环境与婚姻家庭相似，双系抚育，成长环境相对健康。第五种情况，受意外事件的影响生育孩子，例如，被强奸怀孕而并不具备堕胎条件或者不愿意堕胎。以上五种情况第一种情况居多，从而催生了"未婚妈妈"群体。

上述第一种情况和第二种情况往往让家庭蒙羞，因为涉及个体行为的不检点，被认为性观念开放。这两种情况的非婚生子女的出生，涉及一系列的家庭纠纷和感情纠纷。在这些纠纷中，受害最深的往往不是父母，而是那些孩子，因为他们的出生是自身无法选择的，被动地来到人世间，被冠以"私生子"的污名。尽管《民法典》明文规定，"非婚生子女享有与婚生子女同等的权利，任何组织或者个人不得加以危害和歧视，不直接抚养非婚生子女的生父或者生母，应当负担未成年子女或者不能独立生活的成年子女的抚养费”，非婚生子女享有继承权，不因为出生特殊而与其他继承人不平等。但是，他们中的绝大多数人在成长的过程中，心理往往不能像普通孩子一样健康发展，成长历程更加艰辛，在户口登记、读书、就业、就医、生活来源、社会交往等方面会受到歧视，整体上会遭遇不友好的社会环境和政策环境，这一群体及其监护人的福利、权利保障往往会遭遇各种问题，其权益得不到较好的保障。

非婚生子女的父亲，在孩子是否出生的选择权上弱于女性。如果男性被动地接受女性强加的生育后果，也会是受害者。在这一过程中，男性的“不生育权”没有得到保障。生育决定权是女性独有的权利，女性怀孕后是否生育孩子不需要男女双方的合意，女性单独决定即可。当男女双方不能达成合意，女性单独决定生育是符合法律规定的。因为男方的生育决定权与女性的人身自由权、生命健康权相比处于下位阶，如果两种权利发生冲突，男性的生育权和不生育权无法获得保障。这样，在女性决定生育的情况下，男性的不生育的意愿无法得到尊重和认可，只能被动地承担养育的职责，所以在一定程度上也是被伤害的一方。

非婚生子女的母亲尽管在孩子是否出生的决定权上拥有主动性，但是也不能改变女性是被伤害者的事实。女性承受更多的道德压力和污名，一部分单身女性与已婚男士的生育行为，是希望男性能够离婚与自己组成合法婚姻的，但在漫长的等待后，仍然无法脱掉“小三”的称号。即便一部分女性能够成功进入婚姻，但是在传统观念上仍被认为“小三上位成功”。由此可见，对非婚生子的男女双方的称呼上，对女性存在歧视性称呼，对男性则不存在。同时，因为男女两性的生理差异，养育责任的主要承担者仍然是女性，所以其面临的是经济来源不足、就业上的歧视、职场升迁中的限制，以及单亲抚育等各种状况。

二、非婚生子女带来的社会问题

非婚生子女因为出生于合法的婚姻以外，打破了原有的社会规则，使得原有的养育机制、户籍管理、计划生育管理、婚姻管理等诸多方面面临挑战。同时，还带来一系列社会问题。

（一）造成原配财产和婚生子女继承财产的减持事实

无论是男性的婚外生子，还是女性的婚外生子，都面临非婚生子的养育问题以及未来的继承权问题。从社会的整体利益考虑，《民法典》规定非婚生子女与婚生子女具有同等的法律地位，该规定更有利于社会秩序的稳定，毫无疑问具有社会进步意义。但是，对于原配而言，伴侣违背了婚姻的忠诚义务，还要拿夫妻共同财产来养育对方的孩子，并且在遗产继承中，非婚生子女也是第一顺序继承人，使得婚生子女的继承份额降低。由此，非婚生子女的出现，造成原配财产和婚生子女继承财产的减持事实。需要明确的是，过错方不是非婚生子女，此事甚至与非婚生子女无关。

（二）未婚妈妈杀子虐子事件

非婚生子是不太光彩的事件，合法的性与生育都应该发生在婚姻中，一部分恋爱中的情侣包括大学生情侣因为各种原因意外怀孕，不知道如何面对，又不敢对外言说，到最后将孩子生在宿舍的卫生间里、出租屋内、桥洞里，或者虐杀或者直接丢到下水道、垃圾桶，行为极其残忍。该类事件提醒人们需要反思促发杀子虐子事件的社会文化。

（三）未婚妈妈群体的污名化

未婚妈妈是生活在中国的“隐形群体”，她们承受着行为不检点的道德审判，同时，非婚生子让她们受到太多政策上的惩罚、道德上的羞辱和经济上的困苦。未婚妈妈有她们生育选择的自由，让她们来承担道德压力，并不合理。那些被冠以“二奶”或“小三”的未婚妈妈，其伴侣才是违反法律的人，而社会上并没有与之相对应的词来羞辱其伴侣，透露了社会道德谴责本身的性别化特征。更何况“二奶”定义本身就比较模糊，并不是所有伴侣关系中的未婚妈妈都是“二奶”。道德上的压力使得很多未婚妈妈采取了隐瞒自己身份的策略。

（四）非婚生子女以单亲抚育甚至代际抚育为主，对孩子造成不良影响

绝大多数的非婚生子女的养育不能做到双系抚育，孩子基本在缺失父爱或母爱的家庭环境中成长，缺失父爱的孩子常表现出懦弱、多愁善感、自卑、缺乏毅力、果断性不强等性格特征；而缺少母爱，孩子常表现出孤僻、冷漠、缺乏爱心与同情心、没有安全感、狭隘等特征。有的非婚生子，单系抚育都做不到，父亲或母亲只是作为一个言说中的词汇而已，在生活中从未出场，这类孩子被交给祖父母辈或者寻找长托家庭代为抚养，代际抚养的家庭经济拮据状况常常比离异家庭更严重。孩子在结构不完整、功能不健全、家庭关系失衡的环境中成长，在性格上容易变得内向、忧郁、自卑，甚至孤僻，另外，家庭的生活比较单调，孩子容易感到精神上的空虚与寂寞。

（五）遭遇社会歧视与政策不友好

非婚生子女因为不符合法定的生育条件，需要缴纳社会抚养费，户籍登记、上学、就业等诸多方面都会受到影响。根据 2016 年初施行的修正后的《中华人民共和国人口与计划生育法》规定，生育的主体是有婚姻关系的夫妻，该法第 18 条更加明确地指出，“国家提倡一对夫妻生育两个子女”。未婚妈妈的未婚生育和已婚人士的婚外生育触犯了这一法条，其生育被认为是违法生育。2016 年以前，将缴纳社会抚养费与户籍登记捆绑在一起，不缴纳社会抚养费，非婚生子女就不能进行户籍登记，使得一部分人成了“黑户”。第六次全国人口普查登记到没有户口的人口有 1300 多万人，其中大部分是违规生育（超生和非婚生子等）而没有缴清社会抚

养费，从而无法进行户籍登记的人口。该情况 2016 年有了扭转，户籍政策越来越人性化，《国务院办公厅关于解决无户口人员登记户口问题的意见》指出，要进一步完善户口登记政策，禁止设立不符合户口登记规定的任何前置条件。对于不符合计划生育政策的无户口人员，即“政策外生育、非婚生育的无户口人员，本人或者其监护人可以向该助产机构申领《出生医学证明》”，“无户口人员或者其监护人凭《出生医学证明》和父母一方的居民户口簿、结婚证或者非婚生育说明，申请办理常住户口登记”。这一政策彻底地解决了超生和非婚生子女的户口问题，但是社会抚养费仍需缴纳。在实践层面，这一意见并没有得到广泛而有效的实施，个别地区为了社会抚养费的按时收缴，仍然设置户籍登记的门槛，不缴纳社会抚养费不给提供各种证明手续，也就不能上户口。并且部分省份将社会抚养费的缴纳纳入社会征信体系，这些做法已成潜规则。因此，对于很多非婚生子女家庭来说，其子女的上户口问题依然是一个严峻而棘手的问题。没有户口就等于没有公民的社会身份，公立的教育、医疗保险都无法享用，甚至出行买火车票、飞机票等都受限制。

（六）相关的福利保障制度区别对待

在传统观念中，非婚生子是件不光彩的事，于是，一部分女性会选择隐匿，她们被称为“隐形妈妈”。尤其是未婚生育的女性，因为觉得不光彩，担心别人知道，也会放弃申请社会福利保障的给付。另外，与生育有关的福利保障，都是通过工作单位申请，与劳动合同相关，这无疑增加了申请过程中的群体压力。有的单位也会区别对待，认为非婚生育不具备生育主体资格，产假、生育保险、津贴、生育费用的报销等方面也不予支持。例如，在上海，生育保险申请人需提供计划生育情况证明，而为了办理计划生育情况证明，申请人需提交“夫妻双方的婚姻状况证明”，因为拿不出婚姻证明，也就无法申请生育保险相关的利益。福利保障制度的区别对待，加重了非婚生子女家庭的经济贫困。

三、案例分析

我知道他有家、有老婆，并且已经有2个孩子了，但是我怀孕了，这个孩子我也必须得要。我与前夫离婚时的房产以及我老爸去世后卖地的钱，共30多万元，这些钱都被他挥霍了，我的人生也就得跟他捆在一起了。我一直期待他能离婚，可等到孩子出生，也没等到这个结果，现在孩子三岁了，他已经没了人影。我特别愁，孩子马上要上幼儿园了，以后还涉及上学问题，孩子没有准生证，医院也不给开出生证明，到现在孩子还没有上户口，计生部门备案了，要罚我七八万元，说缴纳到位才可以办理各种手续，到哪里去弄那么多钱?！孩子多亏有我妈帮我带着，我还能出去工作，但是收入不高，勉强维持生活而已。我妈当年被我气惨了，她因为我被邻居指指点点的，邻居们背地里说我是“小三”，说我的孩子是私生子。很多时候我也觉得很愧疚，抬不起头，对不起孩子，爸爸没影了，孩子得不到父爱，等孩子上了幼儿园，人家小朋友都有爸爸妈妈，而自己没有爸爸，孩子会自卑吧！另外，万一有人知道孩子是私生子，骂他，孩子内心会很受伤。想想自己在两性关系上，也没给孩子做好的示范，可能会影响到未来孩子对情感的信心。

该案展示了非婚生子女家庭存在的各种问题，经济贫困、污名化、社会歧视、家庭功能不完整、高额的社会抚养费、户籍政策的社会排斥以及对未来子女的心理健康等方面的担忧。对于非婚生子女来说，因为身份的特殊性，其在亲属体系以及社会中不被认可，由此，有的人会选择将自己隐匿起来，拒绝社交和家庭聚会，同时对婚外情出轨等行为特别敏感，那么，如何来回应这些问题?

第一，在政策层面，需要重新考量社会抚养费的征缴是否必要。2014年，广东省惠州市六名全国人大代表联名向全国人大发出建议书，建议取消征收社会抚养费。他们认为，取消社会抚养费征收，使得当前已经处于超低水平的总和生育率有所提升，以缓解已经非常严峻的老龄化形势。当时，国家卫计委表示，必须坚持社会抚养费征收制度，并解释如果取消社会抚养费，就意味着对响应国家号召、遵守计划生育政策的民众不公平。事实上，可以找到既做到有效的生育管理，又能减轻民众负担，有效地激励人们生育的行政手段以外的管理方法。取消社会抚养费，不但可以缓解非婚生子女家庭的经济贫困，同时对于消除社会歧视有一定的价值，在一定程度上能够提升人们的生育动机，缓解持续低迷的生育率给未来的社会发展所带来的各种问题。

另外，2016 年国务院出台的《国务院办公厅关于解决无户口人员登记户口问题的意见》，在实践层面需要加强落实。无论在何种情况下出生，都要赋予每个人以独立的公民权和身份权，都应该允许户口登记，撤销各种附加条件和前置条件。正如莫提默 · J. 艾德勒（Mortimer Jerome Adler）所说，“人所具有的尊严是没有程度差别的，世间人人平等，是指他们作为人在尊严上的平等……也就是说他们都是人，都具有人种的特性，尤其是他们都具有属于人种一切成员的特殊性质”①。

第二，打通未婚生育与已婚生育之间的福利区隔，改变与生育有关的福利保障的区别对待，这样做不排除有人会担心将鼓励未婚生育。其实，给予未婚生育群体必要的权利保障，与鼓励是两回事。我们要看到，随着女性独立意识的增强，社会观念的变化，未婚生育现象已较普遍地存在。无论是未婚生育者还是未婚生育的孩子，他们的生育权、公民权都应该得到同等的保护。不能因为不鼓励未婚生育，就对既成的事实视而不见。无论在何种情况下生育，与其相关的产假、津贴、生育保险、生产费用的报销，其一不能与婚姻捆绑在一起，其二可以尝试改变生育保险以及用人单位的各项条件。对于那些没有进入劳动力市场的女性，没有缴纳社会保险

---

① 曼弗雷德 · 诺瓦克. 民权公约评注[M]. 毕小青，孙世彦，译. 北京：生活 · 读书 · 新知三联书店，2003：454.

的女性，国家可以根据财力适当给予补贴。

第三，用亲生子女替代婚生子女和非婚生子女的分类。“私生子”是负面标签，该称呼与其他被标签化的群体如偷税者、无赖、小偷不同，私生子不是个人的越轨行为，而是其父母的出轨行为导致个体的被标签化。周围的人根据这一标签对该群体作出种种反应，如歧视、轻蔑等，长此以往会在有意无意之中接受这一标签，形成新的负向的自我概念。因此，要改变社会排斥现象，去标签化过程是必要的。例如，法国、美国、德国已经取消非婚生子女的称谓，改用“亲生子女”这一称呼来替代婚生子女和非婚生子女的分类，体现了现代社会的包容性和公平性。因此，笔者认为，我国立法可借鉴和学习其他国家立法经验，将“非婚生子女”和“婚生子女”统称为“亲生子女”，并坚持以血缘关系来划分亲子关系，从根源上彻底消灭婚生子女与非婚生子女的区别，真正维护好非婚生子女的权益和法律地位。

上述三个方面的策略是从政策和社会文化等相对宏观的层面上提出的策略，有助于改变对非婚生子女的歧视性的待遇。

第四，涉及具体的个体、群体和社区层面的问题，例如，经济贫困、家庭功能不健全，以及非婚生子女的心理健康等问题，微观和中观视角下的社会工作方法可以适用。社会工作者可以帮助该类家庭树立以下观念：以未成年子女利益最大化为宗旨，父母需要正确处理关系，处理好抚养权与探视权的事宜，保障孩子在一个健康的家庭中成长；提升父母的就业质量，确保家庭收入，让孩子能够在物质有保障的状态中生活和受教育。此外，在社区层面，社会工作者可以帮助非婚生子女或者未婚妈妈群体组成同质性的小组，其中，可将未婚妈妈分为不同的类型，自愿型、恋爱型和意外型，定期开展团体活动，交流感受和经验，增强群体成员的认同感和信任，让小组自身能够成为解决问题的工具。

第三节 遗 弃

家庭成员之间理应成为稳固的一体，任何人不能缺失。可是，在现代社会中，会因为重男轻女的社会文化，以及婴幼儿的出生缺陷等诸多状况，家庭成员拒绝履行抚养、赡养、扶养义务，致使婴幼儿、老人、生活不能自理的伴侣或其他家庭成员失去生活照料、社会网络和家庭保护，权益受损沦为被遗弃者。例如，父母不抚养未成年子女，成年子女不赡养无劳动能力或生活困难的父母，配偶不履行扶养对方的义务等。遗弃以不作为的形式出现，该为而不为，致使被遗弃人的权益受到侵害。根据民政部门的调查，近年来社会福利院儿童的数量每年以 44% 的速度增长，其中被遗弃的婴儿占 90% 。遗弃家庭成员属于违法行为，该群体一部分婴儿被遗弃在垃圾桶、厕所，不能及时被人发现而死亡，有的老人、患病的成人被遗弃在医院、自己家里。幸运的被遗弃者被人发现，送到相关的社会福利保障机构内，能够获得相应的保护和照顾。本章将着重阐述以孤儿为主体的被遗弃者的心理状态、引发的问题以及相关的社会福利保障政策和社会工作服务内容。

一、被遗弃的社会影响

家庭成员在年幼、年老和患病后被遗弃，最直接的负面后果是其生存权被威胁，这三类人员没有自我照顾的能力，离开了家庭和社会照料，失去了基本的生存安全，没有衣食住行的保障，其生命权就被剥夺了。从人权视角而言，每个人都应该受到合乎人性的对待，遗弃是任何一个人道主义的社会所不能容忍的违法行为。遗弃意味着不被爱、不被珍惜，被命运捉弄，缺少掌控力。人一出生就被遗弃，会影响人的性格以及对自己的看法。从这种意义上，遗弃比暴力造成的心灵创伤更严重。这类孩子常常面临以下困境。

（一）爱的匮乏导致诸多心理问题

很多孤儿由于骨肉分离、亲情缺失、关爱匮乏、父母养育和教育缺位，在婴幼儿时期缺少爱、拥抱和亲密的语言交流、眼神的呼应，他们的情感需求很少能得到及时的回应，更得不到满足，在孤独中成长，造成各种伤害，导致诸多心理问题。好的依恋关系是建立自信的基础。孩子会认为自己是可爱的、有意义的、有价值的，被“遗弃”的孩子不会有这种感觉，他们通常到成人之后也会莫名地自卑，该群体容易养成敏感多疑、自卑、内向和封闭的性格，缺少安全感、自信，爱的匮乏使得该群体的行为背后的心理机制以防御为主。成长中缺少应有的督促和指导，大部分孩子的教育水平只停留在初中甚至小学，教育水平低下，自然在就业等方面不占优势。同时，尽管在群体中成长，但是其群体互动的能力并没有得到相应的提升，在人际互动中也容易滋生各种矛盾和冲突，人际交往技能有待提升。

（二）存在福利依赖“永不成年”现象

很多孤儿在固定的院舍照顾供养模式中长大成人，在其成长中，虽然精神层面的爱和陪伴不能完全满足需求，但是衣食住行总有制度性的安排和保障，一部分孤儿成年后，仍然沿袭着固定的福利依赖的理念，认为自己没必要出力，事事希望依赖政府，即便有好的归宿，也不愿自力更生。有研究表明，很多孤儿即使离开福利院后找到一份稳定的工作，也很少有人能为自己建立起独立生活的各方面基础。在大多数情况下，成年孤儿刚出院时必须依靠福利院才能解决住房问题。这种情况容易导致这些孤儿“永不成年”，对其自身发展造成很大的阻碍。①

---

① 尚晓援，李香萍. 永不成年？国家养育的大龄孤儿如何获得经济独立［J］. 山东社会科学，2015（12）：50.

（三）从院舍到社会的转变、适应和融入困难

孤儿幼时经历的被遗弃、家庭变故以及进入社会后在就业、找对象时遭遇的种种冷落和排斥，这一系列负面事件都会对孤儿的心理造成难以愈合的创伤，使其对于融入社会有惧怕的心理。一些成年孤儿的沟通交往和社会适应能力较差，对进入社会心存恐惧，难以适应激烈的社会竞争。很多孤儿如果长时间难以融入社会，可能会导致其本人失去自尊、创造能力和自立能力等，限制其正常发展。① 退缩和愤怒也会成为孤儿成年后的心理行为模式。

二、孤儿的制度性服务及政策

在现代文明社会，防止遗弃出现，有效地建立被遗弃者的社会关爱机制，是政府及全社会的共同职责。同时，成年孤儿的就业、安置等各种问题已经成为全社会不可忽视的问题，如果这一特殊群体不能很好地得到安置，将成为社会经济增长的一大阻碍。我国在该领域中积累了比较成熟的经验，在民政系统中，对孤儿有相关的制度性福利和保障措施，截至2018年年底，全国共有孤儿30.5万人，其中集中养育孤儿7.0万人，基本生活保障平均标准1344.0元/人·月；社会散居孤儿23.5万人，基本生活保障平均标准924.0元/人·月。2018年，全国各级支出儿童福利经费49.6亿元，其中孤儿基本生活保障经费39.5亿元，其他儿童福利经费10.1亿元。② 例如，寄养家庭制度、婴儿岛的设立等。但是仍然存在诸多问题，有待进一步完善。

当下，儿童福利院引入各种社会力量参与被遗弃儿童的寄养家庭建设中，不断地优化关爱服务机制。寄养对于孤儿来说是国家监护的有效补充

---

① 蔡屹．上海大龄孤残儿童就业辅导服务研究：基于社会学习理论的分析［J］．华东理工大学学报（社会科学版），2009，24（4）：18－20．

② 民政部．2018年民政事业发展统计公报［R/OL］．［2019－09－10］．http://www.mca.gov.cn/article/sj/tjgb/201908/20190800018807.shtml．

和延伸，能够帮助分担福利机构的压力，我国已经通过并实施了《家庭寄养管理办法》，还制定了《家庭寄养评估》标准。据2019年5月的新闻报道，目前我国家庭寄养的儿童约有7000人。在福利部门的监督和回访制度关照下，寄养家庭能够很好地满足部分孤儿的生活成长需求，让他们在健康的家庭环境中成长，不仅要让他们吃饱穿暖、学有所教、病有所医，精神方面的扶养和关爱同样重要，民政部门可以《家庭寄养管理办法》的实施为契机，增加社会对寄养的认可程度，并给予寄养家庭一定经济奖励，积极扩大寄养家庭申请规模，提高寄养质量，让更多寄养家庭为孤儿撑起保护伞。

为了保障弃婴的生存权，防止弃婴在野外受到不良环境侵害，延长婴儿存活期，我国于2011年6月1日在河北省石家庄市社会福利院设立了第一个弃婴岛弃婴接收和临时庇护场所。该设施体现了对生命权的尊重，是社会的进步。目前，山东、河北、天津、内蒙古、黑龙江、江苏、福建等省区市已建成数十个弃婴岛并投入使用。岛内设有婴儿保温箱、延时报警装置、空调和儿童床等。岛内接收婴儿后，延时报警装置会在5～10分钟后提醒福利院工作人员到岛内察看弃儿，尽快将婴儿转入医院救治或转入福利院院内安置。当然，也存在一部分人质疑弃婴岛的设立是对遗弃行为的变相纵容和鼓励，与法律禁止弃婴的要求不一致。

当下，关于被遗弃者的制度性服务还存在一些问题。目前的服务方向基本是事后的处理，出现遗弃事实后，如何定罪量刑以及安置照顾被遗弃者，还缺少预防性的服务和管理。如果制度只能顾及处理和惩戒监护人、扶养人、赡养人，强化对遗弃行为的打击力度，却无法在事前以刚性的规则要求尽到相应义务，就无法从源头上制止遗弃行为的发生。因此，需要加强基层组织、各个群体权益保护组织的“巡查”“家访”等力度，以便及时发现问题，报告执法机关妥善解决。不该等到出现严重结果后才启动追责，同时，应该降低相应追责门槛，如只要将没有自理能力的婴幼儿置于无人管护境地，且经有关机关责令改正两次或三次后仍不改正的，即追究其行为的责任。这样方能倒逼人们尽到抚养义务，让弱势群体受到妥善、全面的保护。

收养是孤残儿童回归家庭的一种有效的安置方式，能够让孤儿在温暖健康的家庭中成长，使那些没有子女或丧失子女的人，在感情上得到慰藉，心理上得到满足，使养父母在晚年时老有所养，享受天伦之乐，同时，对于减轻养老压力，缓解政府作为监护人的抚养负担，都是有益的。但是，目前关于收养方面的诸多规定，限制了人们的收养行为。2018 年，全国办理收养登记 1.6 万件，其中内地居民收养登记 1.5 万件，港澳台居民及华侨收养登记 116 件，外国人收养登记 1685 件。① 收养类单位收养数量整体呈下降趋势，从 2008 年的 9.0 万件下降到 2019 年的 6.4 万件，孤儿数量呈现先增后减的趋势，2012 年达到峰值 57.0 万人，如表 10－2 所示。

表 10－2　2008—2019 年我国孤儿收养登记情况

年份	孤儿数量/万人	收养类单位收养数量/万人	收养登记数量/万件	中国公民登记收养数量/万件	外国公民登记收养数量/万件
2008	—	9.0	4.4	3.9	0.5
2009	—	11.5	4.4	3.9	0.5
2010	25.2	10.0	3.4	2.9	0.5
2011	50.9	10.8	3.1	2.7	0.4
2012	57.0	10.4	2.7	2.3	0.4
2013	54.9	9.4	2.4	2.1	0.3
2014	52.5	9.4	2.2	1.9	0.3
2015	50.2	9.2	2.2	1.9	0.3

① 民政部. 2018 年民政事业发展统计公报［R/OL］.［2019－09－10］. http://www.mca.gov.cn/article/sj/tjgb/201908/20190800018807.shtml.

续表

年份	孤儿数量/万人	收养类单位收养数量/万人	收养登记数量/万件	中国公民登记收养数量/万件	外国公民登记收养数量/万件
2016	46.0	8.8	1.9	1.6	0.3
2017	41.0	8.6	1.9	1.7	0.2
2018	30.5	7.0	1.6	1.5	0.1
2019	23.3	6.4	1.3	1.2	0.1

资料来源：民政部．统计公报［R/OL］．［2021－03－13］．http://www.mca.gov.cn/article/sj/tjgb/.

从上述统计数据看，收养比例偏低。从孤儿的成长来说，被收养可以让孤儿回归家庭，这是比较好的做法，既节省资源又利于儿童成长，但是在执行层面，落实比例并不理想。因此，需要反思现行的收养政策，尽管经历多次修订，但是部分重要条款已经不能适应新的人口形势和新生育政策的需要。目前，我国的收养条件过于苛刻，对收养人和被收养人限制过多。在政策层面上，收养人应当同时具备下列四个条件：无子女；有抚养教育被收养人的能力；未患有在医学上认为不应当收养子女的疾病；年满 30 周岁。其中，“无子女”一条就把绝大多数既有收养意愿又有收养能力的人拒之门外；而符合这款条件的人，又往往或无收养意愿或无收养能力。只有收养孤儿、残疾儿童或者社会福利机构抚养的查找不到生父母的弃婴和儿童，可以不受收养人无子女和收养一名的限制，这些规定实际上将一部分有能力收养的人阻挡在外。一方面，有很多孩子得不到妥善抚养而流落街头或死亡；另一方面，有很多迫切想收养孩子的家庭无法实现收养。孤儿在儿童福利院的成长环境与养父母家庭中的环境相比，还是后者更有利于孩子的社会化、人格发展，可以阻止被污名化和标签化。因此，有必要放宽收养条件，使得更多的有意愿收养的家庭能够实现有子女或多子女的家庭氛围，让更多的孤儿在健康的家庭中成长，减轻民政系统的养育负担。

目前,我国收养制度主要存在以下问题:

(1)合法收养的途径单一。通过儿童福利院收养是手续相对便捷、相对有保障的合法渠道,但在中国几乎成了唯一的收养途径。实际的结果就是,若不通过儿童福利院或至少向其缴纳所谓的"慈善捐赠","合法收养"的证件很难办成。

(2)收养程序和后续事宜缺乏有效监管。我国目前的收养审查和批准事项都是由县级以上的民政部门一手操办,收养过程缺乏及时有效的监督。目前,民政部门对收养的审查往往只限于审查当事人证件是否齐备,书面材料是否齐全,缺乏对收养申请人各方面情况的深入调查。例如,收养动机等精神层面的情况、收养合意是否真实、收养家庭是否真正有利于孩子成长等都不得而知。

可见,基于我国当下的生育状况和人口结构,有必要从我国国情出发,对收养制度进行改革完善,从源头上减少被遗弃的社会现象,让每个家庭成员都能够在健康的环境中成长。建议放宽收养条件的限制,扩大收养范围,建议把14周岁以上的儿童,特别是在大规模自然灾害中产生心理创伤又无经济来源的儿童,以及监护人被撤销监护资格而陷入困境的儿童,如服刑人员的子女这些特殊群体纳入允许被收养的范围。政府要尽可能简化手续,并建立供需双方和收养儿童的信息库,对整个收养过程建立必要和有效的监管。同时,在监管的原则下鼓励民间自由收养。福利院系统的收养调查程序,改由社会独立的第三方机构对该家庭的收入情况、受教育状况以及身体、精神、情感能力等进行收养评估。通过上述政策措施的调整,使得更多的孤儿更快地进入收养家庭中成长。

三、案例分析

案例一:我的爸爸是个孤儿,从小吃百家饭长大,他自己也不知道我的爷爷奶奶为何不要他。爸爸小时候特别苦,沿街乞讨,后来有个好心人收留他，在人家家住了几年。你也知道，在别人家里，是要看人脸色的，虽然是有吃有住了，但是，家里一旦做什么好吃的，东西又不多时，我爸爸说，他就不敢伸筷子。家里的脏活累活抢着干，后来我爸爸还是离开了那个家，具体什么原因他从来没有讲过。爸爸成年后，进了工厂，认了师傅，生活勉强维持。后来认识了我妈妈，爸爸很欣慰，觉得自己这样的穷苦，还能有女人愿意嫁给他，他很知足，所以他们婚姻生活的头几年还是比较幸福的。可是后来，不知为何，爸爸像变了一个人，总是在家里“作”，对什么都不满意，妈妈理解他，也不跟他计较。到我结婚生子后，爸爸的脾气就更加古怪了，今天说要离婚，明天说要离家出走的，后天说我们每一个人都对不起他，在家里摔盆子摔碗的，家里不得安宁。感觉爸爸的思维很怪，他总觉得别人对他不好，不把他当老人，等等。家里鸡犬不宁，爸爸很自私，从来也不知道考虑别人的感受。后来没有办法，五年前，我父母办了离婚手续。

案例二：苹果公司的创始人史蒂夫·乔布斯是私生子，被父亲抛弃的他也抛弃了自己的女儿。乔布斯生下来就被父母遗弃，他在其亲生父母同样年纪的时候，就是23岁时，生下私生女丽莎并遗弃。丽莎谈起自己与父亲的关系时，说道“我是老鼠屎一般的存在，不能衬托他的伟大和优秀”。乔布斯作为被遗弃的孩子，尽管养父母对他非常好，但是“被抛弃”的阴影一直跟随着他，他表面看上去简朴睿智，实质上冷漠，否认私生女的存在。乔布斯从未能够同生父和解，他和女儿之间也存在死结。①

遗弃，是一个人生命历程中的重大压力性事件，对一个人的性格、人格、心理等发展的影响是极其深远的，该事件对人的打击甚至是毁灭性的。如果没有人为的干预和主观改变的强烈动机，其影响会伴随人一生。上述两个案例均说明遗弃的负面影响在成年后甚至在晚年时仍在发挥作用。被遗弃者，终其一生可能都无法改变其生命的源头是被爱抛弃的自我

① 野离离.生而为伟大的天才，年幼被父亲抛弃，成年后也抛弃了自己的私生女[EB/OL].[2021－03－15].https://www.sohu.com/a/416322876_120525689.

认知，因此，在生命历程中，不断地追寻爱、渴望爱同时又惧怕爱。

生命历程理论萌芽于20世纪20年代，是芝加哥学派在研究移民问题时提出来的理论。埃尔德（Elder）在他的著作《大萧条的孩子们》一书中，概括出了生命历程的四个范式：一个人所经历的种种事件构成他的生命历程，反过来一个人的生命历程也会被他所历经的事件塑造；个人的生活若发生变化，则可能与导致该变化事件发生的时间息息相关；生命由于相互依存而存在，社会历史影响经由相互依存关系表现出来；个体可以克服以前与现在社会环境的制约，进而通过自身的选择和行动建构他们自身的生命历程。[①] 该理论阐述了生命历程中的每一个事件，无论是积极还是消极，都会与人的生命相依相伴，留下印记。事件对个体的影响，无论是伟人还是平民，都无法逃脱。因此，从社会工作的专业视角，应考虑如何帮助被遗弃者减轻该事件的负面影响，让个体能够与生命中的压力事件和解。

在案例一中，案主尽管已经在磕磕绊绊中步入社会、进入婚姻，并且都有了孙子女，但是其与家庭成员的关系，显得很矛盾和纠结，渴望爱但又想逃离，需要家庭的温情又觉得家庭是捆绑。案主在家庭生活中，总是试图用生气、吵闹和威胁等手段来迫使家人来关心自己，满足自己的心理需要，由于强烈的不安和对遗弃的恐惧，心中充满了忌妒和猜疑，无论对方如何表达，还是难以信任对方。通过老年期的离婚事件，他在内心再次肯定了他人会“抛弃”自己。罗伯特·默顿提出由图式引发的自我实现预言，该预言可以应用在正向思维，也可以应用在负向思维。如果一个人在潜意识层面，认为自己是孤独的、无家可归的、被遗弃的，那么在他的思维图式中，会主观上将不合自己意图的事件、关系和故事都筛选过滤，最后不断地论证，自己就是无依无靠的，以天下为家，仗剑天涯。选择性筛选导致自我实现预言通过另一种方式实现。因为图式包括对某种经历的

---

① 埃尔德. 大萧条的孩子们［M］. 田朱，马春华，译. 南京：译林出版社，2002：426－432.

预期，我们会无意识地塑造我们的行为以符合预期。

案例一中的老人在婚姻家庭中的表现，更多地体现为缺乏安全感。根据家人的叙说，爸爸是个非常自私的人。从心理学而言，自私与安全感有关。关于安全感的研究，不同的心理学流派都有阐述，包括精神分析学派和人本主义流派。弗洛姆、霍尼、马斯洛、埃里克森、沙利文等心理学家都曾阐述安全感与人格的内在关联。安全感是心理健康的基础，有了安全感才能有自信、有自尊，才能与他人建立信任的人际关系，即基本人际信任，才能积极地发掘自身的潜力，才能有人性及价值的较充分的实现。可见，安全感的重新构建对于案主而言是问题解决的关键步骤。

社会福利院中有的孩子内心失衡，甚至表达未来自己要生两个孩子，一个用来自己养，另一个用来抛弃。从乔布斯的人生经历中可以看到，被遗弃群体有着相似的行为模式和心理机制，虽然被遗弃发生在一瞬间，养父母用一生来爱这个孩子，但是似乎也无法改变被抛弃的事实所造成的负面影响。乔布斯在同样的年纪习得其父母的遗弃行为，一生对待感情冷漠，性格倔强，从来以强者的面貌示人，不会主动表达爱，他对丽莎的态度，好像显示出爱自己的孩子，是软弱的、是不成功的、是件害羞的事情。

从上述两则案例中可以看出，当下关于孤儿的社会服务和政策更多的是关注未成年群体，实际上，在孤儿成年后的社会融入、就业、婚姻家庭生活、心理健康等诸多方面，仍然需要跟进服务。国内的福利政策有明显的重生存、轻发展，重童年、轻成年，重物质层面、轻精神层面的倾向。可见，落实好发展性政策对于走进社会的孤儿来说更加重要。因此，社会工作者在政策层面上，需要倡导政府、社会、家庭、学校之间形成良性互动，发挥合力，发挥共青团、妇联等群团组织的社会动员优势，构建支持性的社会辅助抚养体系，引入专业社会组织和青少年事务社会工作者，建立贯穿生命历程的定期跟踪服务体系，提供心理咨询、心理疏导、情感抚慰等专业服务，培养健康心理和健全人格。不但加强该群体的生活保障，更关心他们的教育、心灵世界、婚姻生活等，真正为他们编织起支持性福利保障体系。

在个案工作层面，社会工作者要认识到每一个被遗弃者内心都需要经历自我疗愈的过程。帮助案主实现从无可奈何接受命运摆布到自我掌控生活的改变。疗愈其心灵创伤，重拾信心，注入希望，从需求的评估、计划到服务实施，注重个体的能力提升与人力资本建设。与案主探讨和学习更多应对困境的方法，使其对未来生活的规划更加清晰，提升掌控生活的能力。通过心理咨询和辅导，打开封闭的内心世界，引导自我意识发展。

同时，社会工作者要做好福利政策信息的供给，例如，院舍以往的孤儿的补助标准、最低生活保障金的申请条件、义务教育阶段学费的减免政策、慈善助学基金的申请条件等。更好地改善案主的经济状况、受教育情况和生活质量，增强其对生活的掌控力。

在团体工作层面，针对院舍内的孤儿，帮助他们构建同伴群体，通过在福利院的劳动、游戏和学习，在与老师和同伴的交往中，逐渐获得并形成自我评价和自我体验。定期组织团体活动，在小组中释放被遗弃的负面情绪和感受，改变固化的思维模式和认知，通过各种团体活动，帮助该群体建立多种角色观念意识，如性别角色、伙伴角色、学生角色等。同辈支持的优势在于可以更好地赋权，改善社会支持和功能，增加同理和接纳，减少污名和增加希望。在社区工作层面，社会工作者需扮演好资源的联结人的角色，做好资源的对接工作，例如，将失独家庭与孤儿对接，帮助这两个群体重新组建新的家庭，让孤儿能更顺畅地进入家庭，让失独父母能重新感受天伦之乐。在社区加大收养相关法律法规的宣传力度，让更多的孤儿尽快走入家庭、融入社区，进而完成社会化的功能。

第十一章

家庭资产建设问题与社会工作介入

CHAPTER 11

迈克尔·谢若登（Michael Sherraden）教授在《资产与穷人》一书中将资产分为“有形资产”与“无形资产”，指出“有形资产”包括存款、股票、房产或田地以及有价值的首饰、家具和设备等其他家庭私有的自然资源和可获利的产权，“无形资产”包括人力资本、社会资本、文化资本等。并着重提出收入与资产的区别，收入是指“家庭中的资源流动，是与物品、服务消费和生活标准相联系的一个概念”；而资产则是指“家庭中的财富储值”。资产比收入更能反映家庭财产长期的、动态的情况，而不是一个特定时间的财务状况，它反映了一个家庭整个生命周期内的财务积累或财富。通俗来讲，资产改变的是人们的思维和互动方式，收入只是维持消费。在此理论基础上，谢尔登教授提出了自己的理论主张，他认为每个人应该拥有平等的资产积累的权利，主张转变传统福利政策领域以收入为基础的救助政策，建立以发展为目的的个人储蓄账户。而尤为重要的是，资产积累本身对穷人的心理、意识以及行为等方面的改善均具有巨大的潜在作用。[①] 由此得出，要想解决贫困家庭的问题，单纯依靠补贴收入显然不够，只有提高穷人的自身能力、建立稳定的资产账户，让穷人有一定的资产储备，才是让他们脱离贫困的根本之策。这与社会工作倡导的“助人自助”理念不谋而合，重点在于提升服务对象的自身能力，以达到自助的目的，而不是靠一味地“给予”。故本章主要分析在家庭资产建设理论下，社会工作如何通过对家庭金融资产的介入帮助家庭树立金融意识与行为，通过对家庭文化资产的介入提升家庭教育意识与行为，从而实现家庭自我发展。

第一节　家庭金融素养与行为的介入

贫困，一直以来是世界上各个国家存在的共性问题，它随着工业化和

① 迈克尔·谢若登. 资产与穷人［M］. 高鉴国，译. 北京：商务印书馆，2005.

城市化的进程而日益加剧，如何解决贫困问题也成了各个国家所要攻克的难题。

一、资产建设与反贫困

2011年8月，一名教师在网上发帖称“做了15年老师我想告诉大家，这个时代寒门再难出贵子”。帖子一出，“寒门再难出贵子”这句话引起了大家广泛的讨论。而在这之前，2005年英国上映了一部纪录片《人生七年》，片中记录了来自英国不同阶层的14个7岁孩子的成长轨迹，这些孩子有来自孤儿院的、有来自上层社会的，每隔七年重新采访一次，7岁、14岁、21岁、28岁、35岁、42岁、49岁以及56岁。导演迈克尔·艾普特（Michael Apted）与保罗·阿尔蒙德（Paul Almond）从1964年开始拍摄至2005年止，经过几十年的变化，在影片的最后，富人的孩子仍旧是富人，穷人的孩子仍旧是穷人，仅有一个叫尼克的贫困小孩最后成了大学教授，成功改变了自己的阶层。

在社会上，“寒门再难出贵子”成了大家普遍关注的问题，在学术界，“阶层固化”也成了学者们研究的重点，甚至有学者发现贫困家庭陷入了贫困代际转移的怪圈。例如，父母倘若贫穷，那么子女的健康与教育水平往往比非贫穷家庭的子女差，从而导致子女只能从事低技术劳动与体力劳动，收入低且容易失业，造成收入的中断，使下一代仍然处于贫穷的境地，如此循环往复。他们进入劳动力市场，往往是因为生存，而不是个人成就。同时，因为就业和经济状况的限制，在一般情况下他们的择偶对象境况也是如此，从而有可能诞生另外一个贫困家庭，使得贫困随着时间的推移传递给下一代。D. P. 莫伊尼汉（Daniel Patrick “Pat” Moynihan）则提出了贫困与贫困文化的恶性循环模式：生活于贫困环境中的人们，由于从小就受到贫困文化的熏陶，从而缺少向上的动力，同时环境也使他们难以有较高的成就动机；低成就动机导致低社会流动，受教育的机会较少，层次较低，这使得他们在就业上处于低竞争力；而低动力与低竞争力自然导致他们进入低收入职业，处于低的社会地位；低收入水平加上社会地位低使他们更为贫困。[①] 这种贫困的循环往复，只会让社会陷入“贫者更贫、富者更富”的怪圈。

笔者所访谈的一位从贫困家庭奋斗出来的研究生所谈的自身经历，也间接反映了这一事实：

我家是农村的，跟我一起长大的小伙伴包括我在内一共13人，但只有我一个人读了大学，又读了研究生，其他的12位小伙伴甚至有7位连初中都没有读完。我每年寒暑假都会回家，每次回家看到的情形都是一样，农村几乎没有变化。而当我第一次看到我的小伙伴跟我妈坐在一张麻将桌上打麻将，一边骂着孩子，一边因为几块钱的“赌资”在那吵吵闹闹时，我整个人都惊呆了。而当时，我才大二。当时我就在想，如果我没有努力高考，是不是我的生活也是这样，一眼就能看到生命的尽头。那一刻，我很庆幸，我出来了。

“贫困代际传递”问题早已引起我国政府的高度重视，我国政府在“十一五”规划中就正式提出“更加注重对贫困家庭子女的扶助，通过寄宿学习、家庭寄养、社会托养、免费职业教育等，改善其成长环境，防止贫困代际传递”。

除贫困代际传递外，“因病致贫、因病返贫”也已成为比较突出的社会问题。另外，根据2013年对“中国城乡困难家庭社会政策支持系统建设”的数据分析，家庭主要成员丧失劳动能力和家庭成员沉重的疾病负担，是我国农村贫困家庭存在的两大致贫原因，约63%的农村贫困家庭表示在服务项目中，农村实施的医疗卫生保健服务的需求程度最高，约80%的农村贫困家庭表示当前就医的最主要困难是“就医费用

① 彭华民，等．西方社会福利理论前沿：论国家、社会、体制与政策［M］．北京：中国社会出版社，2009．

高、看病贵”①。

为了缓解贫困，全面脱贫，我国政府采取了一系列的脱贫措施。在20世纪90年代末我国政府就开始实施城市最低生活保障制度，该制度的实施有效缓解了城市贫困问题。但随着时间的推移，该制度的弊端也逐渐显露，存在救助方式落后、救助内容单一等问题。

然而，导致城市低保制度缺陷的部分原因在于，贫困在最开始仅被看作一种极为缺乏物质资源的现象，针对其救助也仅停留在物质的馈赠或补助上，而忽视了贫困者自身的能力与环境。美国经济学家舒尔茨提到，“贫困国家之所以落后，其根本原因并不是物质资本上的缺乏，而在于人力资本的匮乏和自身对人力资本的过分轻视”②。

为弥补城市低保制度的缺陷，党的十八大报告提出要“多渠道增加居民财产性收入”。2019年修订的《社会救助暂行办法》也有助于我国构建综合性的，以发展为导向的服务型救助方式。学者周兰兰通过研究中国社会救助制度指出，我国社会救助应从现在的“生存型救助”转向“发展型救助”，从“管理型救助”“政府救助”转向“服务型救助”“多元化社会救助”。③ 叶建中等学者指出，为了让贫困者更易脱贫，应采取参与式扶贫，强调受助者与帮助者共同参与，共同努力，要构建与受助者的伙伴关系，促进受助者更好地融入社会，运用社会资本帮助贫困人口，就像社会工作者强调的助人自助与案主自觉，并强调整合链接资源，即贫困者自身、政府、市场、社区、社会组织等社会各界共同参与，同心协力治理贫困。④ 而以资本为主的干预理念正好适应了这种社会救助转型的要求，旨在激励个人资产的累积，特别强调对低保家庭的能力建设，在世界

① 史润东．社会资本视角下农村因病致贫家庭的社会工作介入研究：以B市G镇为例［D］．北京：中国青年政治学院，2018.

② 西奥多·W．舒尔茨．论人力资本投资［M］．吴珠华，等译．北京：北京经济学院出版社，1990：16.

③ 周兰兰．中国社会救助制度发展的回顾与展望［J］．理论月刊，2015（2）：141－145.

④ 叶敬中，刘燕丽，王伊欢．参与式发展规划［M］．北京：社会科学文献出版社，2005.

上许多国家已经开展多年社会救助的实践，并取得了显著的成效。[①]

二、家庭资产建设与金融素养

目前，世界各国所实行的主要救助方式包括“个人发展账号”和“小额信贷”，这两种方式是进行资产建设的主要工具。“个人发展账户”是指为参与资产建设的个人或家庭开设账户，通过提供配额的方式，鼓励参与者按照一定周期向账户内存入存款，[②] 且个人发展账户作为资产理论的实践，已经覆盖全世界范围内超过 1/3 的国家、地区，例如，澳大利亚有超级年金个人账户，新加坡有公积金特别账户，智利有养老金个人账户[③]，还有美国、乌干达、英国等多国，资产建设理论都被付诸实践，在社会保障领域掀起了一场前所未有的范式革命[④]。在这其中，较有代表性的是为期四年的“美国梦”示范工程，也是社会政策实践项目中规模最大的，其项目涵盖教育、就业和住房多个方面。该项目于 1998 年由美国联邦政府发起，从全国范围内招募志愿者，为其建立个人账户，在项目结束时，经华盛顿大学研究中心对项目参与者的储蓄结果分析，80% 的项目参与者的家庭净资产得以增加，这部分参与者都拥有了工作（包括兼职、全职），21% 的项目参与者接受了中等及以上的教育。[⑤] 实践证明，参与者们对金融知识有了更多的了解，子女的教育投资意识也得到了增强，这说明资产具有多重积极效应。[⑥]

---

① 吴世友，朱眉华，苑玮烨．资产为本的干预项目与社会工作实务研究设计：基于上海市 G 机构的一项扶贫项目的试验性研究［J］．社会建设，2016，3（3）：48－57.

② 王慧娟．流动儿童教育资产个人账户：模式构想与设立意义［J］．华东理工大学学报（社会科学版），2013，28（4）：36－40.

③ 杨燕绥，鹿峰，王梅．事业单位应引领中国养老金结构调整［J］．中国金融，2010（17）：47－48.

④ 耿启凤．资产建设理论视角下社会救助模式探讨［D］．蚌埠：安徽财经大学，2011.

⑤ 彭华民，等．西方社会福利理论前沿：论国家、社会、体制与政策［M］．北京：中国社会出版社，2009.

⑥ 迈克尔·谢若登．美国及世界各地的资产建设［J］．山东大学学报（哲学社会科学版），2005（1）：23－29.

然而，通过研究发现，目前国民金融素养普遍不高，尤其是贫困人群对于金融体系、产品与服务不熟悉，缺乏基本的金融知识和技能。① 因此，金融素养的提升势在必行，拥有一定金融素养将有助于进一步推进政策的实施。

沈超群通过对上海市浦东新区贫困家庭现状进行调研，发现婚姻状况、户口情况、教育程度直接影响到家庭的金融素养，而我们一向认为的收入与支出这两大关键性因素在控制其他变量的情况下，收入水平的高低与家庭资产无关，而与个人能力有着强相关关系，也就是说，一个人在专业或者职业上的个人能力水平决定了其收入水平的高低。但支出水平的高低则与家庭资产存在强相关关系，即家庭资产中的金融资产储蓄程度与家庭的日常支出是息息相关的，其所收集到的访谈资料也佐证了这一观点，特别是每年昂贵的医疗支出。沈超群还阐述了金融素养对金融资产、住房资产、实物资产的影响，指出贫困人口实物资产主要与家庭特征因素，如婚姻、户口、教育等有关，与收入支出以及风险分散理解能力密切相关。风险分散理解能力越强，其实物资产拥有量越多。最终得出结论：要降低贫困人口资产方面的脆弱性，除了在人口学相关因素上，着重在婚姻、户口、教育程度等方面做社会福利上的导流和社会政策上的积极宣传以外，可以加入对金融素养各维度能力重点提升的培训。②

由此可以看出，在资产建设理论视角下，更注重对贫困家庭的增权赋能，特别是金融素养能力的提升。那么，作为起源于扶贫救济活动的社会工作专业，应该如何协助家庭应对经济财务困境？

---

① 刘国强．我国消费者金融素养现状研究：基于2017年消费者金融素养问卷调查［J］．金融研究，2018（3）：1－20.

② 沈超群．资产建设视角下贫困人口金融素养的相关研究：基于上海市浦东新区贫困家庭现状调研［D］．上海：华东理工大学，2018.

三、家庭金融素养与社会工作介入

国务院在《推进普惠金融发展规划(2016—2020年)》开篇指出：普惠金融是指立足机会平等要求和商业可持续原则，以可负担的成本为有金融服务需求的社会各阶层和群体提供适当、有效的金融服务。小微企业、农民、城镇低收入人群、贫困人群和残疾人、老年人等特殊群体是当前我国普惠金融重点服务对象。中国共产党的十九大报告提出我国社会主要矛盾已经转化为人民日益增长的美好生活需要和不平衡不充分的发展之间的矛盾。金融社会工作的根本目的是消除在社会发展中因个体金融意识、金融能力欠缺而造成的金融服务不平衡、不充分。① 在2014年颁布的《社会救助暂行办法》中就明确指出了县级以上地方人民政府应当发挥社会工作服务机构和社会工作者的作用，为社会救助对象提供社会融入、能力提升、心理疏导等专业服务。② 这为我国社会工作介入家庭金融素养能力建设提供了依据。

社会工作介入家庭金融素养能力建设具有两大优势：一是专业优势。社会工作一直有为经济弱势群体和贫困家庭提供服务的优良传统，且随着社会的发展，社会工作开始将金融知识纳入社会工作学习，将金融服务纳入服务体系，并逐渐成熟，最终于2003年正式由丽塔·沃尔夫松（Reeta Wolfsohn）创立金融社会工作学科。③ 二是实践优势。随着“反贫困”服务理论从“收入贫困”转到“资产贫困”，已越来越多地被运用到实践当中，其中影响力比较大的几个实践干预项目，例如，“美国梦”示范工程、英国儿童信托基金、新加坡中央公积金、香港儿童基金、台湾的“台北市家庭发展”、上海的“小城镇社会保险”、苏州的“沧浪圆梦计划”

---

① 黄曹福，张作俭，邹尹波．金融社会工作应用实践与探索［J］．中国社会工作，2018（7）：32－33.

② 宫蒲光．充分发挥社会工作在社会救助中的重要作用［J］．光明日报，2015－07－20（011）.

③ WOLFSOHN R. Practitioner profile：An interview with Reeta Wolfsohn，CMSW［J］. Journal of Financial Therapy，2014（1）：86－91.

等，均取得了不错的成效，也为社会工作介入家庭金融素养的能力建设提供了理论和实践基础。

在这些理论与实践的指导下，一些学者对社会工作以资产建设为理论视角进行了实验，如吴世友等学者以上海市P区低保家庭为服务对象，建立低保家庭资产建设干预项目——青云腾飞计划，该项目通过镇建立低保家庭青少年教育专项家庭发展账户，通过匹配资金的激励，以及对参与家庭的家庭关系与亲职教育、理财规划与管理、青少年生涯规划和家庭生活管理等开展培训与指导，以提升低保家庭脱贫能力与生活品质。共招募300户家庭，其中100户家庭为干预组，还有100户接受G机构提供的社会工作日常介入服务作为对照一组，再招募100户没有接受任何服务的城市低保家庭作为对照二组进行研究。实验表明，该项目在一定程度上启迪了贫困家庭青少年的成才梦想，提升了其自我效能感。① 沈超群借助上海青云腾飞计划经验进一步进行实验，他通过链接银行和理财机构承担企业的社会责任，为该实验提供金融、储蓄、理财方面的技术支持，并开设长期讲座学堂（针对不同的家庭困境匹配重点不同的金融知识课程资源）、互动行动小组（社会工作者链接银行资源手把手帮助贫困人口开设“个人发展账户”）、个案心理辅导（对需要深入服务的个案着重进行心理辅导）三大服务模块。此次实验共招募100位贫困成员，并随机抽取50位作为干预组，其余50位作为对照组。虽然由于时间和资源的限制，该项目的干预研究部分并未真正落实，但也为社会工作干预家庭资产建设提供了一定的借鉴意义。②

目前，学者们的研究重心已经开始向如何促进贫困家庭或人口树立摆脱贫困的意识、增强自我能力、实现全面发展等方向过渡。在这个过程

---

① 吴世友，朱眉华，苑玮烨. 资产为本的干预项目与社会工作实务研究设计：基于上海市G机构的一项扶贫项目的试验性研究［J］. 社会建设，2016，3（3）：48－57.

② 沈超群. 资产建设视角下贫困人口金融素养的相关研究：基于上海市浦东新区贫困家庭现状调研［D］. 上海：华东理工大学，2018.

中，除却强有力的政府政策支持，例如，社会救助标准审核可逐步纳入对贫困家庭资产脆弱性和贫困风险性的相关评估，增强对家庭发展性需求的关注，积极探索和创新资产建设为本的贫困人口服务，提供如个人发展账户的资产积累制度①外，还应该积极扩展发展型的社会救助服务，特别是强调对贫困家庭和个人的经济增能。

笔者在走访上海的几个社区后发现，目前以家庭金融素养为主的社会工作干预的实践探索并不多，主要以金融知识讲座为主，再结合部分社区建设项目进行金融技能的提升。以上海市 C 街道 J 社区为例，该社区通过党建联建活动与区域内的银行签订党建共建协议，定期为小区内的居民开展金融知识讲座。由于该社区包含十个小区，且各个小区类型不一致，经与共建单位进行协商，根据不同小区的类型开展不同类型的讲座，例如，老旧小区，老年人居多，金融知识讲座以防诈骗为主，高档小区则以投资为主。除开展金融知识讲座外，该小区针对贫困家庭结合小区在建项目，尽可能为贫困家庭提升经济收入，并开展相应的技能知识培训，如该社区在进行垃圾分类时，则将该社区志愿者名额给贫困家庭：一是定时定点垃圾分类，一般是上班前、下班后，不耽误贫困家庭正常工作；二是担任志愿者每小时有 15 元补贴，一天两小时，对于贫困家庭而言，夫妻两人一天 60 元的额外收入可能就是一天的生活费，有效缓解了家庭的经济压力。当被问及是否有进一步家庭金融素养的干预行为时长，社区工作者表示：

金融素养这个问题比较复杂且涉及隐私，对社会工作者的专业技能要求高，涉及的范围比较广，进一步的措施是没有了。

由此可见，需进一步探索专业社会工作干预家庭金融素养的介入行为，可以通过结合社会工作中的小组工作、社区工作、个案工作等服务模式介入家庭，提升其金融素养相关能力，具体包括以下几方面措施：一是

---

① 邓锁．城镇困难家庭的资产贫困与政策支持探析：基于 2013 年全国城镇困难家庭调研数据［J］．社会科学，2016（7）：75－86.

提升受助者金融投资能力。对于投资者特别是贫困群体来说，金融能力不但包括其将自己的“闲钱”投向金融市场的能力，也包括他们在投资方面的“心智品质”，即投资理性。作为专业的社会工作者与旁观者，即便自己缺乏专业金融投资知识，但应具备一定的金融知识储备与投资理性，从而为服务对象提供可能的帮助。二是促进服务对象获得更多的福祉。即为贫弱群体提供基本的金融知识和操作技术，帮助他们增加对盈利或亏本的了解。三是对服务对象金融活动失败后的心理抚慰和心理支持。四是协助贫困群体分析金融市场风险，建议其不参与某种金融活动。五是促进金融机构承担更多的社会责任。六是出台促进优先吸收贫困群体投资的优惠政策。①

资产建设理论所强调的“个人发展账户”这一实务模式，在国内外的实践中起到了良好的干预成效。不仅可以作为普惠性政策进行推广，如我国强制要求企业实行的“五险一金”制度，而且可以结合地方特征和贫困群体的需求提供个性化、差异化的服务，这一服务理念也与我国所倡导的“精准扶贫”相契合。基于此，社会工作者可进一步增强干预研究落地的能力，进一步研究社会工作实践干预计划在真正实施过程中的效果，为“发展型”“合作型”救助贡献更多的力量。

第二节　家庭教育期望与教育投资行为的介入

“期望”在《现代汉语词典》中被解释为“对未来和事物或人的前途有所希望和等待”。简单来说，“教育期望”就是长辈对于子女的学业前途的一种期待。研究表明，家长的教育期望对孩子的发展是存在重要教育

---

① 王思斌. 金融增能：社会工作的服务领域和能力建设［J］. 社会建设，2019，6（2）：3－6.

意义的。家长对子女的教育期望与子女的学业成就呈正相关,[①] 即普遍来说家长对子女教育期望水平越高，子女对自己学习成就的愿望越强烈，其学业成绩也越可能提高。[②]

一、家庭资产建设对子女教育的影响

前文提到资产比收入更能反映家庭财产长期、动态的情况，资产反映了一个家庭的财务积累。资产对孩子发展产生重大影响，特别是学业影响。方舒、苏苗苗通过对2016年中国家庭追踪调查（CFPS2016）数据的分析发现，资产对儿童学业表现有着积极的影响，不同资产种类对儿童学业表现的影响不同，儿童教育储蓄较之其他资产类型具有显著的积极影响，即家庭储蓄越多，学业表现就有可能越好；有教育储蓄的儿童比没有教育储蓄的儿童学业表现更好；并且，教育储蓄相较于一般储蓄对儿童的学业表现的影响更大。[③] 吴琼采用权重最小=乘法回归分析（WLS回归法分析）家庭社会资本在城乡与性别这两个特征变量下对子女受教育程度的影响，发现父亲的职业层级决定了子代所接受最高的教育程度，母亲的职业层级决定了子代所接受最低的教育程度；家庭外部社会资本越丰富，子代受教育程度越高，且城乡之间家庭社会资本对子女受教育程度的影响存在明显的差异；家庭内部社会资本越丰富，子女受教育程度越高，且对女性受教育程度的影响要大于男性；独生子女家庭社会资本对其子代受教育程度的影响要大于非独生子女家庭。[④]

由上述两例研究可以发现，资产对孩子的教育产生至关重要的作用。魏晓艳利用中国家庭追踪调查（CFPS）数据解析高等教育的普及使农村

---

① 程琳．父母期望、初中生自我期望与学习成绩的关系［D］．开封：河南大学，2010.

② 宋保忠，蔡小明，杨珏玲．家长期望教育价值的思考与探索［J］．唐都学刊，2003（3）：153－156.

③ 方舒，苏苗苗．家庭资产建设对儿童学业表现的影响：基于CFPS2016数据的实证分析［J］．社会学评论，2019，7（2）：42－54.

④ 吴琼．家庭社会资本对子女受教育程度的影响研究［D］．湘潭：湘潭大学，2018.

学子考取重点高校的机会更小。[①] 刘阳阳、王瑞从教育回报的视角阐明，不同收入阶层在教育回报不确定性增大时，会采取截然相反的教育策略，富裕家庭的激进选择加剧子代间收入差距，证明家庭财富对其影响较大。[②]

笔者通过对受过高等教育的贫困学生的访谈也间接证明了，虽然“寒门”有可能出“贵子”，但想“出人头地”则比富裕家庭难很多。

贫困学生1：

现在我研究生也顺利毕业了，但一个女孩子在上海仍旧举步维艰。有的时候，真觉得自己坚持不住了。为了上海户口，舍弃了自己喜欢的职业，进了国企，每天朝八晚五地上下班，下班之后也是待在员工宿舍，不知道去哪。每天想学点习，但宿舍里住着三个姑娘，晚上不是洗衣服就是吹头发或是聊视频，很嘈杂，不知道这样的日子何时才能出头。更可悲的是，跟同龄人沟通交流，有时会出现“代沟”，他们说的很多东西我可能见都没有见过，他们轻而易举能够得到的东西我需要长时间的努力。就如一件很简单的事情，我同事约我去攀岩，一听门票要几百元，我就犹豫了，那样出去一趟至少500元就没了。对于一个刚毕业的学生，一个月到手仅有5000元的人，这样的消费是我所承担不起的。何况我还得靠自己买房，家里父母也没有医保，一旦他们生病，费用几乎都会由我承担，我得存钱以备不时之需。当拒绝了几次同龄人后，我发现自己渐渐地被他们隔离了。

但每当我妈劝我回家的时候，我却也毫不犹豫地拒绝了，要是回去了，我的下一代可能将会比现在的我更辛苦。我待在这里，就代表还有无限的可能，至少我所见到的、听到的是我在老家无法接触到的。

---

① 魏晓艳. 大学扩招是否真正推动了高等教育公平：高等教育大众化、扩招与高等教育代际传递［J］. 教育发展研究，2017（11）：26－35.

② 刘阳阳，王瑞. 寒门难出贵子？——基于“家庭财富－教育投资－贫富差距”的实证研究［J］. 南方经济，2017（2）：40－61.

贫困学生2：

我现在正在读博一，之所以选择继续读博，而没有就业，是因为我家里还有两个哥哥，他们目前承担着赡养父母的责任，让我可以继续读书。我是想博士毕业之后能够进入高校，但是现在高校基本上都要海外留学博士。就目前我的家庭状况而言，即便我能够申请公费留学，生活费对于我来说也是一大笔开销，目前我身上还有助学贷款需要还。但就算这样，我坚持到了这一步，仍在努力练习英语口语，也在积极跟导师研究课题中，说不定哪天就有一个好的机会让我实现能进高校的梦想呢！

贫困学生3：

我现在身上还有一万多元的助学贷款，每天晚上都是吃中午从公司带回来的饭菜，有的时候真的觉得这个饭菜太难吃了，想出去吃，但是想到我的助学贷款还没有还完，脚步就折返了。有的时候我也不知道我留在大城市的原因，但我想既然花了这么多的钱与精力，研究生毕业了，不留下来拼一下，有点对不起自己。

贫困学生4：

从毕业到现在，我因为房租的问题已经搬了两次家，每次都很累，但也没有办法，只为了每个月省几百块钱。每天上班，领导都会给我们灌“鸡汤”，说年轻人要好好干，年轻人要干嘛、干嘛的，我就只想吐槽，干可以啊，能不能听一点我的意见，给我一点主动权啊，我说什么领导又不同意，我不说，领导又说年轻人要有想法，可领导自己能不能尊重一下年轻人啊。即便我万般嫌弃我领导，但我还是没有辞职，因为哪怕一点点失业的风险我可能都承受不了。

这些言论或多或少反映了寒门学子刚进入社会时处于弱势地位的现象，而问及目前关于教育问题最担心的是什么时，受访者除为家庭经济状况对受教育的影响而担忧外，更重要的是担心父母对孩子的教育期望与教育投资问题。

贫困学生1：

我现在比较担心的是父母对孩子教育的态度，在农村，跟我同龄的人有一部分人的孩子都已经到了上学阶段。但看着他们重复自己父母的那一代的教育方式，带着孩子打麻将，即便现在有了送孩子上幼儿园的意识，但基本上属于“半放羊”状态，能学就学，不能学就拉倒。有时候看着他们那样，我都替他们着急。看着上海这边的孩子每天在进行各种学习，而老家那边的孩子在进行各种玩，我都不知道该说上海的孩子失去了快乐的童年，还是老家那边的孩子失去了最宝贵的学习时间。原本从一开始就落后了，但后期却仍然不努力。现在信息技术发展这么快，我自己都有种随时会被淘汰的感觉。前几天，听办公室的人说她读初一的孩子，已经会编程，编了几个小游戏让他们试着过关，我心里就感到一阵害怕，现在的小孩都这么厉害啊！

我国台湾学者陈怡靖、陈密桃、黄毅志从不同社会阶层家庭子女间学业成绩的差异对教育机会的影响进行研究，他们对“台湾教育长期追踪资料库”这一数据库进行分析，结果表明家庭社会经济地位水平与子代的学业成绩之间呈正比，即高社会经济地位家庭的子女学业成绩要比低者优秀；且高社会经济地位的家庭的子女通过学业成绩的优势要比低社会经济地位的家庭的子女在教育机会上多很多。[①] 凯尔尼（Cairney）研究证明，住房形式对青少年的情感产生了强烈的影响。资产也被证明可以增强儿童的心理健康。埃辛和邓肯（Axinn and Duncan）运用底特律大都市地区867个家庭的纵向研究数据发现，父母在子女一年级时为其大学预留金钱，子女23岁时的自尊指数会显著提高。与此同时，资产也直接影响着孩子的教育成果：一方面，资产对孩子的教育有直接影响，如贝克尔（Becker）通过模拟子女先天能力、父母投资情况、市场状况以及这些因素之间的相互作用来确定资产对孩子成就的影响，进而认为父母向孩子投

① 吴琼，家庭社会资本对子女受教育程度的影响研究［D］. 湘潭：湘潭大学，2018.

入时间、金钱等资源是期望获得回报，表现出父母对投入资源与获得回报之间的权衡；另一方面，资产通过其他非经济因素间接影响儿童教育成果，如资产较多的父母可以作为子女模仿的榜样，通过教育期望为孩子创造更好的发展环境，安排各种活动来教育和鼓励孩子。①

二、社会工作对家庭教育期望和教育投资行为的介入

鉴于上述理论，G 机构基于上海 P 区低保家庭的实际情况，以资产为本的干预理念为指导开展了 Q 项目：一方面为了更好地服务低保家庭，另一方面为了检验资产建设干预实践对国内城市低保家庭的实际干预成效。通过对照组和干预组进行独立样本 t 检验和对干预前后的干预组进行配对样本 t 检验，以检验 Q 项目在城市低保家庭的就业期望和子女职业生涯规划、父母对子女的教育期望和教育投资行为、亲子关系和亲职教育、家庭理财意识和能力等方面的干预成效。基于此，我们来分析该项目中社会工作对父母对子女的教育期望和教育投资行为可做哪些具体工作。

该项目与上海 P 区的建设银行合作，为这些干预组的家庭开设了青少年教育专项家庭发展账户，此外还对干预组家庭的父母进行了多种形式的培训和指导，以全力提高家长对子女的教育问题的重视，提升教育期望，同时使其具备长远的教育投资的眼光，并能进行适当的教育投资行为。Q 项目为了提高干预组家庭的参与热情，还特别规定如果干预组家庭全程参与了相关培训活动，还可以获得匹配激励资金。

在项目开展前，项目小组对 57 位家长和子女均进行了教育期望测量，研究表明家长对子女的教育期望明显高于子女本身。项目组猜测可能是因为低收入家庭父母更期待孩子“成龙”“成凤”以改变家庭贫困状况，而

① 方舒，苏苗苗．家庭资产建设对儿童学业表现的影响：基于 CFPS2016 数据的实证分析［J］．社会学评论，2019，7（2）：42－54．

孩子却因为经济的局限而过早懂事，希望尽快减轻家庭负担，或因为父母水平有限无法给予课业辅导而家庭也无法支付高额的补课费用，造成他们的学习成绩不佳、厌学，从而对待教育不抱较高期望。

笔者对几个“90后”低收入家庭家长进行了访谈，其中一位家长的话也佐证了项目组的部分观点：

我孩子现在已经6岁，上小学一年级，现在他们就开始学英语了。我当时初中学的几个单词早就还给老师了，孩子在我面前叽叽呀呀学的几个英语单词，我也不知道对不对，只能应和。我也想教他，但我又不懂，我英语可能还不如我家孩子。我们这附近也没有什么辅导班，上辅导班也得到市里了，那么远，得专人去接送，本来两个人工资就不高，先不说补课费了，让一个人不工作每天接送孩子这不太现实，要是这样，孩子以后用啥。现在就让孩子跟着手机念呗，但拿着手机又怕他玩游戏。哎呀，反正走一步看一步吧，比我有出息就成。

基于资产建设理论视角，该项目的干预服务方案是从多个方面对投资行为进行介入，包括设立青少年教育专项家庭发展账户，对家长进行专门的讲座培训等。经过一年的干预实践后，干预组家长的教育投资行为的改变很明显，家长越来越注重把不多的收入投资在子女的教育上，不仅表现在过去一年的教育投资金额有了小幅提升，更表现在家长开始为子女教育专门存钱，甚至有意识为子女将来的教育购买相关的保险和理财基金。这也从另一方面佐证了家长对子女的教育期望是在上升的，并且资产为本的干预实践是有成效的，教育投资必定会增加家庭的人力资产，长久来看也必将对整个家庭的金融资产的积累发挥正向的作用。而这一切与Q项目的“青少年教育专项家庭发展账户”的设立、相关的教育投资的培训活动的开展有着密不可分的关系。①

---

① 李根．城市低保家庭的资产建设干预实践及其成效研究：基于G机构Q项目的实践［D］．上海：华东理工大学，2017.

由该项目的实践结果可知，社会工作者在对家庭教育期望与家庭教育投资介入中，应注重对家长和孩子的观念引导，为家长介绍一定的教育资金储备渠道，提升家长辨别储备风险的能力。在该项目中，最关键的在于设立“青少年教育专项家庭发展账户”，家长通过一定的积极反应能够为孩子争取更多的教育基金，成了他们不断向上的动力，也激发了他们对孩子的教育期望。

在国外，艾略特（Elliott）等人的研究表明，儿童教育储蓄与孩子教育具有直接相关关系。其通过运用横截面数据发现儿童教育储蓄与其数学成绩呈正向的显著关系，即儿童教育储蓄越多，儿童数学成绩就越好，而且通过对青少年自身有无儿童教育储蓄对教育程度的影响得出结论：鼓励青少年自行储蓄可以显著提高大学毕业率。①

与此同时，新加坡的儿童储蓄政策针对提高生育率、支持家庭抚养子女、最大化人力资本以及发展儿童各个阶段的机会分别制定了政策与账户，且三个账户从婴儿出生一直延续到高等教育，并与中央公积金衔接，形成从出生到死亡的个人资产账户。② 加拿大、英国、美国也相应地制定了本国儿童教育储备账户。我国也曾施行相关的儿童教育储蓄政策，但因为这些政策存在手续烦琐、收益少、参储对象狭窄等问题，没有取得理想效果。③

由此可以看出，基于资产建设理论视角的儿童教育储蓄账户不仅可以提高家庭的资产积累与抵抗风险的能力，更因其直接与儿童自身挂钩的特

---

① ELLIOTT W, BEVERLY S. Staying on course: The effects of savings and assets on the college progress of young adults[J]. American Journal of Education, 2011(3).

② GUO B, HUANG J, SHERRADEN M. Dual incentives and dual asset building: Policy implications of the hutubi rural social security loan programme in China[J]. Journal of Social Policy, 2008(3).

③ ZHAN M, SHERRADEN M. Assets, expectations, and children's educational achievement in female—headed households[J]. Social Service Review, 2003(2).

质，可保障儿童发展权利，促进儿童全面发展。[①] 这为社会工作者提供一定的思路，在之后实践过程中，可以因地制宜，结合实际情况，建立类似或引进类似教育专项储蓄账户，通过实践的不断探索，促进相关社会政策的落实。

---

① 方舒，苏苗苗．家庭资产建设与儿童福利发展：研究回顾与本土启示［J］．华东理工大学学报（社会科学版），2019（2）：28－35．

第十二章

家庭社会工作微观技术与宏观技术

CHAPTER 12

本书前面各章节分别阐述了家庭领域中遇到的各类问题，涉及关系类、融入类、适应性、抚养和赡养、教育等诸多问题，当然上述分类方法不一定科学，有很多问题是相互交叉甚至重叠的，但是，上述分类基本涵盖了家庭领域的核心内容。纵观上述问题，阐述了具体的表现、分析了问题的原因，也回应了不同领域问题的社会工作介入方法和技术，但是，还有一些内容需要补充，本章将从微观和宏观的视角补充阐述家庭社会工作的技术。

第一节　家庭社会工作的微观技术

如果从微观层面入手，诸多问题如夫妻关系、亲子关系、融入适应等问题内部，实际上与家庭成员个人的自尊水平、自信程度以及家庭成员之间的沟通有关，与对家庭中的弱势成员不能有效地赋权有关。同时，原生家庭的负面影响会体现在每一个案例中。当然，这里我们无法一一分析家庭问题的不同层面的原因。本章拟选取沟通、安慰、自信、原生家庭等方面阐述微观技术在家庭社会工作中的应用。

一、沟通问题

沟通，在任何场域中，无论家庭、职场、消费场景甚至国际交流中都无比重要。在家庭场域中，夫妻之间、亲子之间、婆媳之间等表达的方式和内容等会极大地影响家庭关系。俗话说，“良言一句三冬暖，恶语伤人六月寒”。前文介绍的上海的一对在私家车里争吵的母子，最后孩子纵身一跃，结束了争吵，同时也结束母子情缘，年轻的生命在争吵中告别了这个世界。可以说，诸多家庭冲突是由沟通不当引发的，人的沟通方式决定一个人的一生。家庭成员之间学会正确的沟通方式，“好好说话”，能够避免很多家庭灾难。也正是因为沟通如此重要，关于沟通方面的专业书籍可谓汗牛充栋，无论是萨提亚、伯恩，还是《非暴力沟通》的作者马歇尔·卢森堡博士等在沟通问题上都有详细的阐述。对于社会工作者而言，沟通技能是其专业素养的基础。“在英国，社会工作职业能力框架和技巧领域内所有层级的基本要素，其所需的一系列具体技巧已获得广泛的共识。”①

美国精神分析学家伯恩于 1959 年创立了一种以精神分析为基础的心理治疗的理论和方法，即交流分析理论。伯恩指出，人格结构中有三种自我状态，即父母状态、成人状态和儿童状态。“父母状态”是教导的、权威的；“成人状态”是理性的、逻辑的；“儿童状态”是情绪的、冲动的、自发的，常常凭感觉行事。可以想象，前文提到的上海母子争吵时，一方以父母的人格状态，以权威性姿态对话；另一方却是非理性的、失控的、冲动的“儿童状态”。于是，沟通的后果是多么惨烈。人在不同状态下与他人的沟通呈现三种交流形态，即互补型、交叉型、隐含型。互补型是一种符合正常人际关系的自然状态下的反应，是一种为人们所预期的反应，如父母对父母、儿童对儿童、成人对成人，这是一种健康的人际沟通状态。例如，“老公，你下班几点回来”，“我晚上 7 点到家”。交叉型也叫交错性交流，是指一个人发出信息后，没有得到预期的反应。例如，在正式场合，一方客观地以成人状态发出信息，另一方却以父母或儿童状态加以回应。例如，“老公，你下班几点回来”，“你管我几点回呢”。隐含型也叫“暧昧型”交流，它通常包括两个以上的自我状态，是一种比较复杂的交流方式，真正的信息往往没有明确表达出来，而是隐含在另外的社交客套的交流中。例如，“老公，你下班几点回来”，“别人老公到家就能吃饭”。

---

① LINDA GAST，MARTIN BAILEY. 精通社会工作沟通：从理解到实操［M］. 张雪莹，梁昆，译. 上海：华东理工大学出版社，2019：9.

在前文家庭治疗部分阐述了联合家庭治疗，该治疗方法也强调了沟通的重要性，认为沟通是一个多方彼此传递的过程，涉及自我、他人以及与情境的互动，萨提亚总结了人与人之间的五种沟通类型：

（1）讨好型：只关注到情境和他人，试图远离对自己产生压力的人或减轻自己因某些人所带来的压力。例如，“妈妈不知道这双鞋你不喜欢，你想要什么样的？我明天就带你去买”。

（2）指责型：只关注到情境和自己，试图表明不是自己的过错，让自己远离压力的威胁。例如，“啊呀！你看你又把衣服弄脏了！成天跟在你后面洗衣服，我是你的佣人啦”。

（3）超理智型：只关注情境，逃避现实的任何感受，也回避因压力所产生的困扰和痛苦。例如，“小朋友不要吃零食，否则不好好吃饭”。

（4）打岔型：自己、他人和情境都没关注到，让别人在与自己的交往时分散注意力，也减轻自己对压力的关注，想让压力因素与自己保持距离，具体表现为各说各话，没有互动。类似伯恩的交叉型交流。例如，“妈妈，我今天在学校，老师表扬我了，好开心呀”，“瞧你这衣服弄得一身土，我还得给你洗”。

（5）一致型：关注自我、他人和情境，达到三者的和谐互动状态。认可压力存在，正视自己处于压力之中，承担起自己在压力中的责任，为有效地应对压力而作出努力，这是最为理想的沟通模式。例如，“我看到你一脸的不开心，我担心你，我知道你平时学习很努力，希望可以取得好成绩，我们都希望付出努力可以换来收获，你和妈妈分享一下你的心情，我们可以一起分析一下，看看问题出在哪里”。

马歇尔·卢森堡博士在《非暴力沟通》中总结了人们在沟通中容易犯的错误，同时也指出了理想沟通的核心要点。他认为，以下对话会妨碍沟通中体会他人的处境。

建议：“我想你应该……”

比较：这算不了什么。你听听我的经历……

说教：如果你这样做……你将会得到很大的好处。

安慰：这不是你的错，你已经尽最大努力了。

回忆：这让我想起……

否定：高兴一点，不要这么难过。

同情：你这可怜的人。

询问：这种情况是从什么时候开始的？

辩解：我原想早点打电话给你，但昨晚……

纠正：事情的经过不是那样的。[①]

除了上述错误沟通方式外，大多数伴侣在沟通中有三个主要问题：(1)证明自己正确的冲动，以满足自尊心；（2）需要发泄，没有考虑沟通接收者的感情或福祉；（3）为自己辩护，来保护自己免受攻击。[②]"有效沟通法"创始人心理学家海姆·吉诺特（Hiam Ginott)曾说，要诉说不满最佳方法是按"XYZ"的模式来进行，即"因为你的X事，让我产生Y感受，希望你改正为Z行为"。理想的沟通，简单地说有四个步骤：讲事实，讲感受，讲原因，提要求。具体而言，首先，区分观察和评论，能够不带预设地仔细观察正在发生的事情，并具体指出正影响我们的行为和事物；其次，区分感受和想法，能够识别和表达内在的身体感觉和情感状态，而不包含评判、指责等；再其次，体会与正发生的事情和感觉相关的需要——所有人共通的需要（如食物、信任、理解等）——是否得到满足；最后，提出具体、明确的请求（要什么，而不是不要什么），并且确实是请求而非要求（希望对方的行为是出于由衷的关心，而不是出于恐惧、内疚、惭愧、责任等）。[③]例如，一个丈夫回家很晚，每天晚上都是

---

①③ 马歇尔·卢森堡. 非暴力沟通［M］. 阮胤华，译. 北京：华夏出版社，2009：87.

② TODD CREAGER. 长久热烈的婚姻之路：认知行为视角下的社会工作介入［M］. 黄霄柠，译. 上海：华东理工大学出版社，2018：11.

11：30 回家，还一身酒味，妻子很生气，那如何表达是比较良好的沟通呢？按照卢森堡博士提出的良好沟通的四个要点，可以这样表达：“老公这一个星期里面，你有 5 天都是 11 点钟以后才回来，而且身上都有酒味（注意讲事实，不要加个人评判），我觉得特别难过，我觉得很伤心（讲感受），因为我希望我们的家像一个家，我希望我们的家不像一个旅馆，然后大家能够一块儿吃晚饭，能够一块儿聊聊天，这样才是一个家的感觉（讲原因），我希望你能够每周有三天，8 点钟之前回来，咱们可以一块儿吃顿饭，你觉得怎么样（讲具体要求）？”

综上，无论是萨提亚的一致性沟通、伯恩的互补性沟通、卢森堡博士的非暴力四步骤的沟通，都从不同的视角告诉人们，沟通双方以恰当的人格状态互动，既关注自己也关注他人和情境，沟通双方的感受关注不是零和博弈，而是都能兼顾到，在沟通中有内在的觉察，表情流露和言语一致，内心和谐平衡，则沟通双方自我价值感就会比较高，这样的沟通才有助于构建健康的家庭关系。另外，需要注意的是，建立有效的关系是良好的沟通的前提，如果沟通在复杂的权力动态中进行会受其影响。在家庭关系或者在社会工作的服务关系中，如果其中一方将拥有的法律权力、家庭权威和个人威望渗透进沟通过程与内容中，这可能会影响另一方的希望和期待，并可能会使对方产生恐惧。因此，在平等、健康和安全的关系中沟通，是良好沟通的前提与基础。当然，沟通与当事人之间的关系是复杂的，沟通也会成为改变关系状态的重要技术手段，两者呈现如影随形的互构状态。

二、如何有效地安慰他人

前文阐述了家庭领域中的各种问题，当家庭遭遇不幸，如家庭破产、丧亲、离异，家庭成员遭遇家暴、伴侣出轨、家庭冲突性关系等场景时，社会工作者在为家庭提供服务时，总是要应用到安慰的技术。那么，如何在情感上有效地安慰他人？在日常生活中，他们常常告诫“没什么大不了，都能挺过去”“你看某某家，比这更惨”“你是最棒的，加油”，等等，这些说辞仅停留在相对简单的日常性的慰藉上，不具有专业性。对于专业社会工作者而言，需要学习有效的安慰技术。

社会工作者要能识别哪些是错误的安慰技术。①

错误安慰类型一：“一切都会好起来的”“没有那么糟糕”“你不要这么想”。这些说法暗含的意思是，“这是你自己太敏感，你不对”。跟处于痛苦中的人说“一切其实没那么糟，你不要这么想”，相当于是在贬低和轻视他所受到的折磨。你在第一时间，否认了他的感受。往严重的情况说，其实是一种强迫和暴力。此时，他心中的万千苦水，他想要表达的情绪和感受被你的话生生地堵回去了，上述说法带有明显的主观评判。社会工作的价值伦理中明确表明，要采用接纳的态度而非评判的态度，当社会工作者在评判他人的言行时，实际上把被安慰者放在了一个被审视的位置上，等于没有鼓励当事人倾诉，其负面情绪就无法充分地表达。

错误安慰类型二：“我比你更惨”。当社会工作者这样回应时，存在几个问题：一是将话语权拿到了自己这边，开始谈论自己如何惨，没有鼓励被安慰者继续倾诉；二是在情感上暗含的意思是，我的遭遇比你惨，我都能承受，是你不够坚强，比较软弱，同时否认了他人经历的独特性；三是有一种居高临下的同情，也是不尊重对方的表现，漠视他人的感受。有人会质疑，认为如此回应这是个案社会工作中的“自我暴露”技巧的应用，实际上，“自我暴露”技巧的应用有一些注意事项：首先，该技巧的应用要在恰当的时机，如果案主处于倾诉阶段，社会工作者此时自我暴露，讲述个人故事，没能让案主充分地倾诉，排解一部分情绪，是不妥的。其次，社会工作者的“自我暴露”，要求自己在该同类问题上有成功

① 该标题下部分内容是对以下文章内容的整理。茗荷. 7 种最伤人的安慰模式 [EB/OL]. (2017-11-03) [2020-04-08]. https://www.xinli001.com/info/100377591.

处理的经验可供案主借鉴，才可以自我暴露，否则，轻易地比惨，给案主的感觉是两个人共同面对一个无法解决的问题，感觉更加无力。此时的暴露就没有给予案主正向的解决问题的力量，没有有效地激励。

错误安慰类型三：过早说“我完全理解你”“我懂你”。这种说法，在情感上与案主站在一起，但是，每个个体的经历是如此独特，事实上，完全地理解他人是一件相当困难的事情。因此，别随口就说“我完全能理解你”，那无异于抹杀一个个体存在的独特性。

错误安慰类型四：跟对方讲道理，口头提供帮助，“我来给你分析分析，你这件事是因为……”“我建议你应该……”这种说法给人的感觉是说教太多，缺少情感上的共鸣，同时，人们在道理层面上怎样理性地分析问题，如婚姻需要和谐，大家都清楚，但并不是每个人都能给予情感上的接纳。另外，道理是很清晰的，但是并不是人人都能做到按照理性来安排生活，因为人不仅有理性的一面，还有感性的一面。人在沟通和倾诉的时候，往往并不是为了寻求问题的答案，而是为了情绪上的宣泄，解决方法可能案主内心已经知道。因此，别拿那么多生硬的道理来应对，更别只是口头上说要帮助对方。如果案主没有寻求建议，就不要随意提供。

那么，如何有效地安慰他人？社会工作者在安慰他人时，要遵循以下步骤：

（1）接受他，看见他。遵循社会工作的价值伦理的要求，采用接纳而非评判的态度，即不加评判地接受并看见他人的情绪。倾听并有所回应，适当的时候，肯定对方的情绪是真切的，回应“嗯”，这种不加批判的回应，会使得倾诉的人情绪输出的管道是畅通的，使案主处于一个安全、友好、有爱的倾诉环境当中，痛苦会得到缓解。如何能够做到接纳和非评判，人本主义心理学之父卡尔·罗杰斯（Carl Ransom Rogers）曾说，“爱是深深的理解与接受”。

（2）陪着她，我们在一起。当案主家庭亲人去世正在处理悲伤时，社会工作者能静静地陪在身边，紧握他的手，哪怕是递给他纸巾的微小的动作，同时告诉他“我们在一起”，对方内心就会感觉到温暖和力量。例如，高中的时候，笔者同班同学的爸爸突然去世，她处理完后事仍然每晚坐在操场上落泪，仿佛只有在黑暗当中才可以让自己感到安宁。后来，班长在操场上找到了她，他默默地坐在她的旁边，什么都没有说，就递纸巾给她，就这样两个人一直坐到天亮。从那个夜晚开始，失去父亲的同学开始振作起来，重新投入正常的学习。

（3）抱抱他，温暖他。除了口头语言之外，不要犹豫，走到他身边，用肢体接触对方。可以根据关系的远近和对方的习惯，握着对方的手，鼓励倾诉时的哭泣，甚至推动它的发生。当基本的共情已经达成，你可以注视着对方，对他说：“太难受的话，就哭出来吧。没关系的，我会陪着你。”同时，可以抱抱他，拥抱可以传递热度与温情。

（4）为他做点什么。要在行为上寻求案主的福祉，安慰不能仅停留在情感和口头上，要在实际行动上帮助对方解决问题，做你能够做到的，直接去倒一杯热水比说“喝点热水吧”更有效果。直接去陪着她度过漫漫长夜再送点吃的，比说“有什么需要我帮忙的尽管说”更有力量。再如，案主正在处理离婚财产纠纷问题，你可以帮他联系合适的律师，案主正在家里“啃老”，很无助，你可以帮助他提供就业信息和培训信息，帮助他做简历。这种安慰效果是非常直接的。

在上述安慰他人的步骤中，核心的技术是共情。共情，人本主义心理学家罗杰斯提出，又称同感、同理心、神入、投情。共情有三个步骤：角色的呼唤，情感的共鸣，情感的表达。共情要求社会工作者能够站在案主的立场上感受对方的情绪和需求，理解案主的情绪或观点，能够促进案主的自我表达和自我探索，然后主动思考自己要怎么做，同时还要让案主知道你了解他。例如，在回应案主的倾诉时，社会工作者如能采用如下反馈语句，则比较容易达成共情，“你觉得他这样说你很不合理，难怪你这么生气啦”“你已经准备好了这么多食物，天突然下雨，你当然失望了”“你每天和他一起做事，他每天这样不讲理，你便每天生气，你会做得很辛苦呀!”当社会工作者与案主能够共情时，案主的倾诉和情绪释放的管道就打通了，后续的陪伴以及行动上的帮助可以比较顺畅地开展。

三、如何提升自信

关于该议题的著述相对丰富，这些著述更多的是从教育学和心理学的视角进行阐述的，研究对象更多集中在如何培养儿童、青少年的自信，而针对如何培养成年人的自信，研究成果相对较少。在社会工作服务领域中，针对充满无力感、独立性不足的案主，如何提升其自信，这是社会工作者经常要面对的问题。

自信对于人的重要性，无论怎样强调都不为过。在家庭社会工作服务中，社会工作者会发现诸多丧失信心和缺乏自信的人。例如，对婚姻没有信心，对夫妻关系、亲子关系没有信心，在择业中没有自信，甚至有人认为自己的一生注定一事无成，于是自暴自弃。一个失去自信的人，成就任务的能力下降，自卑而黯淡，没有安全感和自我认同感，不被尊重，做事总是感觉无能为力，害怕失败，不敢冒险，影响人际交往能力，甚至会表现出心理防御机制明显。没有自信的人，也是不快乐的。在亲密关系中不自信的人，需要更多的关注，同时也比较多疑，使得亲密伴侣感觉很累，这种关系也不会持久。可见，帮助服务对象提升自信，对于社会工作者而言是非常重要的专业技术。

对家庭社会工作者而言，如何帮助服务对象提升自信，是一个非常重要的技能。自信提升了，心理状态健康了，人在互动中就会很阳光，社会交往就会顺畅，诸多家庭问题也就迎刃而解了。自信的人，能够正视别人的目光，坦然地四目相对；自信的人，在座位选择上坐前排，愿意吸引别人的关注。当人感觉到自信时，也就更有勇气和力量，更愿意去尝试新事物。

何谓“自信”？自信是相信自己在任何困难情况下完成任务的能力。自信是对自我潜力的信任与肯定，与自尊高度相关，一个具有足够自尊的人做事更容易自信、拥有效率和能力。心理学上，个体的核心自信与心理弹性、心理成熟度一起，共同决定着一个人内心的强大程度。一个人想要摆脱不自信的困扰，就不要怀疑否定自己，停止自我攻击，让自己真正快乐起来，从根源上让自己的内心强大起来。

人们聊天中常常讨论，是“有料才自信”，还是“自信才有料”？自信不是一事无成却永远充满斗志的心理状态，不是心灵鸡汤，不是自我催眠，而是要以在实践中取得成功为依据和反馈，自信需要成功来滋养。否则，自信就失去了根基，就成为盲目的“迷之自信”，属于认知失调。社会工作者要帮助服务对象在自己擅长的领域中取得成功，也就是说，无须面面俱到，能在某一方面有所成就和突破，就能收获自信。另外，自信的建立应与目标、能力相匹配，社会工作者可以引导案主在自己所擅长的领域中制定恰当的人生目标，选择自己能做好的事，该目标在案主的能力边界范围内，跳一跳可以够得到的范围。目标不宜过高或过低，过高实现不了，打击自信，过低太容易达成，不能起到激励的作用。当然，当自信成为一种稳定的心理态势，即使在迎接完全陌生的具有挑战性的任务时，会比不自信的人更容易达成目标。鼓励案主用持续的成功为自己建立正反馈，让自信得以成长。但是，正反馈可能被打破，人的自信也可能受到挫败。

对于父母来说，孩子的儿童期是培养胜任感的重要时期。父母给孩子以无私的爱和陪伴，能够从正向和积极的角度引导孩子的思考，并亲自示范如何去做，有利于培养一个健康快乐的孩子，这是培养胜任感的重要基础，培养胜任感就是在提升自信。

家庭是影响自信的重要环境，具体而言，家庭教养环境、教养方式、父母的婚姻质量、父母对孩子的期待，以及家庭成员沟通方式等都会成为影响自信的因素。当觉得自我有价值时，自信会提升。家庭中的不良的沟通方式会带来自我价值感的低落。

提升自信的方法包括：（1）重复重复再重复，反复练习。自信来自勤奋。要坚持，不怕失败，放开手去做。（2）自我激励，意识影响人的行为，不要自我贬低，可以做一个自夸表，作为激励自己的方法。自我贬低就是自我否定，它给你的影响是消极的。遇到同样一个难题，如果你拥有自信，那么你比别人成功的概率会大很多。（3）帮助他人建立自信，要适时地夸赞，看到他的优点，而不是指出错误，或者详细告诉对方怎么做，这样才不会打击对方。①

人何时会认为“我不行”呢，通常，人们遭遇误解、不公正、疾病、疲惫、年老、被权力打破计划等，或者人在童年时期的无助和依赖的感受被翻出来，并随时可能再出现，人会觉得“我不行”，会变得不自信。

痛苦的情感可以伤害自尊心，同时也会影响人的自信。当人们遭受批评、怠慢、多次指点和调教，或者对一件失败往事的回忆，都会陡然将人的情绪拉入低谷，让人觉得自己在精神上是个穷光蛋。人的消极的情绪会把人的自信消解掉，例如，悲伤、愤怒、失眠、无助、厌烦、压力、孤独、空虚、心力交瘁等，都会影响人的自信。因此，对社会工作者而言，尽管不能帮助案主阻止消极情感的来临，但是可以尽量降低其影响力，帮助案主寻求“你好我也好”“你行我也行”的心理状态和内在的精神动力。同时，爱、接纳、倾听、鼓励、需要、获得、给予等社会工作的基本伦理的遵循，有助于帮助案主建立自信的人生态度。

四、如何从原生家庭的负循环中逆转

不是每个人都有幸成长在健康、亲密有爱的家庭环境中，有一部分人

---

① IVAN JOSEPH. 提升自信的技巧［EB/OL］.［2020－04－10］. https://v.qq.com/x/page/s0661e59oys.html.

可能会生活在暴力、酗酒、遗弃、虐待的原生家庭中。在这样的家庭中长大的孩子成年后，身体、记忆、习性、处理问题的方式，甚至在父母去世后，都会以一种强烈的心理联结的方式继续受父母所影响。“家庭的不健全具有代代相传的特性，因为不健康的人通常会娶或者嫁一个来自同样不健康家庭的人。这种恶性循环很难破解，因为两个不健康的人结合，会组成一个新的问题家庭，继而形成难以摆脱、代代相传的病症”①。那么，如何从原生家庭的负循环中逆转，让自己的伴侣、孩子生活在健康的家庭环境中，这是一个值得探讨和需要在实践中摸索的议题。

原生家庭理论的核心观点是：孩子在与父母相处和互动的过程中，形成了一些比较稳定的认知世界的方式和与他人交往的模式，进而其影响成年后的社会心理能力，即个体在日常生活中处理人与自身、外物之间关系的能力，包括情绪管理、人际沟通、自我认知、社会适应四种核心能力，例如，看不懂别人的脸色、跟父母没话说、总是觉得自己不如别人、总是忍气吞声，分别是这四种能力较低的表现。②

值得注意的是，原生家庭对人的影响并非具有决定性，家庭毕竟也是环境的一部分，人是环境的积极的创造者和影响者。其他环境要素，例如，同伴群体、未来的伴侣关系、学校环境等都在影响着个体。原生家庭的影响不能小觑，但是绝对不都是负面的，而且原生家庭的负循环是可以逆转的。

在婚姻关系中，夫妻二人都有义务自我反省、自我觉察，从解构自身做起，时刻反省哪些思维方式、处事方法是复制了原生家庭的负面的规则，在反省中不断地修正和调整，处理与原生家庭的情绪黏附，重新认识和提升自我分化能力，学习适度的亲密，学习情感独立的能力。在不断的

---

① 约翰·布雷萧. 家庭会伤人：自我重生的新契机［M］. 郑玉英，赵家玉，译. 成都：四川大学出版社，2007：71.

② 李煜，齐巍. 原生家庭作用的机制与边界［N］. 中国社会科学报，2019-04-24（006）.

学习和咨询中领悟并探寻哪些做法可以带来关系良性互动。

很多原生家庭的不良影响是通过不良认知造成的。如果适当地改变自己认识人和事物的方式，就能走出原生家庭的阴影。在家庭问题的归因中，将初级控制调整为次级控制。初级控制面向的是个体直接接触的外部环境，包括物体、他人和时间；次级控制面向个体内在的心灵和体验，指向自我心理世界中的情感、动机、态度、期望等。初级归因是外部归因，次级归因是内部归因。如果一个人总是将问题做初级控制，例如，前文提到的李美娟曾将自己所有的遭遇，包括妈妈的教养方式、童年的被排斥、婚姻的不幸、自己的不快乐都归咎于自己没有爸爸，这是外部归因，于是，自己变得很懦弱、卑微，每一天充斥着愤怒和埋怨。如果一直认同该原因，等于纵容和认同了自己的那些不幸，而且自己没有爸爸这个事实在童年中是不可改变的，那些不幸故事的存在也就都合理地存在了，等于无力改变了。同时，外部归因最大的负面效果是，它忽略了人的内在，限制人的自我发展，丢掉了人自我成长的力量，以及超越童年和家庭影响的可能性。当归因方式改变后，改变为内部的个体归因，就会产生以下观点：个人是自己可以控制的，事实虽然不可以改变，但是事实带给人的影响，以及个体对事实的认识是可以改变的。个体在认知层面要认识到从来没有完美的原生家庭，但是可以有更好的自己。当归因方式改变了，个体与原生家庭带来的伤痕和解了，新的人生才有可能重新开始。如此，原生家庭带来的负面循环到这一代就终止了，让生活模式进入良性循环，为下一代创造一个健康的、亲密的、“无毒无害”的原生家庭。

另外，终止原生家庭影响的负循环，需要个体成长为一个自我分化能力高的人，将感性和理性、自我与他人能够有效地分离，个体在精神世界和经济上要独立，不依附于原生家庭，在情感上与原生家庭有联结，但是能够积极觉知原生家庭中养成的有问题的心理状态，并且能够区隔开，掌握生活的自主权。以一个更加开放的角度看待原生家庭带给自己的影响，将伤痕作为个体成长的基石，与过去告别，要重塑一条回家的路，在这个过程中是与过去的分离、接纳和重塑，不必背负过去负重前行。

五、构建幸福婚姻的技术

关于婚姻、家庭、爱情、两性关系的著述非常丰富，本书重点阐述美国心理学家约翰·戈特曼（John Gottman）、娜恩·西尔弗（Nan Silver）的《幸福的婚姻：男人与女人的长期相处之道》中的技术。该书并不来自作者的生活经验总结和心灵感触，而是在大量观察实验基础上得出的科学结果，可以作为处理亲密关系的指南性书籍，教会人们如何建立和保持亲密和谐的伴侣关系。在家庭问题中，诸如亲子、姻亲、代际等领域中的问题都源于夫妻关系。因此，如何在家庭中保持浪漫美好的伴侣关系，需要的不仅是情感，还是理性的个人意志的决定，同时也是一门技术。作为技术的总结，以下观点来自该书。①

若想收获幸福的婚姻，需要遵守一系列法则：

（1）完善你们的爱情地图。把生活中的琐事称为“爱情地图”。爱来自了解，相爱的两个人之所以成为夫妻就是因为他们经常沟通，熟悉彼此，并且在各自心中都有属于两人的独一无二的不断更新的“爱情地图”。例如，彼此知道对方最喜欢的美食是什么。

（2）培养相互喜爱与赞美。该书中介绍了一个简单的游戏，那就是写下自己配偶的三个优点，并且在每个优点后面加上例子论证；同时让配偶写下你的优点，然后彼此交换。这是一个非常神奇的游戏，写下优点的同时你们会回想起当初发生的很多事情，给你带来很多成就感，同时也会让他做更多你喜欢他做的事情。

（3）彼此靠近而非远离。研究表明，当两个人有着更多接触的时候，

① 约翰·戈特曼，娜恩·西尔弗．幸福的婚姻：男人与女人的长期相处之道［M］．刘小敏，译．杭州：浙江人民出版社，2014．

这两个人的情感也会更加亲密。例如，夫妻俩在家一块儿做饭、一块儿陪孩子玩，还有一起旅行、看电影等，这些都是很有效的亲密方法。

（4）让配偶为你做决定（尤其是对男性来说）。男人和女人是完全不同的两种生物，所擅长的领域也不同，所以在你不擅长的领域内多让你的配偶为你做决定吧。例如，你不擅长穿衣搭配，那么就让你的配偶打理你的日常穿搭。

（5）解决可解决的问题（以温和开场，以妥协收场）。例如，错误的开场，“你眼里没有活吗”，正确的开场，“你能帮我把衣服晾上吗”，即提出一个具体的要求，而不是用挖苦责备的语气讽刺人。

婚姻就是不断妥协的过程，所以一个温和的开场就是妥协的第一步，当然另一方也要接受妥协，这就是所谓的情感修复。永远不要试图通过改变一个人来维系婚姻，所以我们要学会容忍对方的缺点。

（6）学会和问题一起生活。对于婚姻中不能解决的问题，例如，婆媳关系一直处理不好，最好的方法就是不去触碰它，与问题和谐共处。这个世界没有完美的婚姻，不要因为婚姻中的小瑕疵而否定整个婚姻。

（7）创造共同意义（彼此尊重梦想）。在家庭关系的排序中，要把夫妻关系放在第一位，夫妻关系是众多关系的核心，夫妻是共同体。当婆媳发生矛盾的时候，男人应该站在妻子的一方，一个家庭里面只有一个女主人，多数婆媳矛盾与婆婆介入婚姻生活，同时丈夫站在婆婆立场上有关。因此，要家庭和谐幸福，就要永远把夫妻关系放在核心地位，创造共同意义。

另外，该书还阐述了夫妻和谐相处，构建幸福婚姻的具体做法，特别值得借鉴。在应对工作压力上，给配偶抱怨的时间，对对方的倾诉给予理解和同情。在应对经济压力上，夫妻共同制定财政预算，管理生活开支。在应对家务劳动上，夫妻分工协同作业，营造公平感。在应对新生儿的来临上，丈夫帮助照顾妻儿，妻子不要指责丈夫笨手笨脚。该书最后还指出了幸福婚姻的5小时技术，夫妻之间，只要每周拿出5小时，就能彻底改变婚姻状态，非常具有借鉴意义，如表12-1所示。

表12-1　幸福婚姻的5小时技术

情景	具体内容	每天用时	天数	每周累计时间
道别	每天早晨出门前确保知道一件配偶今天要做的事情	2分钟	5天	10分钟
重聚	每天晚上夫妻聊天，进行减压式谈话（要求彼此专注，没有说教，只有感同身受）	20分钟	5天	100分钟
赞美	每天想办法对配偶表达情感和欣赏	5分钟	7天	35分钟
喜爱	夫妻亲密接触的肢体动作，牵手、亲吻、拥抱等	5分钟	7天	35分钟
约会	吃饭、看电影、看展览、听音乐会等	120分钟	每周1次	120分钟

资料来源：约翰·戈特曼，娜恩·西尔弗．幸福的婚姻：男人与女人的长期相处之道［M］．刘小敏，译．杭州：浙江人民出版社，2014．

如果在现实的婚姻生活中，社会工作者将家庭生活的基本价值观念，如夫妻关系优先、家庭边界要清晰等告知案主，同时，鼓励案主在生活中运用七条法则、5小时技术，我们相信夫妻之间可以幸福地长期相处，构建美好婚姻。

第二节　家庭社会工作的宏观技术

家庭不仅是家庭成员互动的场所，更是社会变迁的反应装置，同时，家庭作为一种社会治理方式，家庭失序的连锁反应是社会失序，家庭与社会、国家都有着千丝万缕的联结；所以当我们分析家庭问题时，社会工作者应清醒地意识到，诸多家庭问题的源头并非在家庭，而与整个社会的价值体系、文化、结构、制度、政策等宏观要素相关。因此，让家庭回归社会，社会理应承担起家庭问题中属于社会责任的那一部分。从宏观视野进行家庭治疗需要将解决家庭问题的焦点从单纯的个人身上移开，转移到整个家庭，再将视野从家庭移开，转向社会、国家和文化。家庭问题的解决，更有赖于社区与社会整体环境的改善。只有将社区中的个人、群体、家庭、机构、社会的互动关系视为一个体系与网络，认识到个人的改变与社会的改变互为因果，将个人问题与社区、社会联结，将眼光拓展至整体，才能从根源上改良家庭问题产生的土壤。事实上，要解决家庭问题，不但要在家庭内部，更要在家庭外部，不断地反省家庭所处的结构环境，探寻不同的系统可能为家庭提供的各种支持，方能为个体构建起一个和谐、幸福、健康的家庭。

当下，有关家庭社会工作的实务与研究，更多的是在微观层面上关注家庭成员的互动关系，再稍微扩大，能拓展到整个家庭、亲属体系，但是关于宏观层面的社会制度、政策、保障体系、文化价值等家庭外部的相关要素的考察往往被忽略了。于是，家庭治理给社会的贡献也就缺失了一部分。实际上，家庭是可以帮助社会检视各项制度和政策的制定和实施过程中的正当性和适应性的，可以作为检视社会保障体系完善与否的一个检验环境。在这种意义上，有必要探寻家庭问题的宏观层面上的社会成因，因此，本节从性别文化、赋权、结构视角等宏观层面上分析探寻家庭的社会治理的宏观之道。

一、性别文化

家庭与性别高度相关，社会工作也与性别相关，家庭社会工作无论从问题的源头还是问题解决的策略层面看，性别都是一个无法绕开的思考问题的角度。传统的家庭社会工作实务往往是性别中立的，甚至无性别的。社会工作作为一个专业或者职业，在社会体系和专业体系中的角色和身份是照顾者，女性无论在公领域还是在私领域中，其角色也是照顾者。也就是说，社会工作是一门照顾性的职业，处于弱势和发展中的专业，由作为第二性的、与男性相比在整体上处于弱者地位的女性从事。由此两者是一体的，逻辑似乎是顺畅的。从性格特质上看，女性适合充当照顾者。可见，社会工作在整个学科体系中的角色和位置，与女性在家庭中的角色很相似，都扮演了照顾者的角色。

诸多家庭问题和现象与性别相关。例如，单亲妈妈的贫困；离异女性在再婚市场地位的下降（女性再婚后找到与自己的年龄、地位比较匹配的伴侣的概率降低，男性在再婚市场中选择机会通常比女性多，并且伴侣年龄往往比男性小）；家庭暴力更多地呈现女性被打；子女养育中父职的缺失，呈现“丧偶式育儿”的状况；出生性别比失衡；女人将男人的赚钱养家认为天经地义，男人将女人的洗衣、做饭、带孩子认为理所当然；等等，这些家庭问题的成因，不仅与个体、家庭相关，更与性别文化相关。

男性和女性在面对婚姻风险时，一方面性别差异在消解：在现代社会中，风险则有被拉平的趋势，而随着社会分工的日益细化，风险也日益分散。爱情或婚姻的双方由于有着各自的独立性，因而爱情之分离与婚姻的解体既可以由男人来发动，也可以由女人来引发，这样男性和女性就同等地站在婚姻风险面前。另一方面，性别差异在强化，女性仍然处于风险旋涡的中心：尽管在现代化进程中，劳动力市场、教育、流动、事业计划使女性可以从传统的女性的命运中解脱出来，从婚姻供养中摆脱出来，但“只要女性还生育孩子，感觉到自己对他们的责任，并且把他们看作自己主要的生命任务，孩子就仍旧是在职业竞争中可预期的‘障碍’，同样也是作出不利于经济独立和职业生涯的有意识的诱因。以这种方式，女性的生活在被解放和复归旧的归因角色之间的矛盾中拖来拖去。而且在现实中，离婚法和离婚的现实，社会保障的缺乏，被关闭的劳动市场的大门和家庭劳动的主要负担，突出表现了个体化过程中给女性生活处境带来的矛盾”①。相对于女性来说，男性的境况是颇为不同的。对男人来说，去过独立的生活与旧的角色认同是一致的。“父亲的身份对职业没有任何障碍”②。从这个意义上，面临婚姻风险时，女性依然是弱势地位。

从家庭治疗视角分析问题，凡是个人的都是家庭的；从性别视角分析家庭问题，是对现存社会关系的重新考量。正因如此，要解决家庭领域中的性别问题，仅在个体和家庭层面采取措施是不足的，需要人们不断地反思性别文化，当人们反思传统的性别文化时，实际上，家庭社会工作就具有了政治性，对推动和改变社会发挥了作用，改变传统的以父权和夫权为主的男权社会向平权社会迈进了一步，从这个意义上来说，家庭社会工作者就具有社会进步性。

家庭内不正义的性别关系会让每一个家庭成员都身处畸形关系之中，“内外有别”成就的只能是男性的“生活巨婴”和女性的经济依赖。如果没有性别平等，男人养家的责任就要永远一个人担在肩上，失去了陪伴孩子的机会，同时，男人也没有软弱和哭泣的权利，要始终保持阳刚的性别特质。对于女人，没有平等，战场就永远在家庭里，柴米油盐生儿育女使得其在其他方面的潜能不能发挥。因此，传统的夫权文化，受伤的不仅是女性，更有男性。没有一种性别拥有绝对的权力，男性在传统的性别文化中也不是一个绝对的胜利者，也是受伤者。夫权，从某种意义上来说是一种性别分工，在家庭中人们知道自己的角色和位置，这种分工在相当长的历史中，也发挥了重要的维持家庭秩序和社会秩序的作用。不同的性别，在该文化的规范中，在家庭里各司其职，各安天命。

那么，如何改变传统的已经被人们高度内化的夫权的性别文化？改变已经在人们日常生活中的固定的家庭中的性别分工？让家庭从父权制的社会团体转变为平权的伙伴型关系的社会团体。这些都是需要社会工作者在

① 乌尔里希·贝克. 风险社会［M］. 何闻博，译. 南京：译林出版社，2004：136.

② 乌尔里希·贝克. 风险社会［M］. 何闻博，译. 南京：译林出版社，2004：137.

服务中引导家庭成员思考的社会议题。

性别敏感的社会工作干预，“是指在观察、分析和处理事务时，能够注意到两性群体的不同处境和不同利益，并采取措施和行动推动变革，以增进性别平等”①。具体而言，社会工作者要引导女性思考性别平等的实质，不能一面在经济上完全依附于男性，要求男人买房买车，另一面对男人不做家务不带娃又嗤之以鼻；不能一面对家庭经济没有贡献，另一面要求掌握家庭的决策权；不能一面要求男人要有阳刚气质、要坚强，另一面要求男人温柔体贴；不能一面要求男人赚钱养家，另一面要求男性在生活中的各种陪伴。

同时，社会工作者要引导男性思考性别平等的实质。不能一面一到家就往沙发上“葛优躺”，另一面让女性负担房贷等家庭经济负担；不能要求女性既要带娃做饭，又保持貌美如花，同时还赚钱养家；不能一面认为媳妇照顾公婆天经地义，另一面对岳父母却疏于来往；不能认为媳妇没有生儿子，是女人肚子不争气。

当家庭成员既不按照传统的父权的文化规则，同时也不按照当下追寻的平等的性别文化来安排家庭生活时，家庭便陷入了混乱。目前，离婚率的上升，以及各种家庭问题的出现，实际上是引导家庭运行的各种规则正在调整和重组时期的必然现象。当下，家庭正在从父子为轴心向夫妻为轴心转化，父权和夫权正向平权转化和过渡。

社会工作者还可采用团体工作方法，建立“性别文化反思及成长小组”，最理想的小组模式是以家庭为单位。值得注意的是，人们常常认为性别议题的成员女性占多数，实际上男性更加需要反思性别文化。如果仅是某一性别意识到不平等，整体的性别文化也很难被改变。男性不解放，女性何谈解放，与此同时，女性不解放，男性的解放也是奢谈，两者互为

---

① 崔效辉. 性别敏感的社会工作方法介入家庭服务的新尝试：以“人口社工”系列项目为例[J]. 广东工业大学学报（社会科学版），2013，13（6）：39-44，102-103.

对方解放的前提和基础。小组的性质可以是支持性、教育性、成长性。社会工作者在整理家庭中的性别敏感问题时，例如，生男偏好、刻板的性别分工、家庭暴力、婚外情、家庭决策权的分配等，需要在小组中充分讨论，引导组员反省自己在家庭中的各种表现是否做到性别平等。需要提醒的是，如果性别团体的目标在于意识改变、能力建设、地位提升等复杂内容，短期内往往难以取得明显成效。

改变女性在经济上的依附性，是性别平等的核心环节。因此，可以通过政策上的倡导，包括制度上的保障，保证女性享有平等的就业和发展权，这是提升女性家庭地位和社会地位的重要举措。同时，在法律和政策层面上，对各种措施建立一个性别审查机制，将社会性别主流化，采用性别视角分析各项制度和政策，在每一个细微之处，反省性别文化，从而构建健康的、平等的、伙伴性的团体关系和社会性别关系。

目前，我们经常看到社区或某些社会组织开展表彰“最美媳妇”“最美家庭”，或宣传婚姻家庭和谐观念等活动，多以社区活动、宣传活动等方式出现。[①] 对这些活动，社会工作者要保有性别审视的敏感度。有的活动并非以现代的社会性别平等为目标，没有推动平权，反而建立在性别刻板印象的基础上，有的活动甚至宣扬女性为维护家庭和谐应牺牲自我。这些评选活动，社会工作者在实践中要特别警醒，例如，有“最美媳妇”的评选同时也应该有“最美老公”的评选，并且对“最美”与“和谐”的标准，要有性别视角的分析，如果该标准强化和肯定了传统的“男主外女主内”的性别分工，要求某一性别的人为家庭作出牺牲，强调“认命、家务就应由女性做”等理念，用不正确的过程追寻期待的结果，实际是强化了社会性别不平等。这类活动在社会性别文化的建构层面，并不具有社会进步性。

---

① 丁瑜. 社会工作研究与实务反思：基于性别与结构的视角 [J]. 妇女研究论丛，2019，11 (6)：86 -98，109.

另外，若希望推进平等的性别文化，服务对象人群不仅是家庭成员，应该在更大的范围内进行性别敏感的社会工作理念与方法的参与式培训，可邀请村、乡镇、县、区的相关民政系统的工作人员、社区工作者、妇联系统的工作人员，还包括各个用人单位的人力资源部门工作人员、国家的计生工作者等参与。

通常，年龄偏大、行政级别较高的男性政府官员对“社会性别”的敏感度相对较低，因此，培训中可以特别邀请该群体参与，通过培训使该群体了解社会性别意识与社会工作方法，参与权益维护、婚姻家庭危机干预等，以促进男女平等、妇女全面发展，从而实现在宏观的层面上，反思性别文化对个体生活的影响，并力求改变性别不平等的社会建构，倡导新型的两性平等的社会政策、社会文化。

妇女在不公正的分配制度与制造出来的文化弱势中，被置于以个体为基础的素质话语的指责之中，失去了集体合作互助的话语权。个人的问题应该回归到性别文化结构的框架下来解决和分析。问题的源头在哪里，就应该到哪里去寻求解决之道，或者至少应作为解决途径的一部分。

二、赋权

赋权，也称充权、增权，尚不足以作为一个成熟的理论，更恰当地说，它是一种比较宽广的宏观的理论视角和方法，其实务属于批判性社会工作实践，常常与倡导理论相结合应用在实务中。赋权理论在美国成熟于20世纪80年代和90年代，主要应用在少数民族群体的工作上，同时也应用在少数无权群体上，例如，儿童、女性、黑人、同性恋等少数人群和弱势人群。谈及赋权的早期最著名的著作是出版于1976年的所罗门（Solomon）的《黑人增权：压制性小区的社会工作》。加拿大国际开发署把赋权定义为：“人能支配自己的生活，制定自己的生活议程，获得技能，建立信心，解决问题，能够自立。它不仅是集体的、社会的、政治的过程，还是个人的过程。”[①] 赋权的主旨在于，减少社会和个人对行使现有权利的影响，增强运用权利的能利与自信，以及从某些群体和个体身上转移权利，去帮助案主获得对自己生活的决定权和行动权。

人们常常把赋权的“权”单一地理解为“权力”，赵雨龙、黄昌荣、赵维生在《充权:新社会工作视界》中指出，“赋权”应该包含三个面向，分别是权力、权利和权益。女权主义者和相关学者要首先对权利体系和支配有批判反省的意识，关注女性群体的去权和消权状况，同时也要与被侵犯的公民权利相对抗，以及重视女性群体权益的丧失。权力、权利和权益三者相结合，共同建构了“赋权”实践的三面向。[②]

通常，家庭中的弱势成员为女性（包括留守妻子和外出务工女性、外来媳妇）、儿童（包括农村中的留守儿童、城市中的流动儿童）、老人等。“赋权”是一个减少无权感的过程，通过挖掘无权群体的权利障碍，协助他们消除非直接权利障碍和直接权利障碍的运作。“赋权”的过程，不是零和博弈，并非丈夫的权利多了，妻子的权利就少了；并非媳妇拥有权利，婆婆就完全处于无权状态；不是孩子的权益得到保障，父母的权益就被侵害了。权利是可以得到复制和增长的，只有尊重他人的权利，个体的权利才会更有保障。

对家庭中的弱势成员的赋权，主要体现在“三层次”，包括个体层面的赋权、人际关系层面的赋权、社会参与层面的赋权。个体层面的赋权，是指个体控制自身生活以及对周围环境的影响力；人际关系层面的赋权，是指影响他人的能力，通过人际关系来获取更多的资源和信息；社会参与层面的赋权，是指通过群体的力量去争取社会资源的公平分配，影响政策

---

① 韩鸿. 参与和赋权：中国乡村社区建设中的参与式影像研究［J］. 国际新闻界，2011，33（6）：19 -27.

② 赵雨龙，黄昌荣，赵维生. 充权：新社会工作视界［M］. 台北：五南图书出版股份有限公司，2003：77.

决定的能力。①

家庭中个体层面的赋权，具体表现在给予弱势家庭成员家庭生活的参与权、决策权、生活的自主权。以儿童为例，对儿童如何进行赋权？就是要肯定孩子的能力，并愿意倾听孩子的想法，尊重孩子的选择。例如，孩子喜欢什么玩具，去幼儿园想穿哪件衣服，周末希望父母带她去参加团体活动还是去公园，包括家庭度假去哪里，晚餐吃什么，饭前写作业还是饭后写，什么时间可以邀请或者去小朋友家玩，等等，都可以征询孩子的意见，并适当地采纳，这对于孩子来说，就是参与家庭生活，对生活享有自主权。孩子可以自由地在家庭中表达正面或负面感受，有人倾听，孩子能够感受到爱与被爱，这能够提升孩子的自尊和自信，对家庭有归属感和价值感，这就是对孩子个体层面的赋权。

人际关系层面和社会参与层面的赋权，小组工作与社区工作方法是核心方法。在采用小组工作和社区工作的方法开展工作时，必须让群体可以共享资源、共同发起行动、尝试行动。集体性行动对于“赋权”具有特别重要的意义，实务中应该以集体行动为基础。例如，呼吁和组织一些受到不公正待遇的当事人联合起来，向有关部门建言献策，促进相关政策的出台和修订，保障弱势群体的合法权益。事实上，也正是在民间团体的呼吁中，我国出台了《反家庭暴力法》。《反家庭暴力法》的出台和实施，是在法律层面上对家庭暴力中的弱者的赋权的过程，肯定了弱者被压迫的事实，保护了弱者的权益。

家庭中的弱势成员如何能够获得权利，改变无权状态和无力感？赋权有两种模式：个体主动模式和外力推动模式。其中，个体主动模式强调个体在赋权当中的主动性和主体性，认为个体在赋权当中起决定性作用，即心理赋权或内在赋权。外力推动模式是通过外在的力量来推动、刺激弱势

① 郝朝霞，李海鸥．儿童“赋权”：内涵、依据、意义与策略——基于社会工作理论的视角[J]．陕西学前师范学院学报，2018（3）：48－52．

群体的主体性，即外在赋权，包括技能赋权、团体支持、信息共享等。[①]当然，值得注意的是，权利的获得不单纯是主观的意愿，需要有权利实现的基础。对个人而言，要发展个体的能力，强调激发个体的主体性和增强其自我效能，同时家庭环境为个人能力的增进提供条件。根据赋权理论的假设，个体的无力感主要来源环境的排挤和压迫，而这种环境是可以改变的。家庭成员分享权利的条件是家庭有一套共同建立和共享的家庭规则和家庭理念，否则，个体和家庭层面的赋权就失去了根基。例如，每个成员都认可家庭成员均参与家庭事务，无论老人、妇女还是儿童；家庭成员分享家庭权利，共同决策家庭事务；家庭成员之间彼此尊重，承认每个成员的价值和能力，激发家庭成员的潜能；家庭成员之间彼此合作，互相支持，彼此关爱，倾听、接纳、坦诚、开放；家庭喜乐共享，困难共担。

赋权最初大多应用于受压迫群体，而非个人，到了 20 世纪 90 年代后，开始应用于个体，也应用于组织。但是，在处理个体问题时，“对个体的增权可能难以扩展到他们身边更广的社区或网络中，因此，受到增权的个人，可能只是从其受压迫环境中的其他人那里获得权利与资源，以改变自己的不利地位，而没有从更广阔的社会环境中去汲取权利与资源。如此，在社会或政治资源非常有限的地方，增权可能会使受压迫或被剥夺权利的群体互相倾轧，而不能使他们团结起来”[②]。因此，赋权还是更多地应用在群体或组织中。另外，需要注意的是，赋权虽然是从宏观的意义上对弱势群体的权力、权利和权益的给予和个体的主动争取，但是并非寻求压迫性社会结构的直接变革，因此，仍然是一种温和的改良性质的宏观技术。

---

① 郝朝霞，李海鸥. 儿童“赋权”：内涵、依据、意义与策略——基于社会工作理论的视角 [J]. 陕西学前师范学院学报，2018 (3)：48－52.

② 马尔科姆·派恩. 现代社会工作理论 [M]. 冯亚丽，叶鹏飞，译. 3 版. 北京：中国人民大学出版社，2008：333.

三、结构视角

家庭作为一种社会组织，与社会保持着紧密的互动关系。家庭的功能如果不能很好地发挥，则会带来诸多社会问题，那么家庭所期许的良好社会治理的局面也不会出现。家庭关系到社会秩序稳定，是社会“缓冲阀”。既然家庭对整个社会的治理、社会的良性运行如此重要，那么如何让家庭发挥好“缓冲阀”的作用，就需要社会、国家为家庭的运行提供必要的制度资源、政策资源、外部环境和价值引导。因此，分析将家庭放置在怎样的制度和政策的环境中，就显得尤为重要。

社会工作方法的选择是有前置条件和顺序的。个人、群体和组织的问题，采用何种社会工作方法才恰当？“人在环境中”，这是社会工作的基本命题，人既在直接互动的微观环境中，又在微观环境各要素互动影响下的中观环境中，还在社区文化、国家政治经济社会政策以及全球生态政治体系的宏观环境中。基于此，社会工作者不仅应该意识到环境对人是有影响的，还应该认识到有时候需要改变的是环境，而不是个人。此外，社会工作方法的选择是有顺序的，宏观层次的社会工作应该优先于微观层次的社会工作，我们应该重新认识宏观社会工作在当代中国的重要意义。

事实上，问题如何归因，不同的理论范式认识完全不同。如果按照整体主义的社会学的思路，哪怕是最极端的个人心理问题，例如，抑郁症，除了和基因、荷尔蒙、心理等内因和个体性因素有关外，也和社会有关，和新自由主义的全球化趋势有关。[①] 因此，从严格意义上说，没有一个问题可以单纯地归结为个体问题。那么，采用结构视角去分析问题就非常必要。

家庭是国家政治生活关照的一个重要部分，国家制定了各种家庭领域

---

① 萧易忻．“抑郁症如何产生”的社会学分析：基于新自由主义全球化的视角［J］．社会，2016，36（2）：191－214.

的公共政策，包括生育政策（如“计划生育政策”“双独”生育政策、“单独”生育政策、普遍二孩政策、三孩政策）、家庭福利政策、儿童福利政策、困难家庭补助政策、最低生活保障政策等。这些对家庭功能的发挥提供支持的辅助性政策的实施，在一定程度上帮助家庭有效地发挥了社会“缓冲阀”的作用，但是，政策仍有需要完善之处。

近期，国家推行三孩政策来回应人口的老龄化和人口结构的不合理等问题，但是，是否有配合该政策实施的相关的辅助、服务和支持性的政策，让家庭没有后顾之忧地作出生育三孩的选择。如果没有配套的支持性服务，那么家庭就会选择“不生”，三孩政策就不能真正落地，就难以改善人口结构。此外，农民工进城务工，带来的留守妇女和儿童问题，流动儿童的照料和教育问题，留守女童的被性侵的问题，当政策在鼓励农民进城务工的同时，应该有相应的回应后续问题和需求的配套的政策。否则，解决了一个问题，可能会带出一堆问题，下面我们来看一个案例。

发生在2016年的“杨某兰事件”，至今让人们扼腕叹息。2016年8月24日下午，甘肃临夏州康乐县景古镇阿姑山村山老爷弯社一位28岁的母亲杨某兰先后让4个孩子服毒，然后自己服毒自杀，不治身亡。丈夫李某英在得知消息几天后，在离家不远的树林里服毒自杀身亡。[①]

事件发生后的9月9日，康乐县政府新闻办公室围绕杨某兰家庭未被纳入低保体系，没有列为贫困家庭，孩子没有学上，孩子没有新衣裳，房子没有改造，4个孩子均在2015年才上户口，事件发生后的心理疏导等等一一作了通告。从通告中，我们看到，各种结果如没列入低保和贫困家庭、孩子没学上都有适当的缘由。没有穿新衣裳不是没有，而是妈妈希望出门再穿。孩子们虽然2015年才上户口，但毕竟不是黑户。然而大女儿2010年出生，到6岁时才有户口。如果按照新闻办公室的通告，相关部

① 甘肃一家六口服毒身亡：母亲让4个孩子服毒后自杀［EB/OL］.［2021-03-15］. http://news.sohu.com/20160908/n467933140.shtml.

门似乎责任不大。但是这起涉及一家六口人生命的家庭悲剧，各个相关部门应该承担责任。9月16日，康乐县政府新闻办公室通报了后续问责情况：给予康乐县政府副县长党内警告处分；给予景古镇党委书记、镇长党内严重警告处分；给予景古镇副镇长留党察看一年处分，建议行政撤职；给予阿姑山村支书及村主任留党察看一年处分，撤销或建议罢免各自职务。①

如果对该事件进行归因，我们需要考虑杨某兰的性格、心理承受能力、家庭经济状况；我们需要反思，杨某兰事件与当今的社会环境、政府相关部门的工作，以及政策执行情况等的关系。如果是个体的内在因素和单个家庭的贫困，那么采用心理疏导、改变认知、对家庭进行经济辅助的个案工作方法介入即可。通过这个案例，我们看到个体或单个家庭的问题，实际上和社会结构紧密相连，这让我们不得不反思各种社会政策执行环节中的问题。如果与社会政策相关，与政府的相关福利职能部门有关，那么反思的对象不仅仅是个体了。常用的个体归因的个案工作方法就不足以回应问题，而应该从宏观社会工作方法入手，反思社会工作过程中的具体的政策落实问题。

（1）低保和贫困家庭的审核。在该案例中，杨某兰一家三年前曾具有领取低保的资格，后因为家里有三头牛，另外，低保和贫困家庭的认定是由本社村民提名选举。杨家住的房子是1952年前盖的，李某英一年打工也就挣6000～7000元，给杨某兰3000～4000元用作家务开支。家里的17亩地种了豌豆、小麦、洋芋、油菜，一家人的温饱差不多能解决，但是没钱买化肥，每年买化肥都要欠账。这是杨家的经济状况，就在这入不敷出的困境之下，2014年，阿姑山村取消了杨家的低保资格，理由是杨

---

① 张钦．甘肃康乐通报杨改兰案最新调查结果 6名干部被处分［EB/OL］．［2021－03－15］．http://fanfu.people.com.cn/n1/2016/0916/c64371－28718687.html.

家的人均纯收入高于当年农村低保标准，故核销了该户的农村低保。① 这里，我们且不提收入统计的巨大差距，我们仅反思低保和贫困家庭的准入方式，以村民提名选举是否合适，杨某兰家同邻里之间关系长期不和谐，与村民很少来往，如果以选举作为准入方式，杨家自然被排除在外。基层在贫困户识别和退出过程中仅用收入作为衡量标准，是否合适。

（2）对农村计划生育政策的反思。在农村，对于计划外生育的孩子，采用拒绝上户口的方式，以及罚金来处罚是否合适？这是否会加重该家庭的被排斥感。

在这个案例中，该家庭面临的不仅是贫穷，除了经济上的困顿外，更有被排斥、被边缘化的底层民众的绝望和无助。是什么能够让一个母亲下得了手毒死自己的孩子，如果不存在精神障碍，那么就是对生活的彻底绝望。社会保障体系的排挤，使其生无可恋，这是一种“全面性的生活的失去”。方昱在其文章中谈到，这才是真正的“贫穷”；然而人们却以为，他只缺乏“货币”。齐美尔提醒我们，人们把一切所欠缺的、把那一切可能达到的美好，全都投射在“货币”身上。而社会工作者们也以为“穷人”只是缺乏货币而已，所以给他们货币，就能够解决贫穷所带来的问题。殊不知，正是“货币”这样东西清晰地呈现了现代人生活的贫乏与无助，拥有货币并无法带来任何真实的美好生活，只不过是满足了人们的感官和认知而已。② 可见，即便在经济上有保障，仍然会出现一些问题。对杨某兰家庭而言，贫穷也仅是问题的一个表象。杨某兰家庭不但经济贫困，而且缺少情感支持、温暖和尊重，伴随一家人的是无望和被排斥。因此，针对这个家庭的社会工作服务方法的选择，仅从个案工作入手不能彻底解决其贫穷问题。贫穷只是我们看待问题的一个角度而已。应该在各个

① “杨改兰事件”到底是谁的错［EB/OL］．［2021－03－15］．https://news.china.com/domesticgd/10000159/20160912/23535015.html.

② 方昱．齐美尔的玫瑰：货币、贫穷与社会工作［J］．东吴社会工作学报，2010（22）：27－50.

不同的层面上，例如，从社会工作行政的宏观层面入手，反思我们的各种社会政策的落实和执行问题，给家庭以社区照顾，并且这种照顾应建立在彼此的相互关系里，而不是排斥、排除和无视。

不仅贫穷问题可以从结构层面解读，赡养、抚养、教育、流动和留守等诸多领域中的问题，都需要从制度和基本社会保障的层面运用结构的技术来回应。对家庭问题的个体化、家庭化的解决思考方式，无法从根源上回应问题。

可见，家庭制度作为国家政治生活中的重要制度，既具有公共性，又具有私人性。每个人在家庭的建立和运行中都拥有一定的自由选择权，同时作为公共品，家庭又存在于一定的政治文化、社会架构中。因此，如何从结构的视角看待家庭与这些宏观的制度环境的互动，分析两者的互构性影响，从而拓宽分析和解决家庭问题的视野，在家庭服务领域是非常有必要进行探讨和研究的。

主要参考文献

一、图书

1. 阿克塞尔·霍耐特. 自由的权力［M］. 王旭，译. 北京：社会科学文献出版社，2013：243，249，265.
2. 阿尔文·托夫勒. 未来的冲击［M］. 蔡伸章，译. 北京：中信出版社，2006：134，137.
3. 雪莉·特克尔. 群体性孤独［M］. 周逵，刘青荆，译. 杭州：浙江人民出版社，2014：171.
4. 约翰·布雷萧. 家庭会伤人：自我重生的新契机［M］. 郑玉英，赵家玉，译. 成都：四川大学出版社，2007：38，63，71.
5. 约翰·布雷萧. 家庭会伤人：自我重生之路［M］. 杨立宪，译. 北京：蓝天出版社，1999：40，42，44.
6. 萨尔瓦多·米纽庆. 家庭与家庭治疗［M］. 谢晓健，译. 北京：商务印书馆，2009：6－7,13，62－71，109.
7. 艾瑞克·弗洛姆. 爱的艺术［M］. 李健鸣，译. 上海：上海译文出版社，2008：17，21，82.
8. 梁漱溟. 中国文化要义［M］. 上海：上海人民出版社，2003：81.
9. 阿德勒. 超越自卑［M］. 黄光国，译. 南昌：江西人民出版社，2011：110，238.
10. 费孝通. 乡土中国　生育制度［M］. 北京：北京大学出版社，1998：98，116－170，163.
11. 约翰·罗尔斯. 正义论［M］. 何怀宏，何包钢，廖申白，译. 北京：中国社会科学出版社，2009：285－298.
12. 张永杰，程远忠. 第四代人［M］. 北京：东方出版社，1988：88.

13. 马克斯·韦伯．社会学的基本概念：经济行动与社会团体［M］．顾中华，康乐，简惠美，译．桂林：广西师范大学出版社，2010：89.

14. 丹尼尔·戈夫曼．情感智商［M］．耿文秀，查波，译．上海：上海科学技术出版社，1997：4，5，13，59，106－118.

15. 唐纳德·柯林斯，凯瑟琳·乔登，希瑟·科尔曼．家庭社会工作［M］．刘梦，译．4版．北京：中国人民大学出版社，2018：133，137，151，141－142.

16. 苏珊·福沃德，克雷格·巴克．原生家庭：如何修补自己的性格缺陷［M］．黄姝，王婷，译．北京：时代华文书局，2018：150，303.

17. 曼弗雷德·诺瓦克．民权公约评注［M］．毕小青，孙世彦，译．北京：生活·读书·新知三联书店，2003：454.

18. 埃尔德．大萧条的孩子们［M］．田禾，马春华，译．南京：译林出版社，2002：426－432.

19. 迈克尔·谢若登．资产与穷人［M］．高鉴国，译．北京：商务印书馆，2005.

20. 西奥多·W. 舒尔茨．论人力资本投资［M］．吴珠华，等译．北京：北京经济学院出版社，1990：16.

21. 叶敬中，刘燕丽，王伊欢．参与式发展规划［M］．北京：社会科学文献出版社，2005.

22. LINDA GAST，MARTIN BAILEY．精通社会工作沟通：从理解到实操［M］．张雪莹，梁昆，译．上海：华东理工大学出版社，2019：9.

23. 马歇尔·卢森堡．非暴力沟通［M］．阮胤华，译．北京：华夏出版社，2009：87.

24. 约翰·戈特曼，娜恩·西尔弗．幸福的婚姻：男人与女人的长期相处之道［M］．刘小敏，译．杭州：浙江人民出版社，2014.

25. 乌尔里希·贝克．风险社会［M］．何闻博，译．南京：译林出版社，2004：119，136，137，150.

26. 马尔科姆·派恩．现代社会工作理论［M］．冯亚丽，叶鹏飞，译．3版．北京：中国人民大学出版社，2008：333.

27. 安东尼·吉登斯．现代性的后果［M］．田禾，译，南京：译林出版社，2000：78.

28. 安东尼·吉登斯，克里斯多弗·皮尔森．现代性：吉登斯访谈录［M］．尹宏毅，译．北京：新华出版社，2001：196.

二、期刊中的析出文献

29. 吴小英．流动性：一个理解家庭的新框架［J］．探索与争鸣，2017（7）：88－96.
30. 夏永梅．论个人发展权在家庭中如何实现：以新发展理念为指引［J］．学术交流，2016（12）：85－90.
31. 肖文明．观察现代性：卢曼社会系统理论的新视野［J］．社会学研究，2008（5）：57－80.
32. 刘育成．家庭研究中的社会系统理论探究：以家庭暴力为例［J］．社会发展研究学刊，2018（9）：101－129.
33. 涂妙如，黄迺毓．母亲依恋经验、婚姻调适与其学龄前子女依恋关系之相关研究［J］．家政教育学报，2004（6）：46－61.
34. 郭本禹．精神分析运动的发展逻辑［J］．南京师大学报（社会科学版），2006（5）：81－86.
35. 赵芳．家庭治疗的发展：回顾与展望［J］．南京师大学报（社会科学版），2010（3）：93－98.
36. 孔芳．家庭教育新理念：从西方家庭治疗理论谈起［J］．山东理工大学学报（社会科学版），2012，28（2）：92－95.
37. 于春红，郑洁欢．家庭心理治疗的理论及其应用［J］．社会心理科学，2011，26（Z1）：76.
38. 王宗显．精神分析与宗教［J］．哲学与文化，1995（2）：153.
39. 刘丹，张婕．个案概念化在系统家庭治疗中的应用［J］．中国临床心理学杂志，2014，22（4）：747.
40. 冯晓峰．弗洛伊德精神分析基本科学地位的哲学辩护［J］．延安大学学报（社会科学版），2019，41（5）：33－44.
41. 陈红莉．社会工作本土化：文化视角下的家庭治疗［J］．南京人口管理干部学院学报，2006（1）：64.
42. 尤娜，叶浩生．叙事心理治疗的后现代视角［J］．心理学探新，2005（3）：6－10.
43. 周立修．家属不来可以进行家庭治疗吗：从系统理论机构和技术看单人家庭治疗［J］．中华团体心理治疗，2006，12（4）.

44. 方旭东．家庭与社会：一项西方社会思想史的探索［J］．学术界，2016（11）：231－245，328.

45. 刘电芝，卢凤，许定远．扎根理论的多元化路径分析：以青年夫妻冲突应对方式的质性研究为例［J］．苏州大学学报（教育科学版），2019，7（1）：23－34.

46. 吴旻，刘争光，梁丽婵．亲子关系对儿童青少年心理发展的影响［J］．北京师范大学学报（社会科学版），2016（5）：55－63.

47. COX M J, PALEY B. Understanding families as systems [J]. Current Directions in Psychological Science,2003,12(5):193－196.

48. 吴佩玲，李玉婵．二次丧失手足者悲伤反应对手足关系影响之研究［J］．应用心理研究，2015（62）：11.

49. 黄曼晖．手足冲突之探讨［J］．家庭教育，2011（32）：50－54.

50. 林如萍，黄秋华．中年阶段的手足关系：规范、情感与支持［J］．学术研究，2014（3）：31－39.

51. 袁晓娇，方晓义，邓林园，等．姻亲关系与姻亲冲突下伴侣支持与婚姻质量的关系［J］．心理与行为研究，2015，13（2）：179－184.

52. 黄丽莉，许诗淇．虚虚实实之间：婆媳关系的和谐化历程和转化机制［J］．本土心理学研究，2006（25）：3－45.

53. 高景柱．论正义与代际关系［J］．云南大学学报（社会科学版），2018，17（6）：104－112.

54. 方师师，李博璠，李秀玫．中生代与新生代网络关注的代际差异［J］．新闻记者，2014（12）：16－23.

55. 阎云翔，杨雯琦．社会自我主义：中国式亲密关系——中国北方农村的代际亲密关系与下行式家庭主义［J］．探索与争鸣，2017（7）：4－15.

56. 周晓虹．冲突与认同：全球化背景下的代际关系［J］．社会，2008（2）：20－38，220－221.

57. 邬欣言，符晴苗．再婚教育项目：一种基于生态系统论的预防性介入［J］．重庆工商大学学报（社会科学版），2018，35（4）：65－72.

58. 李秋．从面子礼貌体系角度探析中西方面子观的差异［J］．沈阳工业大学学报（社会科学版），2014，7（1）：88－92.

59. 王艳辉．美国亲职教育实践经验及对我国的启示［J］．成人教育，2017，37（4）：79－83.

60. 罗红霞，王明飞，杜娇．亲职教育：国际经验与中国实践［J］．广州大学学报（社会科学版），2018，17（9）：81－86.

61. 刘中一．角色虚化与实践固化：儿童照顾上的父职——一个基于个体生命经验的考察［J］．人文杂志，2019（2）：106－112.

62. 范洁琼．国际早期儿童家庭亲职教育项目的经验与启示［J］．学前教育研究，2016（11）：3－16.

63. 张剑锋．抚养方式对儿童个性发展的影响［J］．江苏社会科学，2008（SI）：211－214.

64. MCLANAHAN S S, SANDEFUR G D. Growing up with a single parent: what hurts, what helps [J]. Family Relations, 1996, 45(2).

65. BIBLARZ T J, RAFTERY A E. Family structure, educational attainment, and socioeconomic success: rethinking the "Pathology of Matriarchy" [J]. The American Journal of Sociology, 1999, 105(2): 321－365.

三、学位论文

66. 徐超凡．家庭治疗对“问题少年”的心理干预研究［D］．北京：中国人民公安大学，2017：40.

67. 龙格尔．人生回顾方法在哀伤辅导中的应用［D］．呼和浩特：内蒙古大学，2019.

68. 史润东．社会资本视角下农村因病致贫家庭的社会工作介入研究：以B市G镇为例［D］．北京：中国青年政治学院，2018.

69. 沈超群．资产建设视角下贫困人口金融素养的相关研究：基于上海市浦东新区贫困家庭现状调研［D］．上海：华东理工大学，2018.

70. 沈超群．资产建设视角下贫困人口金融素养的相关研究：基于上海市浦东新区贫困家庭现状调研［D］．上海：华东理工大学，2018.

71. 程琳．父母期望、初中生自我期望与学习成绩的关系［D］．开封：河南大学，2010.

72. 吴琼．家庭社会资本对子女受教育程度的影响研究［D］．湘潭：湘潭大学，2018.

73. 李根．城市低保家庭的资产建设干预实践及其成效研究：基于G机构Q项目的实践［D］．上海：华东理工大学，2017.

后　记

现代世界正在从“工业社会”向“风险社会”转变，风险无处不在，人们无法完全避免。风险成为现代社会的重要特征，具有极强的渗透力，弥散到社会的政治、经济、文化以及个人生活等各个领域。正如吉登斯所说，“我们生活于其中的世界是一个可怕而危险的世界”①。社会风险无处不在，在全球化的大背景下，尤其对社会处于急速转型期的我国来说，由社会风险所带来的生活的不确定性，表现得更为突出。规范体系正在解组，社会力量也趋于分化和多元化，由原有的制度体系所规范和整合的社会行动领域也随之解组，结果是大量失范行为的出现和社会整合度的降低，加剧了处于变迁中的人们的困惑、迷茫。同时，商业信用危机、公共信用危机、人际信任危机和价值信仰危机也正威胁着社会生活中的每一个人。另外，在“流动性”极强的社会转型时代，人员、资本、技术、观念在全国乃至全世界范围内不停地流动。然而，社会资源的大规模流动蕴藏了巨大的风险，并且会强化其他原因产生的各种社会风险。正如贝克（Beck）所说，在极端的贫困和极端的风险之间存在系统的“吸引”，贫穷成为诸多社会问题的源头，贫困家庭中的问题就更为突出，解决起来也更为棘手。当然，富裕的更有社会地位和权势的家庭，同样也无法逃脱风险“飞去来器效应”的影响，只是与贫困家庭比，风险地位不同而已。富裕的家庭同样处在风险之中。在现实生活中，无论贫穷还是富有的家庭，都

---

① 安东尼·吉登斯．现代性的后果［M］．田禾，译，南京：译林出版社，2000：78.

存在经济方面的矛盾和冲突。

目前，我们所生活的这个社会是一个高度个体化的社会，这种个体化社会的形成与人们的观念、居住方式以及互动方式相关联，正如贝克所说，“传统的居住方式总是被新的城市建筑所代替。这些变化也产生了新的个体化形式。它们影响着基于居住和生活格局的互动模式。拥有各种文化背景的人混合在一起，邻里的社会关系很松散。因而传统的超越家庭的社区模式开始消失。情况经常是，家庭成员在他们自己的网络中选择各自的关系和生活。这不一定意味着社会隔离的增长或者相对私人化的家庭生活的流行——虽然这可能发生。但它确实意味着既有的（依照归因被组织起来的）邻里关系以及他们的限制和对他们加以社会控制的机会一起瓦解了。新形成的社会关系和社会网络现在由个人来选择”①。

在现实生活中，“只要这一个体化的生存模式获得成功，危险就会增长：它可能成为一种基本上仍然被需要的关系（婚姻、家庭）不可逾越的障碍”②。在婚姻生活中，对另一半的期待和把那个人结合进一种真正是“自己的”生活结构的不可能性一起随之增长。正如 C. C. 齐默尔曼所说，“现代文明的顶点便是以家庭制度丧失许多控制个体的能力为代价的，在这种情况下，家庭不能或不愿再对个体进行控制，迫使个体为家庭作出牺牲”③。在这种“原子式”家庭中，每个个体都可以进行自我选择。正是由于这种个体化浪潮，削弱了社区与宗教机构以及传统的扩大家庭对家庭成员的控制和支持，使得婚姻的风险系数增大。

社会变迁的洪流正在冲刷着社会的每一个角落，似乎没有什么是不变的，一切都是暂时的，都会成为过去，这恐怕就是一种最深刻的社会危机。正如马克思所说，一切固有的古老的关系以及与之相适应的，素被尊

---

① 乌尔里希·贝克. 风险社会［M］. 何博闻，译. 南京：译林出版社，2004：119.

② 乌尔里希·贝克. 风险社会［M］. 何博闻，译. 南京：译林出版社，2004：150.

③ 马克·赫特尔. 变动中的家庭：跨文化的透视［M］. 宋践，李茹，等译，杭州：浙江人民出版社，1988：27.

崇的观念和见解都被消除了，一切新形成的关系等不到固定下来就陈旧了，一切固定的东西都烟消云散了，一切神圣的东西都被亵渎了。人们终于不得不用冷静的眼光来看他们的生活地位、他们的相互关系。[①] 可见，在这样一种社会秩序下，前途越来越令人劳神费力，但同时也越来越晦涩难解。把握前途的直接线索很少，有的只是多样化的“未来可能性”[②]。通过以上描述，我们可以看出风险存在于社会生活的每个角落，家庭作为社会的一个重要设置，同样难逃其网。

现代化的扩散已经使得越来越多的社会过程和时间超出了传统自然共同体“同时同地”的范围，将时间和空间在越来越大的程度上分离开来。现代社会的风险就产生于现代性下的时－空联系，由传统的“在场”转变为“缺场”，社会活动的方式越来越依赖于人们在时－空“缺场”情况下的互动。目前，频繁的社会流动和人际交往，甚至一部分家庭中的个体的互动是在“缺场”的状态下进行的，这种互动模式提高了家庭风险度。可以说，现实中大多数婚变、婚外恋、感情危机并不是金钱诱惑的直接产物，而是频繁密切的人际交往，是家庭中的个体信息、情感得不到充分交流的结果。另外，计算机网络的发展和普及应用极大地扩展了人们的交往系统，相应地，夫妻共同在场的情况就减少了。“计算机可以破坏婚姻，也可以促成婚姻。看到家庭计算机逐渐控制配偶的时间和注意力后，离婚和家庭危机也随着增加了。”[③] 而且，目前婚姻中最重要的主体交往方式，也正逐渐成为一种“缺场”状态下的交流和沟通，人们为了谋职谋生不得不远离家庭，这使得家庭结构松散，夫妻间相互约束力减弱，感情沟通和信息交流障碍增加，那种同时同地的交流变得愈加稀少，这些都在加大

---

① 中共中央马克思恩格斯列宁斯大林著作编译局．马克思恩格斯选集［M］．第一、二、四卷，北京：人民出版社，2012：197．

② 安东尼·吉登斯，克里斯多弗·皮尔森．现代性：吉登斯访谈录［M］．尹宏毅，译．北京：新华出版社，2001：196．

③ 罗斯·埃什尔曼．家庭导论［M］．潘允康，等译．北京：中国社会科学出版社，1991：589．

家庭中的风险。

家庭在这样一个变动不羁的社会中被裹挟着、翻滚着，诸多的家庭问题由此产生。因此，这个时代比以往任何时代所呈现的家庭问题都要更复杂。有人失去感受能力和做事的动力，犹如“行走的尸体”，失去了灵魂，感受不到爱，也没有爱的能力；有人倾尽一生之力，也寻不到契合的那个人，孤独地走完人生路；有人信奉人之为人最极致的愉悦在两性关系上，将出轨认为是人本真的自然的追求，于是，一面“完美地”承担着家庭责任，一面享受着身体的愉悦。贫穷家庭因为钱而吵架，富裕家庭也会因为钱而吵架。钱少了，有生存的危机感和生活的紧迫感，于是吵！钱多了，有权利支配上的不均衡，还是吵！这些人在生活中真实地存在，其产生的矛盾最终都会集中地体现在家庭中，由家庭来背负。本书阐述了教育、抚养、赡养、离异、单亲、丧偶、丧子、空巢、暴力、虐待等诸多家庭问题。

家庭问题的解决路径，经历了亲属体系到政府体系再到单位制的变迁脉络。具体来说，社会问题乃至带有浓烈私领域色彩的家庭领域的问题，庞大的亲属网络体系虽然增加了家庭关系的复杂性，但是在缓解家庭矛盾上，在过去相当长的历史时间内，也发挥了不可替代的作用；在高度政治化的社会背景下，政治统领一切，尽管个体的自由受到很大限制，但同时也通过政治解决了家庭问题；到了计划经济时代，在单位制的关照下，家庭矛盾、家庭压力的缓解，行政组织在其中发挥了至关重要的作用。可是到了现代社会，随着亲属体系的衰落，单位制的终结，家庭问题的解决也需要新的路径。

家庭问题伴随社会的流动始终存在，目前，社会尚未成功地解决其中的所有问题。养老问题和教育问题正在通过经济和社会手段尝试性地解决。人们对运用市场化手段解决教育问题驾轻就熟，各种培训机构应有尽有，赡养问题也正在摸索寻求家庭以外的其他解决办法。对于教育和养老问题以外的家庭领域中的其他问题，关注度不高，解决方法也不成熟。

对于目前的家庭问题，建议构建社区、社会组织、社会工作的“三社”联动机制。社会组织对问题的关注主要在可能会威胁社会秩序的司法社会工作领域，例如，社区矫正、禁毒、社区青少年的服务中，政府对该领域的服务给予资金、人员、政策上的支持。实际上，如果我们把不同的社会工作领域按照问题的根源性来划分并排序，不严谨地说，家庭社会工作在前，其他的如学校社会工作、司法社会工作、企业社会工作、医务社会工作等排在后面；按照服务人群的年龄段来划分并排序，儿童社会工作比青少年社会工作、老年社会工作重要。因为从未来社会工作发展的趋势看，预防比救助效果更好。司法社会工作服务的人群和问题，仅是问题的表现，根源并不在那里，吸毒、犯罪、街头游荡等行为都与家庭有关。因此，本书期望在未来的“三社”联动的社会治理中，给家庭问题更多的关照，家庭问题解决了，不但能减少其他领域问题的出现，而且有助于其他问题的解决。家庭问题不解决，意味着问题的根源一直在，表象的问题无法彻底解决。

当下，在社会学内部的专业体系的划分中，各个分支学科的专业地位不同。家庭，与我们每个人都息息相关，我们每个人都身在其中，我们是那样熟悉它。家庭社会学和家庭社会工作者解决着人们习以为常又常常忽略的问题。人们往往认为家庭社会学没有政治社会学、组织社会学、宗教社会学、经济社会学等分支学科显得高大神秘且更具有专业性和科学性。其实不然，家庭问题依然需要科学的分析和解读，需要专业的解决问题的方法。在这样的背景下，本书希望能够以专业的视角和社会工作的技术方法回应家庭问题，希望本书能够给那些身处家庭矛盾中的人以解放的契机，带来一些思考和解决问题上的启示，希望本书在共建和谐幸福的家庭生活上有所贡献。